MEDIA * SECRET

미디어 시크릿

넷플릭스와 유튜브 뒤에 숨겨진 비밀들

김경윤 지음

박영사

머리말

우리가 매일 만나는 미디어.
그리고 그 뒤에 숨겨진 비밀들.

"아무리 바쁘더라도 일주일 동안 69시간의 온라인 활동을 하고, 그중에서 12시간 동안 영상콘텐츠를 소비하며, 7시간 반 동안 넷플릭스나 유튜브와 같은 미디어 플랫폼을 사용한다(NordVPN 2022년 연구)."는 사실을 알고 있는가? 혹시 몰랐더라도 그리 놀랄 만한 통계 자료는 아닐 것이다. 대부분의 현대인들이 그렇기 때문이다. 아침에 눈을 뜨자마자 스마트폰을 보면서 하루를 시작하며, 출근시간 내내 손에서 놓지 못하고, 출퇴근 시간과 점심시간에 유튜브를 잠깐 보다가 저녁에는 다시 넷플릭스를 통해 좋아하는 프로그램을 이어본다. 우리의 하루는 이렇게 미디어와 함께 흘러가고 있다. 하지만 한편으로 '왜 이렇게 많은 시간을 보내는 걸까?'라는 의문이 들 때도 있다. 그리고 그 의문을 던질 때마다, 나를 포함한 많은 사람들이 "그냥 재밌으니까!"라는 단순한 답을 내놓곤 한다.

그렇다면 과연, 우리는 이렇게 많은 시간을 보내고 있는 미디어에 대해서 어느 정도 알고 있는 걸까? 넷플릭스, 유튜브와 같은 거대한 미디어 플랫폼들은 왜 이렇게까지 강력해진 걸까? 우리가 보지 못하는 그 이면에는 어떤 비밀들이 숨겨져 있는 걸까? 우리가 매일 만나는 미디어 뒤에 숨겨진 비밀들을 알게 된다면 우리의 소중한 일상과 더불어 하나뿐인 인생을 좀 더 유익한 방향으로 바꿀 수 있지 않을까?

저자가 이 책을 쓰게 된 이유도 바로 이 궁금증 때문이다. 미디어는 이제 우리의 삶에서 떼려야 뗄 수 없는 존재가 되었다. 매일 우리는 다양한 미디어를 소비하며 각자의 스타일로 시간을 보내고 있다. 그럼에도 불구하고, 우리는 그 미디어 뒤에 숨겨진 전략과 비밀들을 알지 못한 채 살아가고 있다. "넷플릭스는 왜 오리지널 콘텐츠에 이토록 진심인지?"; "유튜브는 왜 아무런 생각 없이 몇 시간을 계속 보게 되는지?"; "왜 영상을 빨리 감기로 돌려 보고, 시리즈물의 경우 졸음을 참고 밤을 새면서까지 몰아보게 되는지?" 말이다.

"미디어는 단순한 오락과 정보 전달의 도구일 뿐"이라고 생각할지도 모르겠다. 하지만 그것은 그저 겉보기일 뿐이다. 미디어는 우리가 생각하는 것보다 훨씬 더 복잡하고, 우리가 모르고 있는 수많은 장치와 기술들이 뒤섞여 있다. 그리고 그 장치들 속에서 우리는 점점 더 많은 시간을 소비하고 있다.

『미디어 시크릿』에서는 이렇게 미디어 뒤에 숨겨진 비밀들을 하나씩 풀어 나갈 것이다. 넷플릭스와 유튜브를 시작으로 미디어의 작동 방식을 이해하고, 그 안에 숨어있는 비밀들을 하나씩 알게 된다면 우리는 소비자로서 좀 더 현명한 선택을 할 수 있을 것이다. 무턱대고 시간을 보내고 소비하는 것이 아니라 우리의 시간을 좀 더 가치 있게 만들어 주는 건강한 미디어 습관이 잡히게 될 것이며, 미디어 리터러시 능력까지 갖추게 될 것이다.

이 책은 초등학교 5학년인 나의 아들이 읽더라도 그리 어렵지 않도록 쉽고 재미있게 풀어서 쓴 책이다. 전공서적이 아니라 오히려 우리가 매일 만나는 친근한 미디어에 대해 가볍지만 비밀스런 미디어 상식들을 다룬, 대중들을 위한 책이다. 남녀노소를 불문하고 미디어를 잘 활용하고 싶은 사람들을 위해 일상에서 실천할 수 있는 간단하고 유익한 내용들도 담고 있다. 이 책을 다 읽고 난다면 '앞으로 미디어를 어떻게 활용할 것인가?'

라는 질문에 대한 열쇠를 찾을 수 있을 것이다.

미디어 뒤에 숨겨진 비밀들을 하나씩 풀어가며, 스마트하게 미디어를 소비하는 법을 함께 배워보자. 그동안 잘 알지 못했던 미디어의 세계를 하나씩 알아가면서, 미디어 소비에 있어 좀 더 나은 삶을 만들어가자. 미디어의 비밀을 알고 활용하는 것만으로 당장 오늘부터 더 나은 미디어 생활을 시작할 수 있게 될 것이다.

지난 20여 년 동안 다양한 분야의 디자이너로, 공영방송 KBS의 디지털 서비스 실무 총괄자로, 대한민국 서비스디자이너의 한 사람으로 쌓아온 수많은 경험과 생각을 이 책에 담았다. 많은 생각들과 고민들이 한 권의 책으로 엮어지는 데 도움을 주신 서민재 작가님, 박영사 출판사 김민경 과장님, KBS 유건식 소장님, 후배 안휘석, KBS미디어 사내독서모임 <B612>, 미디어 연구모임 <클루>, 미디어 트렌드 스터디 권승민, 동숭교회 독서모임 <옹알이> 모든 회원분들, 그리고 사랑하는 아내 박지선과 제이와 조이, 부모님께 진심어린 감사의 마음을 전하고 싶다.

Thanks to God & God Bless You!

김경윤

추천사

<u>AI 시대, 넷플릭스와 유튜브 이해에 대한 프롬프트</u>

GPT 에이전트를 활용하여 지브리 스타일의 이미지를 만드는 게 유행인 AI 시대이다. AI 에이전트를 가장 잘 활용하기 위해서는 프롬프트를 만드는 능력이 중요하다. 그런 만큼 프롬프트 모음도 책으로 출간되기도 하고, 파일로 판매도 된다. 『미디어 시크릿』을 일반 독자보다 먼저 읽고 든 느낌은 넷플릭스와 유튜브에 대해 알고 싶을 때 프롬프트에 질문을 던지면, 저자가 AI 에이전트가 되어 답을 제시하는 듯했다.

필자는 KBS미디어로 합병된 KBSi에서 2005년부터 2년간 전략기획실장을 역임한 적이 있다. 벌써 20년 전이다. 당시 KBS 홈페이지가 전체 웹 순위 10위에 근접하기도 할 정도로 방송사의 콘텐츠는 압도적인 힘을 갖고 홈페이지와 모바일에서 소비되었다. 그랬던 방송 플랫폼이 이제는 그 힘을 OTT에 넘겨주고 있다.

이 책의 저자인 김경윤 KBS미디어 디지털서비스팀장은 필자가 2008년 본사로 복귀한 다음 해에 KBSi에 입사하여 17년 동안 KBS의 홈페이지와 TV 및 라디오 앱을 담당하며 온몸으로 현장에서 체험한 사람이다. 잘하면 같이 근무할 수도 있던 사이였는데, 인연은 꼭 이어지는지 이 책을 통해 이어지게 됐다.

4월 어느 날 『미디어 시크릿』 초고를 들고 찾아왔다. OTT 시대에 가장 핫한 플랫폼인 넷플릭스와 유튜브의 숨겨진 비밀을 분석했다. 두 플랫폼을 포함하여 미디어 현상과 소비 행태에 대한 궁금증까지 질문을 던지고 비밀을 공개했다. 2024년 12월 3일 윤석열의 계엄 선포와 국회의 탄핵을 놓고 찬반으로 갈라져 극한 대립의 시간을 보냈다. 유튜브의 역기능으로 대두되는 필터버블과 에코체임버를 통해 확증편향이 강화되는 현상을 분석하고 해소하는 황금열쇠까지 제공한다.

저자는 이 책을 기획하면서 필자가 쓴 『OTT 트렌드 2024』를 첫 번째 경쟁도서로 선정하였다. 그것도 "대중들은 전 세계의 트렌드를 궁금해하지 않는다."며 디스를 했다. 그럼에도 기분이 좋다. 맞는 말이기도 하고, 국내 경쟁도서로는 유일하게 올려놓았을 뿐 아니라 리드 헤이스팅스 넷플릭스 CEO와 에린 마이어가 공동으로 쓴 『규칙없음』과 같은 경쟁도서로 삼았기 때문이다. 이렇게 정확한 분석을 통해 훌륭한 작품이 나온다.

『OTT 트렌드 2023·2024·2025』 시리즈와 『미디어 시크릿』은 결이 다르다. 전자가 OTT 시장에 관심이 있는 전문가를 타겟으로 하고 있다면, 후자는 넷플릭스와 유튜브가 왜 인기가 있고, 어떤 특징이 있는지를 저자의 표현대로 초등학생도 이해할 수 있도록 서술하고 있다.

내용상으로 비교를 한다면, 오히려 2021년 방송학회에서 저술상을 수상한 필자의 『넷플릭소노믹스』(한울 아카데미, 2021)이다. 당시 필자가 넷플릭스에 궁금한 사항은 넷플릭스의 시작부터 미디어에 미친 부정적 기능까지 망라했기 때문이다. 동일한 대상을 놓고 『넷플릭소노믹스』가 학술서 형태로 썼다면, 『미디어 시크릿』은 소설처럼 쉽게 풀었다고 볼 수 있다. 그래서 이 책은 술술 잘 읽힌다. 방송에서 중학생이 이해할 수 있는 수준으로 만들라고 했는데 역시 방송 서비스의 전문가가 쓴 책답다.

김경윤 팀장은 참 부지런하고 열정이 넘친다. 2014년 "방송사 뉴미디어 스타일 가이드 제작에 관한 연구"로 석사 학위도 받고, 계원예술대 디지털미디어디자인학과에서 강의도 했으며, 사내 독서모임도 이끌고 있다. 2023년에는 '서비스-경험디자인' 기사 자격증까지 취득했다. 이러한 전문성을 갖고, 넷플릭스와 유튜브, 이를 둘러싼 환경에 대해 궁금증을 갖고 비밀을 해독해냈다. "미디어를 제공하는 수많은 서비스 업체들의 배후에는 숨겨진 비밀들이 있다. 소비자들이 더 많은 콘텐츠에 더 많은 시간을 할애하도록 수많은 장치들을 마련해두었다."고 떡밥을 던지고, 독자를 유혹한다. 현업을 하면서 수없이 고민하던 바를 풀어놓고, 마지막에 몇 줄로 명쾌하게 답을 준다. 이해력이 쑥 올라간다.

우리가 미처 몰랐던 미디어 현실, 넷플릭스 뒤에 숨겨진 섬네일 전략, 콘텐츠의 가로 배열 설계 분석, 댓글을 운영하지 않는 이유, 유튜브의 조회수 높이는 비밀, 영화 리뷰의 저작권 회피 노하우, 유튜브 업로드 요일과 시간 노하우 등을 알 수 있다. 미디어와 관련하여 IP, 영화의 윈도우 정책, 숏폼의 인기, 드라마 공개 방법 비교, 타이포, 스포츠 콘텐츠의 중요성에도 고민을 풀어냈다. 소비자의 행태로 빨리감기, 몰아보기, 다크모드, 콘텐츠 재생 전략과 더불어 디자인 전문가가 아니면 다루기 어려운 '알트값'이나 '색상 대비', '웹접근성', 'UX Writing(사용자 글쓰기)' 등의 수용자 배려 방법에 대해서도 다룬다. 정말 해박해진다.

이 책은 넷플릭스와 유튜브를 즐겨보는 사람, 유튜버, 리터러시에 관심 있는 사람들에게 특히 유용하다는 생각이 든다. 일독을 권하는 바이다. 책을 읽고 발췌와 리뷰를 많이 남기는 편이다. 이 책도 독자들에게 많은 영향을 주어서 리뷰가 나오고 댓글이 달리기를 기대한다.

유건식 / KBS 전 공영미디어연구소장, 성균관대 미디어융합대학원 초빙교수

목차

1부 우리가 미처 몰랐던 미디어 현실   3

   1장 우리는 왜 이렇게 OTT 바다에 빠져버렸는가?   5

   2장 그건 우리 잘못이 아니다.   10

   3장 영상으로 시작해 영상으로 끝나는 하루, 롱폼? 숏폼?   13

   4장 콘텐츠도 결국 소비이다.   18

   5장 손님 모셔오기 전쟁   25

2부 넷플릭스 뒤에 숨겨진 비밀들   33

   1장 한 작품에 섬네일이 여러 개라고?   35

   2장 넷플릭스만의 섬네일 전략이 있다고?   40

   3장 넷플릭스는 왜 가로 인터페이스로 설계되었을까?   45

   4장 넷플릭스는 어떤 장비에서도 동일한 서비스를 제공하기 위한
      디자인 시스템이 있다고?   51

   5장 넷플릭스에 '태거'라는 직군이 있다고? 그게 뭐하는 건데?   56

   6장 넷플릭스 최애 장면을 친구에게 바로 보낼 수 있다고?   63

   7장 넷플릭스에는 왜 댓글이 없을까?   70

   8장 넷플릭스는 왜 오리지널 콘텐츠에 이토록 진심인가?   75

3부   유튜브 뒤에 숨겨진 비밀들   81

1장   유튜버들 사이에도 계급이 존재한다고? 다이아몬드? 루비?   83

2장   유튜브 조회수가 높아지는 비밀이 있다고?   90

3장   유튜브 채널 홈화면도 콘텐츠만큼이나 중요하다고?   96

4장   클릭률이 높은 섬네일의 비밀이 있다고?   102

5장   영화 리뷰 채널 지무비, 고몽, 김시선은 왜 저작권 이슈가 없는가?   108

6장   유튜브 업로드를 하면 안 되는 요일이 있다고?   113

7장   댓글이 많이 달리는 채널에는 이유가 따로 있다고?   120

8장   유튜브 프리미엄, 진짜 돈값을 하는 걸까?   127

9장   알고리즘, 나에 대해 어디서부터 어디까지 알고 있을까?   138

4부   미디어 뒤에 숨겨진 비밀들   145

1장   "오징어 게임"보다 "이상한 변호사 우영우"가 더 많이 벌었다고?   147

2장   오리지널 콘텐츠는 누가, 어떻게, 왜 만들까?   153

3장   이번 주 극장 개봉작, 얼마나 기다리면 OTT에서 볼 수 있을까?   159

4장   스마트폰 vs TV vs PC, 콘텐츠를 즐기는 최고의 선택은?   165

5장   숏폼 콘텐츠, 왜 이렇게 잘 나가니?   171

6장   숏폼이 다른 분야와 만나면 슈퍼마케팅?   178

7장   주간 공개 vs 전편 공개, 그리고 하이브리드 공개의 최종 승자는?   182

8장   미친 영향력? 전 세계를 뒤흔든 대작들의 비밀   188

9장   넷플릭스와 유튜브, 둘 다 자체 폰트가 있다고? 타이포 브랜딩!   195

10장   OTT가 스포츠에 진심인 이유?   200

5부   소비자 뒤에 숨겨진 비밀들   **205**

1장   왜 사람들은 빨리감기로 돌려보는가?   207

2장   왜 몰아보는가?   214

3장   왜 다크모드인가?   220

4장   유튜브, 왜 계속 보게 되나? 반복재생, 자동재생, 연관 콘텐츠   224

5장   볼 수 없거나 시력이 나쁜 사용자는 영상을 어떻게 볼까?   231

6장   UX 디자인뿐 아니라, 이제는 UX Writing(사용자 글쓰기)이라고?   239

7장   슬로건에는 마침표를 쓰지 않는다고?   246

8장   오리지널 드라마 vs 압축 드라마, 과연 소비자의 선택은?   251

9장   OTT 요금제, 가장 현명한 소비 방법은?   257

6부   숨겨진 비밀들을 풀기 위한 황금열쇠   **267**

1장   첫 번째 황금열쇠 '미디어 리터러시'   269

2장   두 번째 황금열쇠 '디지털 디톡스'   275

부록   통계로 알아보는 미디어의 비밀스런 랭킹   **281**

우리가 미처 몰랐던
미디어 현실

PART 1. The Unseen Realities of Media
1부. 우리가 미처 몰랐던 미디어 현실

1장

우리는 왜 이렇게
OTT 바다에 빠져버렸는가?

OTT? OTT! 너 누구니?

"오버 더 톱^{Over the Top}" 어릴 적 람보로 유명했던 실베스타 스탤론 주연의 영화가 있었다. 트럭 운전수였던 주인공이 갖은 역경을 이겨내고, 아들을 위해 전국 팔씨름 대회에서 우승까지 거머쥐는 감동적인 스토리인데 이 대회의 챔피언 타이틀이 톱^{Top}이었다. 30년이 지난 지금도 그 감동을 잊을 수가 없다.

오늘 얘기하려는 OTT 또한 '오버 더 톱^{Over the Top}'이다. 여기서 Top은 셋톱 박스^{Set-Top Box}를 말하는데, 말 그대로 '셋톱박스를 뛰어 넘어'라는 어원을 가지고 있다. 백과사전에서는 OTT를 다음과 같이 정의하고 있다.

"OTT는 인터넷을 통해 다양한 플랫폼으로 사용자가 원할 때 방송을 보여주는 VOD 서비스이다.”

TV가 전부였던 시절을 지나, TV장 아래 칸에 셋톱박스를 가지런히 놓고 케이블을 연결하여 수많은 채널들을 리모컨으로 신나게 돌려봤던 IPTV도 경험했다. 이제는 안테나와 케이블이 아닌 인터넷을 통해 영화와 방송, 다양한 장르의 음악과 디지털콘텐츠를 사용자 마음대로 시청하는 OTT시대에 살고 있다. OTT 방식으로 인해 기존 방송국이나 케이블방송, 통신사업자의 의존적인 서비스 공급 방식에서 벗어나 콘텐츠 제작자와 사용자가 스트리밍 서비스를 통해 직접 이용하고, 소통하는 시대가 열린 것이다.

OTT의 장점과 종류를 좀 더 알려줘?!

그럼 OTT는 구체적으로 어떤 장점들이 있기에 이렇게 엄청난 파도를 일으킨 걸까? 몇 가지만 짧게 짚어보자.

첫째, 디바이스가 자유롭다.
기존 방송 및 IPTV는 전용 디바이스였던 TV나 라디오, 셋톱박스와 같은 전용 디바이스가 필수였지만, OTT는 인터넷이 연결되는 모든 디바이스라면 자유롭게 서비스를 이용할 수 있다. 다시 말해 스마트폰, 노트북, 데스크톱, 스마트TV, 태블릿PC 등 대부분의 디지털 장비에서 자유롭게 서비스를 이용할 수 있다.

둘째, 시청 시간이 자유롭다.
기존 방송시스템에서 무엇보다 중요한 프로세스는 편성이었다. 월화드라마, 주말드라마, 9시뉴스 등 요일과 시간에 맞춰 편성되었기 때문에, 사용자는 반드시 해당 프로그램의 방송시간에 맞춰 서비스를 이용해야 하는 불편함과 번거로움이 있었다(사실 그 당시에는 불편하거나 번거롭다고 느끼지도 못했겠지만). 하지만 OTT는 개인이 원하는 시간에 원하는 프로그램을 원하는 방법으로 이용할 수 있다.

셋째, 콘텐츠 이용이 자유롭다.
기존 매체의 콘텐츠 관리자 역할을 사용자가 직접 할 수 있기 때문에 사용자의 취향에 따라 TV프로그램, 영화, 음악 그 어떤 콘텐츠라도 마음대로 이용할 수 있다.

OTT는 동영상만 해당되는 게 아니었어?

OTT는 인터넷으로 스트리밍이 가능한 콘텐츠라면 어떤 유형이라도 서비스가 가능하다. 가장 기본적인 TV프로그램, 영화 등의 동영상 콘텐츠를 포함하여 음악과 같은 오디오 콘텐츠는 물론, SMS 문자망을 사용하지 않고 인터넷만으로 문자를 보낼 수 있는 메신저 애플리케이션 또한 넓은 의미에서 OTT 서비스라고 할 수 있다.

일반적으로 OTT 하면 언급되는 대표적인 서비스로는 국내의 경우 SKT와 KBS, MBC, SBS의 웨이브^{Wavve}와 CJ ENM, JTBC, KT, 네이버의 티빙^{TVING}, 왓챠 그리고 쿠팡의 쿠팡플레이 등이 있다. 해외의 경우, 넷플릭스^{Netflix}, 아마존닷컴의 프라임비디오, MAX, 디즈니＋, 훌루^{Hulu}, 유튜브 프리미엄, 애플TV 등이 있다.

국내외로 너무 많은 OTT 서비스들이 생겨나다 보니 모든 OTT 업체들의 콘텐츠와 작품들을 통합적으로 검색하고 추천해 주는 '키노라이츠'라는 종합적인 OTT 포털 서비스도 생겼다. 저자 또한 키노라이츠를 통해서 해당 작품을 어느 OTT 서비스에서 볼 수 있는지, 해당 작품의 평점은 어떤지 항상 검색해서 확인해 보곤 한다.

앞으로 OTT 서비스는 어떻게 되는 거야?

위에서 언급한 OTT 서비스는 광범위한 개념으로 'VOD 서비스'에 해당된다. VOD는 사용자가 원하는 방송을 원하는 시간에 볼 수 있게 해주는 서비스를 뜻한다. 기존 지상파 방송 및 케이블 방송과 반대되는 개념이라고 말할 수 있다. VOD에 대한 구분은 수익 모델에 따라 세 가지 정도로 구분된다.

먼저 유튜브로 대표되는 AVOD^{Adversing VOD}가 있다. 흔히 무료라고 생각하는 서비스이지만, 실제로는 사용자가 광고를 봐야만 영상을 볼 수 있는 형태의 수익 모델이다.

두 번째는 TVOD^{Transactional VOD}이다. 영화나 드라마, 프로그램을 시리즈당 또는 편당 결제하여 보는 서비스를 말한다. 국내 IPTV의 최신영화, 카카오TV 등의 서비스가 여기에 속한다.

마지막으로 SVOD^{Subscription VOD}가 있다. 넷플릭스로 인해 보편화된 월단위 이상의 정기결제 구독 서비스이다. 결제를 한 일정 기간 동안은 무제한의 서비스를 제공받을 수 있기 때문에 최근에 가장 선호하는 방식이 되었다. 조건을 달리하여 일반과 프리미엄 서비스 옵션을 따로 제공하기도 한다. 전 세계 OTT뿐만 아니라 전체 VOD 시장의 대표 주자인 넷플릭스는 국내 시장에서도 마찬가지로 독보적인 위치를 선점하고 있다.

OTT는 앞으로 어떻게 더 변화될까? 공중파, IPTV 등 방송 위주의 미디어 채널에서부터 OTT로의 전환 속도는 엄청나게 빠르게 진행되었고, 지금 이 순간에도 진화를 거듭하고 있다. 이러한 흐름에서 사용자들은 기존 방송 콘텐츠보다 OTT가 제공하는 콘텐츠를 선호하며, 단순한 동영상 서비스를 넘어 다양한 형태의 디지털서비스로 그 범위를 확장해 나가고 있는 것이다. OTT의 바다 속에서는 5G 시대를 지나 인터넷 속도와 디바이스의 발전이 더 가속화 될수록 국내외 수많은 사용자들은 더 깊은 심해로 빠져들 수밖에 없을 것이다. 때문에 지금의 디지털서비스 시장 환경들은 상상할 수 없는 속도와 형태로 더 크게 변해갈 것이다.

2장

그건 우리 잘못이 아니다.

한국인의 44%가 인정하다

앞서 OTT 서비스가 어떻게 생성되어 왔으며, 우리의 삶 속에 얼마나 깊숙이 스며들어 왔는지 간단히 살펴보았다. 그런데 만약 OTT 서비스와 떼려야 뗄 수 없는 인터넷 환경을 벗어나서 살게 된다면, 우리는 하루라도 온전히 살아갈 수 있을까? 10년 전 이 질문을 처음 들었을 때만 해도 불편하지만, 그래도 살 수는 있을 것 같았다. 하지만 지금은 어떤가? 노, 노. 나의 경우 너무나도 쉽게 답이 나온다.

전 세계적으로 불어 닥친 코로나 팬데믹까지 겪은 이후라 일상 및 취미생활, 업무 프로세스까지 인터넷의 중요성과 의존도는 극도로 높아졌다. 인터넷이 없는 하루는 물이나 밥을 굶을 정도의 불편함과 고통이 따른다고 할 만큼 우리 삶의 뼛속 깊은 곳까지 들어와 중추적인 역할을 하고 있다.

사이버 보안회사 NordVPN이 실시한 설문조사에 따르면, 실제로 한국인의 44%가 인터넷이 없는 하루를 상상조차 할 수 없다고 한다. 현대인들에게 인터넷 사용을 줄인다는 것은 체중을 줄이기 위해 다이어트를 하는 것보다 쉽지 않은 일이 되어 버렸다.

일주일 동안 69시간?!

69시간이 뭘까? NordVPN의 2022년 연구결과에 따르면, 한국인이 일주일간 인터넷을 사용하며 보내는 시간이다. 7일 중 3일에 해당하는 시간이자 1년 365일 중 111일에 해당하는 시간이며, 평균 수명 80세를 기준으로 잡을 경우 34년에 해당하는 시간이다. 특히 한국인은 세계적으로 순위를 매긴다면 최상위권에 해당한다. IT강국에 걸맞은 결과라고 볼 수도 있겠지만, 마냥 긍정적으로만 바라볼 수도 없는 상황이다. 그렇다면 한국인들은 이 69시간을 어떤 온라인 활동을 하면서 보낼까?

한국인의 온라인 활동 중 가장 많은 시간을 할애하는 것은 미디어 소비이다. 주로 영상콘텐츠를 소비하는 시간이 12시간 반으로 알려졌고, 그중에서도 유튜브나 넷플릭스와 같은 미디어 플랫폼에서 보내는 시간이 7시간 반이나 되었다. 이는 전 세계에서도 월등하게 최고 순위이다.

미디어 뒤에 숨겨진 비밀들

한국인들이 이처럼 미디어에 많은 시간을 보내는 이유는 무엇일까? 아니, 좀 더 시각을 넓혀 보자. 전 세계 많은 사람들이 영상 미디어에 가장 많은 시간을 보내는 이유는 무엇일까? 시간이 돈보다 소중한 분초사회를 살아가면서 이렇게나 많은 시간을 쓰는 것을 보니 뭔가 중요한 이유가 있을 것이다. 단순히 영상 콘텐츠가 가장 재밌고 중요해서일까? 그게 아니라면, 혹시 우리가 매일 만나는 미디어 뒤에 숨겨진 여러 가지 비밀들이 있어서 그런 건 아닐까?

혹시 텍스트나 이미지보다 영상 콘텐츠가 더 인기가 높아진 이유 때문일까? 과연 그 이유뿐일까? 사실, 미디어를 제공하는 수많은 서비스업체들의 배후에는 숨겨진 비밀들이 있다. 소비자들이 더 많은 콘텐츠에 더 많은 시간을 할애하도록 수많은 장치들을 마련해 두었다.

이 책에서는 그 숨겨진 비밀들을 하나씩 파헤치며 알아감으로써 우리가 일주일 중 69시간이나 온라인 활동을 하게 되고, 12시간이나 영상콘텐츠를 소비하고, 7시간 반이나 OTT 미디어 플랫폼을 사용할 수밖에 없는 숨겨진 비밀들을 알아보고자 한다. 비밀을 아는 것만으로도 우리의 미디어 생활을 좀 더 의미 있고 유익한 방향으로 바꿀 수 있다. 저자는 그 생각으로 이 책을 쓰기 시작했다.

3장

영상으로 시작해 영상으로
끝나는 하루, 롱폼? 숏폼?

아침을 깨워주는 알람 같은 영상?!

많은 사람들이 아침에 눈을 뜨자마자 스마트폰을 확인하고, 뉴스나 소셜미디어 영상을 시청하는 것으로 하루를 시작한다. 한 연구에 따르면, 대한민국 성인의 80%가 아침에 눈을 뜨자마자 처음으로 하는 일이 스마트폰을 확인하는 것이라고 한다. 이러한 생활 패턴은 단순한 습관이 아니라 현대인의 생활 방식과도 밀접하게 연관되어 있다.

과거에는 신문이나 라디오로 아침 뉴스를 접했지만, 이제는 그 자리를 영상 콘텐츠가 대체하고 있다. 짧은 뉴스 클립이나 유튜브 영상은 매일 아침 원하는 정보들만 쏙쏙 채워준다. 짧게 편집된 주요 뉴스 클립은 헤드라인 뉴스만 간결하게 전달하며, 길게 읽을 필요 없이 시청자에게 필요한 정보만을 제공한다. 또한 소셜미디어 플랫폼을 통해서 사용자 맞춤형 콘텐츠를 쉽고 빠르게 접할 수 있다.

이러한 변화는 현대인의 생활 패턴을 더욱 효율적이고 생동감 있게 만들었다. 영상처럼 시각적인 정보는 텍스트보다 더 쉽고 빠르게 소화될 수 있기 때문에 짧은 시간 내에 보다 많은 정보를 수용할 수 있다. 이는 바쁜 현대인들에게 큰 장점으로 작용한다. 아침에 소비하는 짧은 영상들은 우리의 두뇌를 빠르게 활성화시키고, 하루를 시작하는 데 필요한 에너지를 제공해 주기까지 한다.

하지만 이러한 생활 패턴에는 단점도 존재하기 마련이다. 아침부터 스마트폰을 사용하는 습관이 이어지면서 시력이 나빠질 수 있으며, 기존의 아침시간처럼 보다 조용하고 평온한 일상을 찾기란 어려워졌다. 또한 소셜미디어의 알고리즘은 사용자에게 자극적인 콘텐츠를 추천하므로 아침부터 과도한 정보에 노출될 위험이 크다. 따라서 건강한 아침 생활 패턴을 유지하기 위해서는 적절한 영상 콘텐츠 소비가 필수적이다.

일상 속 자투리 시간은 영상이 제맛이지?!

일상 속에서 우리는 다양한 자투리 시간을 가지고 있다. 출퇴근시간, 점심시간, 짧은 휴식시간 등은 현대인들에게 있어 너무나도 소중한 삶의 여유다. 이러한 자투리 시간을 어떻게 보내느냐에 따라 하루의 생산성과 만족도가 크게 달라질 수 있다. 최근 들어 많은 사람들이 이 소중한 시간들을 영상 콘텐츠로 가득 채우고 있다.

유튜브 서비스 통계에 따르면, 모바일 기기로 소비되는 유튜브 콘텐츠의 70% 이상이 짧은 시간 동안 시청된다고 한다. 이러한 숏폼은 길게 집중하지 않아도 되는 가벼운 정보와 짧은 즐거움을 제공한다. 출근시간에 짧은 코미디 쇼츠를 보거나, 점심시간에 틱톡에서 재미있는 영상을 시청하는 것이 일상이 되어 버렸다. 이러한 콘텐츠는 짧은 시간 동안 큰 웃음과 즐거움을 제공하며, 스트레스를 해소하는 데 도움을 주기도 한다.

교육적인 영상도 큰 인기를 끌고 있다. 짧은 다큐멘터리 클립이나 인포그래픽 영상은 복잡한 정보를 쉽게 전달하며, 자투리 시간을 활용하여 새로운 지식을 습득하도록 도와준다. 예를 들어 "TED"와 같은 채널은 짧은 시간 내에 유익한 정보와 더불어 폭넓은 인사이트를 제공하며 전 세계 많은 이들에게 사랑받고 있다.

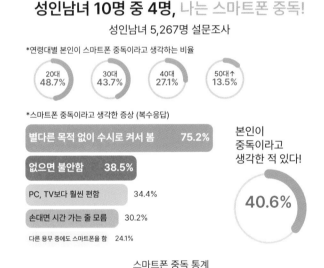

성인남녀 10명 중 4명, 나는 스마트폰 중독!

성인남녀 5,267명 설문조사

*연령대별 본인이 스마트폰 중독이라고 생각하는 비율

20대 48.7% 30대 43.7% 40대 27.1% 50대↑ 13.5%

*스마트폰 중독이라고 생각한 증상 (복수응답)

별다른 목적 없이 수시로 켜서 봄 75.2%
없으면 불안함 38.5%
PC, TV보다 훨씬 편함 34.4%
손대면 시간 가는 줄 모름 30.2%
다른 용무 중에도 스마트폰을 함 24.1%

본인이 중독이라고 생각한 적 있다!

40.6%

스마트폰 중독 통계

그러나 이러한 영상 소비 패턴은 많은 문제점도 초래한다. 짧은 영상을 반복해서 시청하다 보면 주의 집중력이 저하될 수 있으며, 오랜 시간 깊이 있는 학습이나 작업이 어려워질 수 있다. 또한 자투리 시간을 영상으로 채움으로써 실제로 생산적이기보다는 소중한 시간들을 낭비하는 결과를 초래할 수도 있다. 따라서 이러한 영상 시청은 적절하게 조절되어야 한다. 일상의 활력소가 될 수도 있지만, 너무 많은 시간을 할애하면 오히려 부정적인 영향을 미칠 수 있다. 결국 균형 잡힌 영상 소비 습관을 유지하는 것이 무엇보다 중요하다.

하루의 마무리, 저녁에도 역시 OTT 영상

하루를 마무리하는 저녁시간에는 OTT 플랫폼에서 제공하는 드라마, 영화, 예능 프로그램을 시청한다. 넷플릭스의 조사에 따르면, 사용자의 70%가 저녁 6시 이후에 콘텐츠를 시청한다고 한다. 피곤한 하루를 마친 저녁시간에 많은 사람들이 휴식과 오락을 즐기기 원한다는 것이다.

연령별 TV/스마트폰 이용 빈도

1부 | 우리가 미처 몰랐던 미디어 현실

OTT 플랫폼은 사용자가 원하는 시간에 원하는 콘텐츠를 볼 수 있다는 편리함을 제공한다. 이는 이전의 TV방송 시청 방식과는 크게 다르다. 과거에는 정해진 시간에 편성된 방송 프로그램을 시청해야 했지만, 이제는 자신의 일정에 맞춰 콘텐츠를 소비할 수 있다. 바쁜 일상을 보내고 집에 귀가한 후, 자신이 좋아하는 드라마 시리즈를 연속해서 시청하는 것은 현대인들에게 큰 즐거움과 위로를 가져다준다.

또한 OTT 플랫폼은 다양한 장르와 취향에 맞춘 콘텐츠를 제공하여 시청자들이 선택의 폭을 넓힐 수 있게 해준다. 이는 가족 구성원 각자가 자신의 취향에 맞는 콘텐츠를 시청할 수 있게 하며, 가족 간의 대화 주제를 풍부하게 만들어 준다. 부모는 최신 드라마를 시청하고, 아이들은 만화를 즐기며, 각자 즐거운 시간을 보낼 수 있다.

그러나 OTT 플랫폼의 과도한 사용은 주의가 필요하다. 저녁시간에 지나치게 많은 시간을 화면 앞에서 보내는 것은 수면의 질을 떨어뜨릴 수 있으며, 정신 건강에도 악영향을 미칠 수 있다. 또한 계속해서 시청할 수 있는 자동 재생 기능은 시간 관리를 어렵게 만들고, 의도치 않게 많은 시간을 소비하도록 방치될 수도 있다.

따라서 저녁시간의 OTT 콘텐츠 소비는 적절한 시간 관리를 통해 이루어져야 한다. 하루의 피로를 풀고 즐거움을 느끼는 데 도움이 되는 콘텐츠 소비는 긍정적이지만, 과도한 사용은 피해야 한다. 균형 잡힌 콘텐츠 소비를 통해 저녁시간 동안 건강한 미디어 소비 습관을 유지하는 것이 무엇보다 중요하다.

4장

콘텐츠도 결국 소비이다.

눈에 보이지 않는 콘텐츠도 소비이다

현대 사회에서 콘텐츠 소비는 우리의 삶에서 필수적인 요소로 자리 잡았다. 2025년 1월 기준 전 세계 넷플릭스 구독자는 3억 명을 돌파했고, 2025년 4월 와이즈앱 조사에 따르면 한국인 스마트폰 사용자 중 94%가 유튜브, 숏폼, OTT 콘텐츠를 스트리밍으로 소비하고 있다. 이 중 유튜브는 가장 자주 이용함과 동시에 가장 많은 시간을 소비하는 서비스이고, 숏폼 콘텐츠의 경우 짧게 자주 소비되며, OTT의 경우 한 번 볼 때 오랜 시간을 소비하는 특징이 있다.

이는 단순한 취미 활동을 넘어, 우리의 일상과 경제 활동에 직접적인 영향을 미치는 소비 형태이다. 특히 구독 모델의 확산으로 인해 사람들은 매달 일정 금액을 OTT 서비스에 지출하며, 광고 시청이나 데이터 요금

등을 통해 추가적인 비용을 지불하고 있다. 이와 같은 콘텐츠 소비는 눈에 보이지 않는 형태로 이루어지며 우리의 주의력과 시간을 빼앗고 있다.

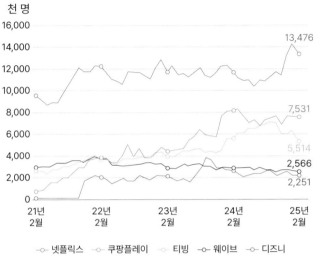

2025년 OTT앱 사용자 추이(2021~2025)

국내 OTT 시장의 경우, 넷플릭스의 독주 현상이 점차 심화되어 가면서 가장 많은 사용자와 사용 시간을 확보하고 있다. 국내 OTT 사용자 순위로는 넷플릭스 > 쿠팡플레이 > 티빙 > 웨이브 > 디즈니＋인데, 넷플릭스 사용자가 약 1,348만 명이며, 사용 시간으로는 2025년 2월 기준 월평균 1인당 6시간 43분으로 웨이브(4시간 10분), 티빙(4시간), 디즈니＋(2시간 4분), 쿠팡플레이(1시간 43분)에 비해 월등하게 높은 콘텐츠 소비를 보여주고 있다. 이러한 통계는 콘텐츠 소비가 단순한 여가 활동이 아니라 경제적, 시간적 자원이 투입되는 중요한 활동임을 보여준다. 스마트폰과 같은 휴대용 기기를 통해 언제 어디서나 쉽게 접근할 수 있는 콘텐츠는 우리의 일상을 더욱 디지털 가속화하고 있다. 이는 결국 우리의 라이프스타일과 소비 습관에 큰 영향을 미치며, 현대인의 일상 속에서 지속적인 소비가 이루어지도록 만든다.

우리가 일상적으로 접하는 콘텐츠 소비는 반드시 경제적 비용을 수반하지는 않는다. 소셜미디어에서 무심코 스크롤하는 숏클립 영상이나 수많은 이미지들은 우리에게 무료로 제공되는 것처럼 보이지만, 사실은 우리의 소중한 시간을 대신 지불하고 있는 것이다. 2023년 마케팅업체인 케피오스Kepios가 발표한 「소셜미디어 사용 실태 보고서」에 따르면, 글로벌 소셜미디어 사용자는 전 세계 인구의 60.6%에 해당하는 48억 8천만 명 수준이며, 하루 평균 2시간 26분 동안 소셜미디어를 소비하고 있다. 이는 1일 평균 수면시간(7~8시간) 기준, 일상시간의 15%에 해당하는 막대한 시간이다. 이러한 콘텐츠 소비는 우리가 인식하지 못하는 사이에 자연스레 이루어지며, 특히 무료로 제공되는 서비스에서는 더욱 더 두드러진다.

출처: 한국언론진흥재단

2025년 2월 소셜미디어 이용률 순위

페이스북, 인스타그램, 틱톡과 같은 소셜미디어 플랫폼은 사용자의 데이터를 분석하여 맞춤형 콘텐츠를 제공함으로써 사용자의 주의를 최대한 끌어 모은다. 예를 들어 틱톡의 알고리즘은 사용자가 이전에 시청한 비디오를 바탕으로 개인화된 피드를 제공하여, 사용자가 플랫폼에 머무르는 시간을 최대화하고 있다.

틱톡^{TikTok} 통계 자료에 따르면, 2024년 기준 틱톡 사용자는 하루 평균 58분을 앱에서 소비하고 있는데 이는 다른 소셜미디어 플랫폼보다 상대적으로 훨씬 높은 수치이다. 이처럼 무료로 제공되는 콘텐츠조차도 우리가 지불하는 시간과 데이터를 기반으로 작동하고 있으며, 결국 이는 플랫폼이 광고 수익을 창출하는 구조로 이어지는 것이다. 우리의 콘텐츠 소비는 이렇게 눈에 보이지 않는 형태로 우리의 시간과 자원을 소비하게 만들고 있다.

우리는 어떤 콘텐츠들을 소비하고 있는가?

현대 사회에서 우리는 매우 다양한 형태의 콘텐츠를 소비하고 있다. OTT 플랫폼에서는 드라마, 영화, 다큐멘터리 등이 주요 콘텐츠로 소비되고 있으며, 유튜브와 같은 동영상 플랫폼에서는 교육, 엔터테인먼트, 리뷰 등 다양한 장르의 영상이 인기를 끌고 있다. 2025년 2월 기준, 유튜브 통계 자료에 따르면 유튜브 전 세계 월간 활성 사용자^{MAU}는 25억 명이 넘었다. 이는 전 세계 인구의 약 30%에 해당한다. 이들을 통해 하루 평균 10억 시간 이상의 동영상을 시청하고 있다. 또한 국내 '와이즈앱' 통계자료에 의하면, 2025년 1월 기준으로 사용자 1인당 평균 44시간 45분의 동영상을 시청하여 역대 최고치 사용시간을 기록하였다. 이러한 수치는 유튜브가 단순한 동영상 플랫폼을 넘어 글로벌한 미디어 소비의 중심지로 자리 잡았음을 확연하게 보여준다.

2025년 1월 유튜브 앱 1인당 평균 사용시간(2017~2025년)

특히 18세에서 34세 사이의 연령층에서 유튜브는 TV보다 더 많이 소비되는 미디어로 자리매김 되었다. 이는 사람들이 정보를 얻고, 오락을 즐기며, 학습하는 방식이 크게 변화했음을 의미한다. 점점 더 많은 사람들이 유튜브를 통해 새로운 기술을 배우고, 특정 주제에 대해 깊이 있는 정보를 얻고 있다.

소셜미디어에서 소비되는 숏클립 영상과 밈은 빠른 만족감을 제공하지만 장기적으로는 집중력 저하와 같은 부정적인 영향을 미칠 수 있다. 2024년 'Electro IQ' 통계자료에 의하면, 틱톡 사용자의 평균 일일 사용시간이 2020년(38분)부터 2021년(45분), 2022년(52분), 2023년(55분), 2024년(58분)까지 꾸준히 증가하고 있는 것으로 나타난다. 이는 짧고 즉각적인 콘텐츠 소비가 증가하고 있음을 보여준다. 우리가 소비하는 다양한 콘텐츠는 우리의 사고방식, 습관 그리고 일상에 깊은 영향을 미치고 있다.

콘텐츠 소비의 이면에는 우리가 인식하지 못하는 다양한 요소들이 숨겨져 있다. 넷플릭스, 유튜브와 같은 미디어 플랫폼은 사용자 데이터를 분석하여 맞춤형 콘텐츠를 제공하는 알고리즘을 사용하고 있다. 이러한 알고리즘은 사용자가 더 많은 시간을 플랫폼에서 보내도록 유도하고 있으며, 해당 기업에게 막대한 수익을 주는 동시에 사용자에게는 무의식적인 시간 소비를 초래한다. 2024년 "Linked in: Netflix 알고리즘" 관련 보도자료에 따르면 넷플릭스 사용자의 80% 이상이 알고리즘 추천을 통해 콘텐츠를 시청하며, 이들 중 상당수는 원래 계획하지 않았던 콘텐츠를 소비하게 되었다고 한다.

이렇게 우리는 미디어 플랫폼에 의해 끝없이 반복되는 소비를 하게 되며, 이는 결국 시간 관리와 정보 습득에 영향을 미칠 수밖에 없다. 소셜미디어의 경우 알고리즘이 제공하는 콘텐츠에 의해 우리의 감정과 행동이 조작될 수 있다는 연구 결과도 있다. 이러한 상황에서 우리는 스스로 소비하는 콘텐츠를 신중하게 선택하고, 시간과 주의력을 효율적으로 관리해야만 한다.

출처: 영남일보

직접 해본 '디지털디톡스' 방법
(Base: 전체, N=1000, 주요 응답값 제시, 단위: 중복 %)

디지털 디톡스 방법	
불필요한 앱 삭제	51.8
자기 전 스마트폰 사용 자제하기	28.4
컴퓨터/폰 대신 운동이나 야외활동하기	26.2
스마트폰 앱 알림 기능 끄기	19.4
간단한 것은 계산기 의존하지 않고 암산하기	16.5
이동시간에 폰 이용 외 다른 일하기	15.2
아날로그 취미활동 갖기	13.8
휴대폰 꺼놓기	11.5
메신저 탈퇴하기	11.4
휴대폰 놓고 나가기	11.0
디지털 디톡스를 시도해본 적 없음	23.0

디지털 디톡스 방법

특정 콘텐츠를 시청하기 전에 그 콘텐츠가 나에게 필요한 정보인지, 아니면 단순한 오락인지 판단하는 습관을 기르는 것이 중요하다. 2023년 보고서에 따르면, 젊은 세대 중 60% 이상이 콘텐츠 소비를 줄이기 위해 '디지털 디톡스'를 시도한 적이 있다고 한다. 현명한 콘텐츠 소비는 우리의 삶의 질을 높이고 시간과 자원을 더 가치 있는 곳에 투자할 수 있도록 도와주기도 한다.

5장

손님 모셔오기 전쟁

글로벌 OTT 서비스 신규 마케팅 전쟁

국내외 OTT 서비스 시장은 마치 끝없는 전쟁터와 같다. 전 세계 수억 명의 소비자들이 스마트폰과 디지털 TV 앞에서 OTT 플랫폼을 선택하는 그 순간, 이 전쟁의 승패가 결정된다. 넷플릭스, 디즈니＋, MAX, 애플 TV＋ 등 굵직한 서비스 플레이어들이 격돌하는 이 시장에서 '누가 더 많은 손님을 모셔올 수 있는가?'는 가장 중요한 문제이자 모두의 관심사다.

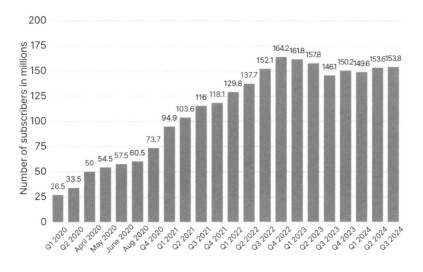

2020-2024 디즈니+ 가입자 수

넷플릭스는 현재까지 꾸준히 독주 중인 OTT 시장의 제왕이지만, 앞으로는 다양한 경쟁자들과 치열한 마케팅 전쟁을 벌이게 될 것이다. 2022년 디즈니+는 스타워즈와 마블이라는 거대 IP 프랜차이즈를 무기로 삼아 전 세계 가입자를 빠르게 확보했다. 그 결과 1억 6천만 명 이상의 가입자를 모으는 데 성공했으며, 이는 출시 2년 만에 이루어낸 놀라운 성과였다. 넷플릭스가 10년간 쌓아온 아성을 단 2년 만에 크게 흔든 사건이었다.

OTT 플랫폼들은 단순한 콘텐츠 제공을 넘어, 각자의 강점을 강조하는 마케팅 전략을 펼치고 있다. 예를 들어 MAX는 고품질 드라마와 영화, 특히 "왕좌의 게임"과 같은 대작 시리즈를 앞세워 고급스러운 이미지를 구축했다. 반면에 애플 TV+는 자체 제작 오리지널 콘텐츠의 퀄리티에 집중하며 '프리미엄'의 이미지를 강조하고 있다. 이러한 전략은 각 플랫폼이 자신만의 차별점을 부각시키고, 소비자들의 관심을 끌어 모으기 위한 필수적인 수단이다.

하지만 마케팅 전쟁은 단순히 광고와 홍보 수준에 그치지 않는다. 한때 OTT 플랫폼들은 서로의 콘텐츠를 라이센싱하지 않기 위해 '콘텐츠 독점 전략'을 강화하기도 하였다. 2023년에는 글로벌 OTT 플랫폼들이 콘텐츠 제작에 300억 달러 이상을 투자한 것으로 확인되며, 이는 새로운 가입자를 끌어들이기 위한 중요한 공격 전략 중 하나였다. 일례로 디즈니＋는 자사 콘텐츠를 다른 플랫폼에서 철수시키고 오직 자사에서만 볼 수 있도록 서비스 방향성을 변경함으로써 가입자 수를 극대화하였다. 이는 소비자들이 좋아하는 콘텐츠를 보기 위해 어쩔 수 없이 특정 플랫폼을 구독하게 만듦으로써 더 많은 수익을 창출하게 만드는 OTT 플랫폼들의 콘텐츠 마케팅 전쟁이다.

결국 이 전쟁의 승리자는 단순히 더 많은 콘텐츠를 제공하는 자가 아니라 얼마나 독창적이고 고유한 경험을 소비자에게 제공할 수 있는가에 달려 있다. 여기에서 승리하려면 OTT 플랫폼들은 끊임없이 혁신하고, 새로운 콘텐츠와 서비스를 제공해야 할 것이다.

국내 OTT 서비스 신규 마케팅 전쟁

OTT 서비스 시장의 경쟁은 글로벌 수준에서 치열하게 펼쳐지고 있지만, 국내에서도 치열하기란 마찬가지다. 특히 티빙과 웨이브, 쿠팡플레이는 국내 시장에서 독자적인 위치를 차지하며 각각의 전략을 통해 소비자를 끌어 모으고 있다.

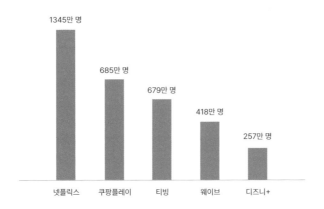

OTT 앱 월간 사용자 수

2025년 국내 OTT 월간활성 이용자 MAU

티빙은 CJ ENM(2010년 당시 CJ헬로비전)이 시작한 서비스로 JTBC와 합작 투자한 이후, 강력한 로컬 콘텐츠로 무장하고 있다. 2023년, 티빙은 독점 방영권을 가진 인기 드라마와 예능을 중심으로 신규 가입자를 대폭 유치했다. 티빙은 특히 한국인이 사랑하는 예능 프로그램인 "유 퀴즈 온 더 블록", "서진이네"와 같은 콘텐츠의 독점 제공을 통해 구독자 수를 급격히 늘렸다. 또한 넷플릭스에서 다루지 않는 지역 밀착형 콘텐츠를 강조하여 '한국적인 것'에 관심이 많은 시청자들을 공략하고 있다. 2023년 티빙은 전년 대비 가입자 수가 35% 증가하며 국내 OTT 시장에서 주요 서비스로 자리 잡았다. 또한 2024년에는 국내 프로야구인 KBO 유무선 중계권을 확보하여 신규 가입자와 평균 시청시간, 두 마리 토끼를 모두 잡았다. 2021년부터 네이버 멤버십에 티빙 혜택이 추가되면서 네이버 회원들을 전략적으로 영입하기도 하였는데, 해당 멤버십 제휴는 2025년 3월 1일부로 종료되었다.

웨이브는 지상파 3사(KBS, MBC, SBS)의 연합 플랫폼으로, 공중파 드라마와 뉴스를 제공하는 강점을 가지고 있다. 웨이브는 2023-2024년, 실시간 방송 서비스와 과거 인기 드라마 콘텐츠를 통해 중장년층 시청자들을 공략하며 가입자를 확보했다. 실시간 방송과 더불어 다양한 VOD 서비스도 제공함으로써 전통적인 TV 시청 패턴을 OTT로 자연스럽게 이동시키고 있다. 이는 넷플릭스와는 다른 차별화 전략으로, 콘텐츠 다양성에서 경쟁력을 키워나가고 있다. 더불어, 2024년부터 시작된 티빙과 웨이브의 합병 이슈는 2025년 4월까지도 협의 진행 중이며, 이후 합병이 완료되면 강력한 국내 OTT 탄생으로 글로벌 제왕인 넷플릭스와의 견제와 함께 경쟁 구도도 기대가 된다.

쿠팡플레이는 국내 OTT 시장에서 후발주자로 등장했지만 쿠팡의 강력한 유통망과 프라임 회원제(와우 멤버십)와의 결합으로 빠르게 성장했다. 쿠팡플레이는 스포츠 중계, 특히 K리그와 EPL(잉글리시 프리미어 리그) 경기의 독점 중계권을 확보하여 스포츠팬들을 중심으로 인기를 끌고 있다. 또한 다른 OTT 플랫폼과 차별화된 전략으로 독점 콘텐츠를 제공하고 쿠팡의 다양한 서비스와 연계된 혜택을 통해 고객 유입을 극대화하고 있다.

이렇듯 티빙과 웨이브, 쿠팡플레이는 각자의 강점을 내세워 국내 시장에서 입지를 다지고 있으며, 그들의 마케팅 전쟁은 이제 막 시작되었다고 할 수 있다. 국내 소비자들이 선호하는 콘텐츠를 발굴하고 제공하는 데 주력하며, 넷플릭스 등 해외 OTT 서비스와의 경쟁에서도 독자적인 입지를 구축하며 마케팅 전쟁에 참여하고 있다.

광고요금제와 신규 회원의 비밀

OTT 플랫폼들이 새로운 소비자를 끌어들이기 위해 사용하는 가장 흥미로운 전략 중 하나는 바로 광고요금제다. 광고 없이 편리하게 콘텐츠를 즐길 수 있는 서비스가 익숙했던 시청자들에게 광고가 포함된 저가형 요금제는 충격처럼 다가오기도 했다. 하지만 이 전략은 소비자와 플랫폼 모두에게 윈윈 게임이 되기도 한다.

넷플릭스는 2023년 신규 회원 유치를 위한 전략으로 광고를 포함한 저가형 요금제를 출시했다. 이 요금제는 기존의 광고 없는 구독료보다 약 30% 저렴하게 설정되었고 가격에 민감한 소비자들에게 큰 호응을 얻었다. 넷플릭스는 이 새로운 요금제를 통해 약 800만 명의 신규 가입자를 유치하는 데 성공했으며, 이는 광고 시장에 새로운 활력을 불어넣었다.

티빙 역시 광고를 포함한 저가형 요금제를 도입하여 가격 민감형 소비자들을 공략했다. 티빙의 광고요금제는 일반 요금제보다 40% 저렴하게 설정되었고, 이로 인해 신규 가입자의 약 25%가 이 요금제를 선택했다. 광고를 시청하는 대신 저렴한 가격으로 다양한 콘텐츠를 즐길 수 있다는 점이 소비자들에게 큰 매력으로 다가온 것이다. 티빙은 또한 광고주들에게 맞춤형 타깃 광고를 제공하여 광고 수익을 극대화하고 있으며, 이를 통해 플랫폼의 수익성을 높이는 동시에 소비자들의 콘텐츠 소비 패턴을 분석하는 데에도 활용하고 있다.

하지만 광고요금제는 단순히 저렴한 가격을 통해 신규 회원을 유치하는 것 이상의 의미를 가지고 있다. 이 요금제는 사실상 OTT 플랫폼과 광고주 간의 정교한 협업의 결과물이다. 광고요금제를 선택한 사용자는 플랫폼에서 제공하는 맞춤형 광고를 시청하게 되는데, 이는 사용자의 시청 기록과 선호도를 기반으로 개인화된 광고다. 만약 특정 사용자가 최근에 액션 영화를 즐겨 봤다면 최신 액션 영화의 예고편이나 관련 상품 광고가 우선적으로 노출된다. 이는 광고주에게도 매우 매력적인 상품이다.

2025년 Statista OTT 광고 통계 자료에 따르면, 미국의 OTT 광고 매출은

2024년 대비 약 8% 성장률로 2025년에는 938억 달러로 예상되고 있다. 이처럼 OTT 플랫폼들은 광고를 통해 추가적인 수익을 창출하면서도, 가격에 민감한 소비자층을 공략할 수 있는 추가 찬스의 기회를 얻고 있다. 넷플릭스 데이터에 따르면 광고요금제를 사용하는 소비자들은 오리지널 콘텐츠를 더 많이 시청하는 경향이 있으며, 이는 결국 플랫폼의 브랜드 이미지 강화로 이어지게 된다.

광고요금제는 OTT 시장에서 새로운 트렌드로 자리 잡아가고 있으며 앞으로도 더 많은 플랫폼들이 이 전략을 채택할 것으로 보인다. 이것은 가격 민감형 소비자들을 대상으로 한 마케팅 전쟁에서 큰 역할을 하며, 궁극적으로는 더 많은 신규 회원을 끌어들일 수 있는 강력한 무기가 될 것이다.

이렇게 우리가 매일 만나고는 있지만 미처 몰랐던 미디어 현실을 깨달으면서 OTT 서비스가 이미 우리의 삶에 얼마나 깊숙이 들어와 있는지 알게 되었다. 그리고 이러한 OTT 서비스들이 콘텐츠 소비를 늘리기 위해 얼마나 다양한 방법으로 노력하고 있는지도 살짝 엿볼 수 있었다.

'2부 넷플릭스 뒤에 숨겨진 비밀들'에서는 글로벌 대표 선수인 넷플릭스가 어떤 전략으로 소비자들에게 점점 더 가까이 다가오고 있는지, 그 뒤에 숨겨진 크고 작은 비밀들을 함께 찾아보며 파헤쳐 보도록 하겠다. 또한 '3부 유튜브 뒤에 숨겨진 비밀들', '4부 미디어 뒤에 숨겨진 비밀들', '5부 소비자 뒤에 숨겨진 비밀들'을 하나씩 알아가며 OTT 서비스와 미디어에 대한 깨달음의 즐거움도 한층 더 풍부하게 느껴보길 바란다.

2부
_____

넷플릭스 뒤에
숨겨진 비밀들

PART 2. The Hidden Secrets Behind Netflix
2부. 넷플릭스 뒤에 숨겨진 비밀들

1장

한 작품에 섬네일이 여러 개라고?

근데 왜 섬네일이라고 하는 거야?

썸네일? 섬네일? thumbnail? 유튜브와 OTT 서비스가 대중화되면서 언젠가부터 너무 흔하게 듣고 사용하는 외래어가 바로 이 '섬네일'이다. 웹디자이너들에게는 너무 친숙한 단어겠지만, 과연 누가 물어봤을 때 정확히 무엇이라고 설명해주거나 왜 섬네일이라고 부르는지를 설명해 줄 수 있을까?

$$[Thumb] + [Nail] = [Thumbnail]$$

섬네일은 엄지[thumb]와 손발톱[nail]이 합쳐진 합성어로, 말 그대로 '엄지손톱'이라는 뜻이다. 엄지손톱이 뭐 어쩌라고? 섬네일은 어떤 문서나 영상의 전체적인 내용을 엄지손톱처럼 작은 이미지 한 장으로 요약하여 보여주는 대표 이미지라고 생각하면 된다. 몇 분짜리 짧은 쇼츠 영상에서부터 수십 분짜리 긴 영상, 드라마나 영화, 다큐멘터리 포스터에 이르기까지 사용되는 모든 이미지를 통용하여 섬네일이라고 부르기도 한다.

섬네일은 비주얼 중심의 이미지 형식이기 때문에 이미지 합성 작업을 담당하는 웹디자이너가 주로 담당하는 업무 영역이었다. 하지만 최근 들어 섬네일 작업툴이 보편화되고 대중화되면서 영상편집 담당자, 작가, 블로거 등 비전문가들도 손쉽게 작업이 가능해졌다.

우리가 흔히 사용하는 포털서비스 및 유튜브와 같은 개인형 플랫폼에서는 섬네일 기준에 대한 가이드가 제공된다. 사이즈와 용량, 이 두 가지를 잘 지켜서 제작하고 업로드하면 큰 무리 없이 나의 콘텐츠를 홍보하고 더욱 돋보이게 할 수 있다. 참고로 서비스별 섬네일 가이드 기준은 모두 다르다. 유튜브 콘텐츠 제작 시 대표 섬네일의 일반적인 사이즈는 1280px, 720px이며 사용 가능한 파일의 형태는 jpg, png, gif 정도가 섬네일 파일 삼총사라고 할 수 있다.

섬네일이 왜 중요한 거야?

인간관계에서 첫 인상이 얼마나 중요한지는 길게 설명하지 않아도 자명한 사실이다. 수많은 콘텐츠들이 공유되고 치열한 순위 경쟁을 벌이고 있는 디지털 세상에서, 한 번이라도 사용자들의 눈길을 끌고 관심을 유발하여 결국 클릭하게끔 유입 창구 역할을 하는 요소가 바로 섬네일이다. 섬네일은 콘텐츠의 작은 일부지만, 대표성을 지니고 있다. 서점에서 책의 제목과 표지에 관심이 생겨야 책을 집어 들고 목차를 살펴보며, 결국 구매까지 이루어지는 전체적인 구매 프로세스와도 같은 이치이다. 제아무리 좋은 콘텐츠라고 하더라도 섬네일이 제대로 갖춰지지 않는다면 사용자들의 첫 선택을 받지 못하니 말이다.

섬네일은 크게 이미지 영역과 텍스트 영역으로 나뉜다. 이미지로만 제작되거나 텍스트로만 제작된 일차원적인 섬네일도 있지만, 대부분은 이미지와 텍스트가 합성된 복합 형태로 구성되어 있다. 그렇다면 이렇게 중요한 섬네일을 잘 만들기 위한 세 가지 주요 체크 포인트를 알아보자.

우선 명확성과 간결성이다. 짧은 시간에 주목을 끌기 위해서는 섬네일 이미지 한 컷에 명확한 메시지가 담겨 있어야 하며, 그 메시지는 간결하여야 한다. 제작자의 욕심으로 여러 개의 메시지를 넣으려다 보면 명확성과 간결성, 두 마리 토끼를 모두 놓치기 십상이다.

다음으로는 대표성이다. 콘텐츠 내용과 상관없이 사용자를 자극하기 위한 단순 홍보성 섬네일을 사용한다면 결국 사용자들에게 불쾌감을 줌과 동시에 신뢰를 잃어버리고 만다. 이런 상황이 반복된다면 해당 채널의 다른 콘텐츠들까지도 함께 신뢰를 잃게 된다. 그렇기 때문에 가장 핵심적인 내용이나 장면, 메시지를 대표하는 섬네일로 제작되었는지 반드시 체크해야 한다.

마지막으로 지속성이다. 한 개의 섬네일만 오랫동안 노출되면 계속적인 호응을 이끌어 내기 어렵다. 명확성과 간결성, 대표성을 잘 유지하면서도 지속적인 관심을 이끌어내기 위해서는 반드시 추가적인 개선작업이 필요하다. 이미지나 카피를 변경할 수도 있고, 다른 요소를 추가하여 색다른 변화를 이끌어낼 수도 있다.

한 작품에 섬네일이 여러 개라고?

그렇다면 넷플릭스는 왜 이렇게 섬네일에 집중할까? OTT 서비스를 찾은 사용자들은 보통 1분 동안 20개 이내의 콘텐츠들을 탐색하는데, 그 시간 안에 원하는 콘텐츠를 찾지 못하면 서비스 이탈률까지 높아지게 된다. 짧은 시간에 사용자의 주목을 끌고, 다양한 섬네일 중에서 해당 사용자의 취향에 맞는 섬네일을 노출시켜 작품을 재생하게 만드는 것이 넷플릭스의 주요 전략이라고 볼 수 있다.

한국 넷플릭스 대표작인 "오징어 게임"도 섬세한 섬네일 전략을 통해 세계적인 흥행작으로 발돋움할 수 있었다고 한다. 유튜브와 같은 개인제작 콘텐츠와는 달리, OTT의 작품들은 대부분 전문가 집단이 오랜 기간 많은 투자를 통해 제작된 웰메이드 작품들이 많다. 주로 영화, 드라마, 다큐멘터리, 연예오락 프로그램들인데, 이것들의 섬네일은 포스터 형식을 갖춘다. 포스터란 기본적인 형식을 갖춘 대표적인 시각디자인 작업물로 작업물의 퀄리티가 높고, 포스터 자체만으로도 상품 가치가 높은 디자인 결과물이다.

 KBS드라마 고려거란전쟁 포스터

이런 포스터형 섬네일은 주연 배우별로 제작하거나, 톤 앤 매너를 다르게 변경하여 여러 가지 분위기로 제작하는 경우가 있다. 일반적으로 국내 드라마나 영화의 경우 작품당 4~6개의 포스터를 만든다. 특히 많은 예산으로 제작된 웰메이드 작품일수록 포스터를 다양하게 제작하기도 한다. 한국의 넷플릭스 블록버스터 드라마 "지금 우리 학교는"의 경우 무려 30종의 섬네일을 제작했다고 한다.

지금 우리 학교는 포스터

이는 사용자들의 성향에 맞춰서 마케팅 효과를 극대화하기 위한 섬네일 전략이라고 볼 수 있다. 많은 학생들이 모여 있는 집단 포스터는 블록버스터를 즐겨보는 사용자를 위한 포스터이며, 좀비물을 즐겨보는 사용자를 위해서는 좀비의 공포스러운 표정과 분위기가 살아있는 포스터를 사용하기도 한다. 로맨스 장르를 선호하는 사용자를 위해서는 남학생과 여학생이 손을 잡고 뛰어가는 포스터를 사용하는 형식이다.

유명 배우를 선호하는 사용자를 위해서는 단체 컷이 아닌 배우 단독 포스터를 노출시킴으로써 찰나의 순간까지도 콘텐츠를 선택하게끔 사용자의 눈길을 사로잡으려고 노력한다. 넷플릭스 개인 사용자들의 시청 이력 및 선호 콘텐츠 로그를 기반으로 모든 섬네일의 노출 방향성이 결정된다. 이런 이유로 넷플릭스가 무엇보다 오리지널 콘텐츠 섬네일에 집중을 하고 있는 것이다.

Q. 한 작품에 섬네일이 여러 개라고?

그 이유는 사용자의 취향과 관심을 반영해 다양한 섬네일을 노출함으로써 클릭률을 높이고, 콘텐츠 소비를 극대화하기 위해서다.

2장

넷플릭스만의 섬네일 전략이 있다고?

넷플릭스 오리지널 섬네일 전략

전 세계 수많은 국가별 사용자들이 찾는 넷플릭스는 영상 스트리밍이 전부가 아니다. 그들은 영상 소비가 늘어날 수 있도록 수많은 전략을 세운다. 일단 UI, UX, A/B 테스트에 대한 개념을 알고 넘어가자.

UI^{User Interface}는 '유저 인터페이스'의 줄임말로, 사용자가 이용하는 서비스 환경이나 화면 구성에 대한 디자인을 뜻한다. 실제 우리 생활에 자주 이용하는 웹사이트, 앱서비스, 은행 CD기, 키오스크 등이 모두 UI에 해당되며, 사용자들이 서비스를 보다 편하고 쉽게 이용하기 위한 접점이 된다.

UX^{User Experience}는 UI와는 달리 눈에 보이는 영역을 초월하여 어떤 제품이나 서비스를 이용하면서 느끼는 총체적인 경험을 포함하여 '사용자 경험'

이라고 불린다. 예를 들어 당신이 사용하는 배달 앱은 간단하고 직관적인 UI^{User Interface}를 통해 원하는 음식을 원하는 주소까지 쉽고 빠르게 주문할 수 있어야 한다. 주문 결과와 진행상황, 배달 도착시간이 명확하게 전달되고 결제까지 간편하게 이루어진다면 사용자 경험이 좋은 서비스라고 볼 수 있다. 만약 사용자 경험이 좋지 못한 서비스라면 사용자 경험을 보다 빠르게 개선해야만 한다.

A/B 테스트^{A/B Test}는 구글에서 최적화된 결정을 내리기 위해 이미 사용되고 있는 방법론이다. 두 개의 광고 중 어떤 것이 더 효과적인지 가설을 세우는 것이 아니라 일단 광고를 돌려보고 실시간 반응률을 체크하고, 이를 바탕으로 세부 이미지, 문구 등을 최적화하는 방식이다.

넷플릭스에서 섬네일을 제작하고 선정하는 몇 가지 주요한 기준을 알아보자.

첫째, 작품 속 인물의 표정이 잘 드러나는 섬네일을 선정한다.
섬네일은 짧은 시간에 사용자들에게 작품 속 인물들의 표정은 물론 감정까지도 노출시킨다. 주인공의 다양한 표정이야말로 작품의 성격과 장르를 드러내는 가장 좋은 수단이 될 수 있다. 사용자들은 무표정하거나 작품 내용과 관계가 없는, 단순 홍보를 위한 섬네일보다는 작품 속 분위기와 사건 등을 녹여낸 섬세한 표정의 섬네일을 통해 작품을 이해하고 분석한다. 그리고 선택한다.

소년심판 포스터

"소년심판" 포스터의 경우 주요 등장인물인 소년부 판사와 검사, 변호사,

미성년 범죄자의 표정을 잘 드러냄으로써 법정 드라마의 엄중한 분위기와 더불어 작품의 긴장감을 한껏 고조시켜 준다.

 더 글로리 4인 포스터

 더 글로리 1인 포스터

둘째, 1~2명의 주요 인물들만 강조하여 노출시킨다.
3명 이상 너무 많은 인물들이 노출된 섬네일은 작품의 디테일한 분위기를 전달하기 어렵고, 클릭률도 낮다고 한다. 여러 사람보다는 한 사람의 표정이 리얼하게 살아있는 섬네일 제작을 추천한다.

넷플릭스 오리지널 "더 글로리"는 학창시절 동급생들에게 지독한 괴롭힘을 당한 주인공의 치밀하고 계획적인 복수를 그린 드라마이다. 등장인물 4인의 포스터와 주인공의 1인 포스터가 다양하게 홍보되었지만, 4인 포스터의 경우 1인 포스터에 비해서 섬네일 클릭수가 현저히 낮았다고 한다.

셋째, 문화적 차이를 이해하고 반영하라.
"오징어 게임"처럼 한 작품이 전 세계적으로 인기를 누리는 경우 다양한 국가와 문화권에서 서비스가 된다. 서로 다른 문화권일수록 사용자별 선호도가 다르며, 선호도에 따른 섬네일 차별 전략이 결국 작품의 흥행과 밀접한 상관관계를 가지게 된다.

어느 날 갑자기 서로의 감각과 감정을 공유하게 된 낯선 8명의 남녀 이야기를 다룬 넷플릭스 오리지널 "sense8"이라는 작품은 한국배우인 배두나를 비롯한 여러 나라의 배우들이 출연한 다국적 작품으로, 국경을 초월하여 인기를 누렸다. 국가별, 문화별 선호도가 다르기 때문에 국가별로 섬네일을 선정하고 홍보하는 과정에서 이런 다양성을 골고루 잘 반영한 좋은 작품으로 볼 수 있다.

섬네일 경쟁력과 콘텐츠 클릭률의 상승효과

위에서 언급한 세 가지 전략 외에도 다양한 전략들이 있다. 동일한 영화의 포스터도 사용자의 배우 선호도에 따라서 클릭률이 현저하게 달라질 수 있다. 2명의 남녀 배우가 출연하는 작품에서 남자 주인공을 선호하는 사용자들과 여자 주인공을 선호하는 사용자들의 포스터 매칭이 잘 이루어질 때, 작품에 대한 선호도는 더욱 더 긍정적으로 움직인다는 것이다.

2014년 넷플릭스 글로벌 매니저였던 넬슨은 작품의 선택에 있어서 섬네일이 미치는 영향에 대한 연구를 진행했다. 섬네일이 전달하는 메시지와 작품 선택에는 밀접한 연결고리가 있으며, 이 연구를 통해서 사용자가 넷플릭스 메인에서 작품을 선택할 때 섬네일 아트웍이 가장 큰 영향을 미친다는 사실과 섬네일 이미지를 보면서 작품에 대해 고민하는 데 1.8초를 소비한다는 사실을 확인했다고 발표했다. 위 연구 결과는 미디어를 더 오랜 시간 활발하게 사용하는 현재의 사용자들과 서비스 담당자들에게 시사하는 바가 크다.

대표적인 소셜미디어 서비스인 인스타그램Instagram이나 페이스북Facebook에서 이미지 섬네일은 주요한 콘텐츠이며, 사용자가 원하는 섬네일 이미지를 터치하여 더 상세한 내용을 보게 만든다. 유튜브에서는 영상의 섬네일이 매우 중요하기 때문에 좀 더 주목도가 높고, 사용자의 관심을 끌 수 있는 섬네일 제작에 많은 노력을 들이고 있다.

우리는 사용자들이 작품을 선정할 때 섬네일의 역할이 얼마나 중대한지와 섬네일을 통해 고민하고 결정을 내리는 시간이 얼마나 짧은 순간인지를 깨달을 수 있다. 섬네일은 사용자들이 영상을 클릭하고 재생할지를 결정할 때 가장 중요한 역할을 하며, 경쟁력이 높은 섬네일이 결국 최초 클릭률을 높여준다.

Q. 넷플릭스만의 섬네일 전략이 있다고?

1. 작품 속 인물의 표정이 잘 드러나야 한다.
2. 여러 명의 섬네일보다는 한두 명의 주요 인물들만 강조해서 노출한다.
3. 다양한 문화권별, 사용자별 선호도를 맞춰야 한다.

3장

넷플릭스는 왜 가로 인터페이스로 설계되었을까?

넷플릭스와 대부분의 OTT에서 가로 인터페이스가 적용된 배경

넷플릭스가 가로 인터페이스를 도입한 시점은 스마트 TV와 스트리밍 디바이스가 대중화되기 시작한 2010년대 중반이다. 이 시기에 넷플릭스는 TV와 같은 큰 화면을 통한 콘텐츠 소비가 주류로 자리 잡을 것이라는 예측 아래, 가로형 UI^{User Interface}로 전환했다. 이는 가로로 넓은 TV 화면에 맞춰 사용자들이 보다 자연스럽고 직관적으로 콘텐츠를 탐색하도록 하기 위한 결정이었다.

이전의 OTT 서비스들은 웹 기반의 세로형 레이아웃을 주로 사용했다. 웹에서는 스크롤링을 통한 탐색이 주된 방식이었으나, TV와 같은 가로로 긴 화면에서는 세로 스크롤이 비효율적이었다. 넷플릭스는 이러한 문제를 해결하기 위해 TV 화면의 비율에 맞춘 가로 인터페이스를 도입하게 된다. 이는 사용자가 더 많은 콘텐츠를 한눈에 볼 수 있게 하고, 각 콘텐츠가 차지하는 화면의 비중을 최적화하여 시각적으로도 더욱 매력적인 인터페이스를 제공해 준다.

가로 인터페이스는 특히 리모컨으로 조작할 때 더욱 유리하다. 리모컨의 좌우 이동 버튼을 활용한 탐색은 직관적이며, 사용자가 불필요한 상하 스크롤을 줄이고 더 빠르게 원하는 콘텐츠에 접근할 수 있도록 도와준다. 이러한 변화는 넷플릭스의 성공적인 사용자 경험UX 설계의 기반이 되었으며, 이후 대부분의 OTT 서비스들이 가로 인터페이스를 채택하게 된 주요 요인이자 기준이 되었다.

결국 넷플릭스가 가로 인터페이스를 도입한 이유는 TV 시청 환경에 최적화된 사용자 경험을 제공하기 위함이었으며, 이는 OTT 서비스들이 대형 화면과 스트리밍 디바이스의 확산에 발맞춰 발전하는 과정에서 필수적인 변화로 자리 잡게 되었다.

가로 인터페이스는 어떤 점이 좋은 거야?

가로 인터페이스는 단순한 디자인 선택 이상으로 서비스 제공자와 사용자 모두에게 다양한 사용성을 제공한다. 넷플릭스의 경우 가로 인터페이스는 콘텐츠 탐색의 편리함뿐만 아니라 사용자와의 깊은 상호작용을 유도하는 도구로 작용하고 있다.

우선 사용자는 가로 스크롤을 통해 한눈에 더 많은 콘텐츠를 볼 수 있어 선택의 폭이 넓어진다. 넷플릭스는 특정 장르나 테마에 따라 콘텐츠를 가로로 배치함으로써 사용자가 다양한 옵션을 빠르게 비교할 수 있게 도와준다. 이는 사용자가 원하는 콘텐츠를 더 빨리 찾도록 도와주며, 탐색 과정에서 흥미를 느낄 수 있도록 설계되었다. 특히 넷플릭스의 '회원님을 위한 콘텐츠' 섹션은 가로 스크롤을 통해 개인화된 추천 콘텐츠를 제공하여 사용자의 만족도를 극대화한다.

가로 인터페이스는 콘텐츠 소비를 유도하는 효과적인 방식이기도 하다. 넷플릭스는 콘텐츠 간의 연속성을 강조하는데, 사용자가 한 콘텐츠를 보고 나면 자연스럽게 다음 콘텐츠로 이어지는 '자동 재생' 기능이 대표적이다. 가로 인터페이스는 이 과정을 시각적으로 연결해 주어 사용자가 끊임없이 콘텐츠를 소비하게 만들고 있다. 이로 인해 사용 시간과 사용자 만족도가 증가하며, 넷플릭스의 경우 2023년 기준, 평균 시청 시간이 일일 3.2시간에 달하는 것으로 집계되었다.

서비스 제공자 입장에서 가로 인터페이스는 광고 및 마케팅에 유리한 구조를 제공한다. 넷플릭스는 콘텐츠 추천과 광고를 가로 인터페이스 내에 자연스럽게 삽입하여 사용자가 거부감 없이 광고를 소비하게 만든다. 이는 넷플릭스의 비즈니스 모델을 강화하고, 사용자 데이터 분석에 기반한 더 정교한 타깃팅 광고를 가능하게 한다.

비유하자면, 가로 인터페이스는 마치 대형마트의 진열 방식과 같다. 쇼핑객이 한눈에 많은 제품을 볼 수 있도록 넓게 배치된 진열대는 소비자의 시선을 끌고, 자연스럽게 구매를 유도한다. 마찬가지로 넷플릭스의 가로 인터페이스는 사용자가 쉽게 콘텐츠를 탐색하고 선택하도록 돕는 역할을 하며, 이는 서비스 제공자에게는 더 많은 사용 시간과 수익을, 사용자에게는 보다 편리한 사용 경험을 제공한다.

반면 일상에서 자주 사용하는 SNS서비스는 주로 세로 인터페이스다. 페이스북, 인스타그램에서 사진을 스크롤할 때 세로로 길게 늘어선 콘텐츠는 한 번에 한 항목만 집중할 수 있게 만들어져 있어서 OTT의 사용성과는 크게 반대된다. 사용자는 모든 콘텐츠를 하나씩 탐색해야 하며, 원하는 콘텐츠를 찾기 위해 끝없이 스크롤을 내려야 한다. 이는 사용자가 필요한 작품이나 콘텐츠를 빠르게 찾기 어렵게 만들고, 탐색 과정에서 피로감을 준다.

그렇기 때문에 OTT 서비스에서는 이러한 세로 인터페이스가 불편할 수 있다. 수십 개의 영화나 드라마가 세로로 배열되어 있다면 사용자는 원하는 콘텐츠를 찾기 위해 계속해서 아래로 스크롤해야 하며, 결국 시청 경험의 흐름이 끊길 수 있다. 특히 긴 목록에서는 사용자가 원하는 항목을 놓치기 쉽고, 스크롤하는 데 시간이 많이 걸리기 때문이다. 이로 인해 여러 콘텐츠를 한눈에 비교하고 선택하는 가로 인터페이스보다 비효율적으로 느껴질 수 있다.

결론적으로 넷플릭스의 가로 인터페이스는 단순히 화면 배치의 문제가 아니라 사용자가 더 나은 경험을 하고, 서비스 제공자가 더 큰 이익을 얻을 수 있는 숨겨진 선택적 전략이다.

OTT UI의 기준, 가로 인터페이스는 향후에 어떻게 진화될까?

가로 인터페이스가 OTT 화면 설계의 표준으로 자리 잡은 지는 꽤 오래되었지만, 변화의 가능성은 여전히 존재한다. 기술이 발전하고 사용자 경험이 다양해지면서 OTT 인터페이스가 진화할 여지가 충분히 있기 때문이다.

첫 번째 가능성은 더욱 개인화된 인터페이스이다. 넷플릭스와 같은 서비스가 이미 사용자 데이터를 기반으로 맞춤형 콘텐츠를 추천하고 있지만, 앞으로는 사용자 개개인에 맞춘 UI가 등장할 수 있다. 예를 들어 시청 패턴에 따라 콘텐츠가 자동으로 정렬되거나, 개별 사용자에게 적합한 탐색

2부 | 넷플릭스 뒤에 숨겨진 비밀들

방식이 제시될 수 있다. 이렇게 되면 가로 또는 세로 인터페이스라는 기존의 틀을 넘어선, 완전히 새로운 경험이 가능해질 것이다.

두 번째는 음성 및 제스처 기반 인터페이스의 확산 방향성이다. 스마트 TV와 같은 디바이스에서 음성 명령을 통해 콘텐츠를 검색하거나 선택하는 기능은 이미 일부 구현되어 있지만, 미래에는 더욱 발전한 AI와 결합하여 음성이나 제스처만으로도 완벽한 인터페이스 조작이 가능해질 것이다. "넷플릭스! 나 오늘 볼 영화 추천해줘."라는 말 한 마디로 수십 개의 콘텐츠가 사용자 맞춤형으로 배열되는 모습도 상상해 볼 수 있다.

세 번째는 몰입형 인터페이스의 가능성이다. VR(가상현실)과 AR(증강현실) 기술이 대중화된다면, OTT 플랫폼은 단순한 2D 화면을 넘어 가상공간에서의 탐색을 가능하게 할 수 있다. 사용자는 가상현실 안에서 콘텐츠를 '손으로 집어 들어' 재생하거나, 주변에 콘텐츠를 배치하여 시각적으로 탐색할 수 있게 될 것이다. 이는 사용자에게 단순한 시청을 넘어선, 보다 몰입적인 경험을 제공할 수 있다.

마지막으로 미니멀리즘으로의 회귀도 하나의 가능성이다. 정보 과잉과 복잡한 화면에 피로를 느낀 사용자들이 늘어나면서 OTT 서비스들은 필요한 정보만 제공하고, 더 직관적이고 간결한 인터페이스로 돌아갈 수 있다. 이러한 변화는 마치 복잡한 스프레드 시트에서 간단한 체크리스트로의 전환과 비슷한 과정이라 볼 수 있다. 이미 트렌드에서 벗어난 서비스들은 이런 방식으로 다시 사용자를 사로잡을 수 있을 것이다.

결국 OTT 인터페이스의 미래는 기술과 사용자 기대의 변화에 따라 다양한 방향으로 진화할 가능성이 크다. 가로 인터페이스가 한때 혁신적이었듯, 또 다른 형태의 인터페이스가 우리를 놀라게 할 날도 그리 멀지 않았다.

Q. 넷플릭스는 왜 가로 인터페이스로 설계되었을까?

그 이유는 TV 화면에 최적화된 사용자 경험을 제공하고, 콘텐츠를 한눈에 쉽게 탐색하며 선택하도록 돕기 위해서다. 가로 인터페이스는 직관적인 리모컨 조작과 개인화된 추천을 통해 콘텐츠 소비와 사용자 만족도를 극대화한다.

4장

넷플릭스는 어떤 장비에서도 동일한 서비스를
제공하기 위한 디자인 시스템이 있다고?

스타벅스와 넷플릭스의 공통점

넷플릭스가 다양한 디바이스에서 동일한 사용자 경험을 제공하는 것은 마치 세계적인 커피 프랜차이즈 스타벅스가 나라마다 현지 커피의 특색을 반영하면서도, 모든 매장에서 동일한 브랜드 감각을 유지하는 것과 같다. TV, 모바일, PC 등 여러 디바이스에서 일관된 경험을 제공할 수 있는 비결은 바로 반응형 디자인과 적응형 인터페이스 덕분이다.

반응형 디자인은 화면 크기나 해상도에 따라 콘텐츠의 레이아웃이 자동으로 조정되는 방식이다. 이를테면 TV에서는 큰 화면에 맞춰 콘텐츠가 큼직하게 보이며, 스마트폰에서는 작은 화면에 맞게 가독성을 높인 UI^{User Interface: 사용자 인터페이스}가 제공된다. TV에서는 리모컨으로 조작하는 것에 초점을 맞춰 큰 섬네일과 단순한 인터페이스를 제공하고, 스마트폰에서는 손쉽게 스와이프(좌우이동 터치)하고 탭할 수 있는 직관적인 인터페이스를 제공한다. 이처럼 화면이 다르더라도 넷플릭스의 사용자 경험의 일관성을 유지하며 서비스를 즐길 수 있다.

각 디바이스에 맞춰 최적화된 UI 덕분에 넷플릭스 사용자는 어떤 기기를 사용하든 자연스럽게 콘텐츠를 탐색하고 즐길 수 있다. TV로 보던 영화를 출근길에 모바일로 이어보는 사용자들은 다른 기기로 같은 서비스를 사용하는데도 이질감을 전혀 느끼지 않는다. 이런 끊김 없는 경험을 제공하는 것이 넷플릭스의 강점이다.

넷플릭스 시스템 디자이너는 야근하지 않는다

넷플릭스가 이렇게 일관된 사용자 경험을 제공하는 비결은 디자인 시스템에 있다. 디자인 시스템이란 쉽게 말해, 하나의 요리법을 여러 요리에 적용할 수 있는 레시피와 같은 것이다. 이 시스템은 색상, 글꼴, 버튼 크기 같은 디자인 요소들을 디자인 토큰으로 정의해 모든 디바이스에서 일관되게 적용되도록 한다.

여기서 설명한 '디자인 토큰'을 쉽게 이해하려면 토큰을 건축 재료라고 생각하면 된다. 집을 짓기 위해서 벽돌, 시멘트, 창문 등의 재료가 필요하듯이, 디지털 디자인에서도 색상, 글꼴 크기, 간격 같은 재료들이 필요하다. 이때 디자인 토큰은 이런 재료들을 일관된 방식으로 미리 정의한 작은 단위라고 볼 수 있다.

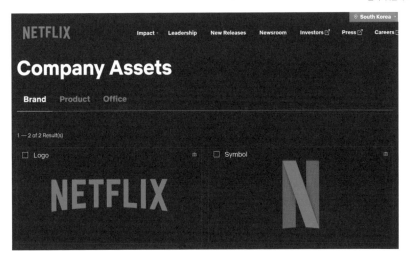

Brand Logo, Symbol

예를 들어 넷플릭스의 브랜드 색상인 빨간색은 디자인 토큰으로 저장된다. 그래서 넷플릭스는 PC, 모바일, TV 어디서든 같은 빨간색을 사용한다. 이 시스템 덕분에 각기 다른 플랫폼에서도 일관된 디자인을 유지할 수 있는 것이다. 전문적인 용어로 말하면 디자인 토큰은 UI 요소의 속성—색상, 타이포그래피, 그림자, 모서리 반경 등—을 프로그래밍적으로 정의한 변수나 상수로, 디자이너와 개발자가 일관된 UI 경험을 구현할 수 있게 해준다.

이를 통해 디자인 시스템은 전반적인 일관성을 유지하고, 변경사항이 생기더라도 한 번에 수정할 수 있는 유연성을 제공한다. 버튼 색상을 수정할 때 토큰을 변경하면 해당 색상을 사용하는 모든 요소가 자동으로 업데이트되는 것이다.

더 나아가 넷플릭스는 컴포넌트 기반 설계를 통해 디바이스 간의 디자인을 효율적으로 관리한다. 컴포넌트는 특정 기능을 수행하는 디자인 조각으로 버튼, 메뉴, 카드와 같은 UI 요소들을 의미한다. 이러한 컴포넌트는 모든 디바이스에서 재사용 가능하며, 한 번의 변경만으로 전체 시스템에 적용할 수 있다. 이를 통해 넷플릭스는 디자인 유지 비용을 줄이면서도 지속적인 일관성을 보장한다.

3억 명의 이용자, 그리고 2억 개의 넷플릭스

넷플릭스의 디자인 시스템은 다른 OTT 서비스와 비교했을 때 몇 가지 독보적인 강점을 자랑한다. 첫째는 개인화된 사용자 경험이다. 넷플릭스는 수많은 시청 데이터를 분석해 각 사용자에게 맞춤형 UI를 제공한다. 공포영화를 자주 시청하는 사용자에게는 공포 테마의 콘텐츠가 눈에 띄게 표시되며, 시청 기록에 따라 콘텐츠 추천과 인터페이스 배치도 달라진다. 3억 명이 이용 중인 인터페이스가 제각기 모두 다를 수밖에 없는 이유이다.

또한 넷플릭스는 다국어 지원과 현지화에 탁월한 시스템을 갖추고 있다. 넷플릭스는 190여개 국가에서 서비스되며, 다양한 언어와 문화를 고려한 현지화된 UI를 제공한다. 이는 단순한 언어 변환을 넘어서, 각 나라의 콘텐츠 소비 패턴과 문화적 특성을 반영한 인터페이스를 제공하는 것이다. 특정 국가에서는 드라마 시리즈가 더 잘 보이도록 디자인되기도 하는 식이다.

마지막으로 넷플릭스는 빠르게 변화하는 기술 환경에 대응할 수 있는 유연한 디자인 시스템을 갖추고 있다. 새로운 기술이 등장하면 디자인 시스템에 그 변화를 적용할 수 있는 구조적 준비가 되어 있다. 넷플릭스는 AR(증강현실)이나 VR(가상현실)과 같은 차세대 기술에 맞춘 UI를 개발할 때도 현재의 디자인 시스템을 확장해 사용할 수 있는 준비가 되어 있다. 이를 통해 넷플릭스는 앞으로도 경쟁 OTT 서비스보다 한 발 앞선 사용자 경험을 제공할 수 있는 능력을 유지하고 있다.

이렇게 우리가 매일 만나는 다양한 디바이스의 넷플릭스 서비스 내부에는 우리가 알지 못했던 강력하고 지능적인 디자인 시스템의 비밀이 숨겨져 있다.

Q. 넷플릭스는 어떤 장비에서도 동일한 서비스를 제공하기 위한 디자인 시스템이 있다고?

반응형 디자인과 디자인 토큰을 기반으로 모든 디바이스에서 일관된 사용자 경험을 제공하며, 개인화와 현지화를 통해 각 사용자에게 맞춤형 UI를 구현하는 시스템이다.

5장

넷플릭스에 '태거'라는 직군이 있다고?
그게 뭐하는 건데?

남자친구보다 나를 더 잘 아는 건 넷플릭스

넷플릭스의 종주국인 미국에서 흔히 사용되는 관용구 같은 얘기다. 쉽게 말해서 '취향저격'이라는 말이다. 내가 평소 어떤 배우 또는 장르를 좋아하고, 또 어떤 장면들을 싫어하는지 디테일하게 분석하여 내가 원하는 콘텐츠들만 쏙쏙 추려서 나열해주고 입맛에 맞춰 추천까지 해주니 때로는 남자친구보다 나를 더 잘 안다고 얘기해도 과언은 아니라고 봐야겠다.

다양한 장르의 콘텐츠를 기획, 제작하고 전 세계 다양한 사람들에게 서비스를 해야 하는 넷플릭스가 무엇보다 꾸준히 관심을 가지고 개발하고 있는 분야가 추천 기능이다. 넷플릭스가 DVD를 대여하던 초창기 시절부터 시작되어 AI시대인 현재까지도 주력으로 투자되고 있는 분야이기에 지금은 그 어떤 서비스도 따라오기 힘들 정도로 차별화되었고, 고도화되어 있다. 이런 넷플릭스의 추천, 분류 기능에서 기초가 되고 핵심이 되는 요소가 바로 '태그'이다. 이번 장에서는 작품들의 기본 요소인 태그^{Tag}의 특성과 그 태그들을 담당하는 태거^{Tagger} 담당자들의 숨겨진 비밀에 대해 알아보도록 하자.

우선 '태그'부터 알아보자. 옷을 살 때, 옷에 붙어있는 태그를 기억할 것이다. 기본적으로 가격이 가장 궁금할 수도 있겠지만 사이즈, 세탁방법, 옷의 소재, 제작한 공장의 정보까지도 기재되어 있어 다양한 목적을 채워준다. 우리가 매일 받아보는 우편물이나 택배 박스에도 태그가 있다. 내용물에 따라 화물을 크게 1차적으로 분류하고, 이후에 2차로 좀 더 세부적으로 분류하기도 한다. 송수신인의 정보와 연락처, 때로는 내용물의 중요도에 따라서 취급주의 정보를 담기도 한다.

저자가 속한 방송국에서도 '메타데이터'라는, 조금 다른 이름으로 프로그램과 회차별 영상의 다양한 정보가 관리되고 있다. 메타정보를 입력하고 분류한 후 2차적으로 활용할 수 있도록 매니징 해주는 메타관리시스템도 구축되어 있다. 넷플릭스의 태그와 방송프로그램의 메타는 이름은 서로 조금 다르지만 동일한 개념으로 적용된 폭넓은 사례라고 볼 수 있다.

사용자들은 2시간 남짓의 영화나 10편이 넘는 드라마 시리즈를 시청하기에 앞서 예고편을 보거나 기본적인 정보들을 탐색하고 작품을 고르게 된다. 여기서 작품의 줄거리와 감독, 출연배우의 정보부터 작품의 디테일한 성격들을 하나하나 담고 있는 정보들을 통틀어 태그라고 이해하면 좋겠다. 객관적인 정보에서부터 주관적이고 감성적인 정보까지 모두 포함한다. 넷플릭스의 자세한 태그 분류 기준은 아래에서 다시 상세히 알아보도록 하자.

위에서 언급한 태그들을 담당하는 사람을 '-er'을 붙여 '태거^{Tagger}'라고 한다. 도서관이나 서점에 수많은 책들을 정확하게 분류해내는 사서가 있다면, 콘텐츠 서비스에는 태거가 있다. 태거들은 콘텐츠에 대해 심도 있는 분석과 폭넓은 이해가 기본이 되어야 한다. 한때 '돈 받고 넷플릭스 보는 사람들이 있다'며 태거 직군에 대한 소문이 나기도 했다. 하지만 태거는 남들이 가볍게 부러워할 정도로 간단하고 쉬운 업무가 전혀 아니다.

일전에 넷플릭스의 태거였던 세리벨리씨의 인터뷰 기사를 읽은 적이 있는데, 그는 어떤 사람들이 태거로 채용될 수 있는지 알려주었다. 넷플릭스의 태거들은 대부분 영화나 TV 산업에 종사했거나 관련 학문을 공부한 전공자들이며, 엔터테인먼트 산업 및 영화, 드라마 분야를 카테고리별로 분리할 수 있어야 한다. 글로벌 서비스인 만큼 영어 외에도 제2외국어를 능숙하게 사용할 수 있어야 하며, 콘텐츠별 스토리를 세세하게 분석하여 주요 장면들을 묘사할 줄 알아야 한다. 그리고 일주일에 20시간 이상의 콘텐츠를 시청해야 한다. 태거들은 단순히 콘텐츠의 태그를 작성하는 업무보다 콘텐츠별 핵심요소를 파악하고, 정확하게 태그할 줄 아는 깊은 이해력과 분석능력이 가장 중요한 필수 요건이다.

넷플릭스 태그가 수천 개라고?

넷플릭스에는 수천 개의 태그가 존재한다. 이 태그들은 콘텐츠의 다양한 요소를 세밀하게 분류하여 사용자의 시청 취향에 맞춰 개인화된 추천서비스를 제공하는 데 사용된다. 타사와 차별화된 넷플릭스만의 고유한 태그는 콘텐츠의 주제, 분위기, 플롯, 캐릭터 특성, 시대배경까지도 포함하고 있다.

넷플릭스 태그 카테고리

넷플릭스에서 태그 유형을 크게 10개로 분류해 놓았다.

1. 지역(국가) / 2. 형용사 / 3. 장르 / 4. 설명 / 5. 지역 / 6. 시대 / 7. 콘텐츠 주제 / 8. 시청자 연령대 / 9. 기타 / 10. 주연배우

그 중에서도 가장 분류가 많은 카테고리가 형용사인데, 감성적인 태그들을 세분화 해두었다고 볼 수 있다. 수천 개가 넘는 넷플릭스 태그들 중에서 독자들의 이해를 높이기 위해 사용되고 있는 고유한 태그 예시를 살펴보자.

출처: 넷플릭스

Feel-Good	시청 후 기분이 좋아지는, 밝고 긍정적인 분위기의 콘텐츠
Critically Acclaimed	평론가들로부터 높은 평가를 받은 콘텐츠
Under stated	과장되지 않고 절제된 표현과 연출이 특징인 콘텐츠
Visually Striking	시각적으로 인상적인 장면과 촬영 기법이 돋보이는 콘텐츠
Cerebral	지적이고 사색적인 내용을 담은, 깊이 있는 생각을 요구하는 콘텐츠

Dark Humor	어둡고 풍자적인 유머를 사용하는 콘텐츠
Slow Burn	서서히 진행되며 긴장감을 쌓아가는 전개 방식을 가진 콘텐츠
Emotional	감정적으로 깊이 와 닿는, 감동적이거나 눈물을 자아내는 콘텐츠
Offbeat	독특하고 비정상적이며 기발한 요소가 있는 콘텐츠
Family-Friendly	온 가족이 함께 시청할 수 있는, 모든 연령대에 적합한 콘텐츠

감성적인 태그 예시

위와 같은 수천 개의 태그들이 서로 조합하여 마이크로 카테고리를 만들어 내는데, 흔히 넷플릭스 서비스에서 볼 수 있는 다양한 '추천 카테고리'라고 볼 수 있다.

'한국 리얼리티, 버라이어티&토크쇼', '백상예술대상 수상작&후보작', '평론가 호평! TV프로그램/코미디'는 마이크로 장르이다. 해당 마이크로 장르는 '한국 리얼리티', '버라이어티', '토크쇼', '백상예술대상', '평론가', 'TV프로그램', '코미디' 등으로 구성되었다. '백상예술대상 수상작&후보작' 추천 카테고리에서 찾아볼 수 있는 "내가 죽던 날"이라는 작품은 박지완 감독, 김혜수&이정은 주연의 작품으로 2021년 제57회 백상예술대상 시나리오 수상작이다.

또한 기본적으로 대사, 선정성, 공포, 모방위험, 약물, 폭력성, 유해성, 도덕 수준까지도 태깅하며 조합하는데, 일부 태그의 경우 5점 척도로 분석하여 1~5점까지 분별화된 점수를 매기기도 한다. 최상단에서 추천해 주고 있는 '꼭 챙겨보세요! 회원님을 위한 콘텐츠'는 나보다 더 나를 잘 아는 넷플릭스의 엄선 추천작이라고 볼 수 있다. 오랜만에 들어와서 무엇을 봐야 할지 모르겠다면, 이 카테고리를 눈여겨보길 추천한다. 넷플릭스가 당신만을 위해 추천해 주는 최고의 작품들이기 때문이다.

태깅은 AI가 못하나? 휴먼터치 때문에 그렇다고?

넷플릭스의 태그와 이를 수행하는 태거들. 그리고 태그들이 만들어내는 추천 카테고리까지 알아보았다. 한 가지 궁금한 점이 생기지 않나? AI시대인데 태그 작업들을 왜 AI에게 시키지 않고, 사람이 직접 작성해야만 하는 걸까? 이유가 뭘까? 넷플릭스가 태그 작업을 인공지능이 아닌 사람을 통해 직접 진행하는 몇 가지 이유를 알아보자.

첫 번째는 정교한 콘텐츠의 이해 때문이다. 사람만이 콘텐츠의 미묘한 뉘앙스, 복잡한 주제, 감정적 반응 등을 더 깊이 이해할 수 있다. AI는 데이터 기반으로 분석할 수는 있지만, 인간이 가진 직관과 감성적인 이해까지 완전히 대체하기란 어렵다.

두 번째는 문화적, 사회적 맥락 이슈이다. 사람은 다양한 문화적 배경과 사회적 맥락을 이해하고 이를 기반으로 적절한 태그를 작성하지만, AI는 문화적 차이와 미묘한 사회적 요소를 인식하는 데 한계가 있다.

세 번째, 창의성과 감수성이다. 콘텐츠를 분석할 때 필요한 창의성과 감수성은 현재의 AI 기술로는 완벽하게 구현하기 어렵다. 특히 예술적 표현이나 풍자적인 내용은 인간의 창의적인 사고가 절대적으로 필요한 영역이다.

끝으로, 변화하는 트렌드와 유행 때문이다. 사람은 현재의 문화적 트렌드와 유행을 더 잘 파악하고 이것을 콘텐츠 태그에 반영할 수 있지만, AI는 최신 트렌드를 실시간으로 반영하는 데 어려움을 겪을 수 있다.

결국 인간의 감성, 직관, 창의성 등을 반영하여 더 깊고 개인화된 경험을 제공하는 것이 중요하게 여겨지는데 이를 '휴먼터치 Human Touch'라고 한다.

휴먼터치를 위해 AI가 아닌 태거들은 개인화된 접근성과 감정적인 연결성을 높이고, 콘텐츠의 다양성과 포용성, 품질의 정확성까지 높이고 있다. 이것은 다른 플랫폼들과 넷플릭스의 중요한 차별화 요소이다.

현재까지 넷플릭스는 AI시대임에도 불구하고 매우 인간적이고 노동집약적인 태거들의 노력으로 기술 경쟁력을 이뤄냈다. 알고리즘도 물론 중요하지만, 넷플릭스만의 차별화된 서비스는 이런 태거들의 디테일한 노력들과 프로세스들이 축적되면서 쌓인 결과라고 볼 수 있다. 수많은 OTT 서비스들 중에서도 넷플릭스가 왠지 좀 더 편하고, 넷플릭스에서 보면 더 재밌게 느껴지는 이유가 여기에 있지 않을까?

앞으로 넷플릭스 태그의 세분화와 분류, 추천서비스로 사용자들의 마음을 훔치는 기술은 어디까지 진화되어 갈까?

Q. 넷플릭스에 '태거'라는 직군이 있다고? 그게 뭐하는 건데?

'태거'란 콘텐츠를 심층 분석해 수천 개의 태그를 작성하고, 개인화된 추천 서비스를 위해 정교한 분류와 큐레이션을 담당하는 직무이다. 인간의 직관과 감성을 기반으로 콘텐츠를 이해하고 태깅하는 휴먼터치는 넷플릭스의 차별화된 추천 기술의 핵심이다.

6장

넷플릭스 최애 장면을 친구에게
바로 보낼 수 있다고?

찐친끼리 최애 장면 공유 - 북마크(The Moment)

2024년 여름, 대한민국을 강타한 예능프로그램 "흑백요리사"에서 저자가 뽑은 최애 장면은 나폴리맛피아의 '밤 티라미수' 장면이었다. 평소 티라미수 케이크를 너무 좋아하던 친구와 얘기를 나누다 이 장면만 보여주고 싶은 마음이 들었는데 몇 화에 나왔는지, 어느 부분에서 나왔는지 찾을 수 없어 결국 유튜브에서 검색했던 적이 있다. 만약 내가 너무 좋아했던 그 장면을 북마크할 수 있었다면, 몇 번이고 돌려보면서 집에서도 밤 티라미수를 따라 만들어 봤을 텐데 하는 생각에 아쉬웠다.

간절한 저자의 마음이 통한 걸까? 넷플릭스는 최근 '북마크^{The Moment}'라는 획기적인 기능을 출시했다. 이 기능은 좋아하는 장면을 북마크한 후, 다른 사람과 손쉽게 공유할 수 있는 기능이다. 흑백요리사의 밤 티라미수

에피소드처럼 사용자들이 자주 했던 질문 중 하나가 '그 장면, 바로 저 장면을 친구에게 보여주고 싶은데, 어딘지 찾기가 너무 어렵다'였다. 그럴 때마다 북마크가 가능한 이 신규 기능으로 간단히 해결할 수 있다. 시청하는 중간에 바로 '이 순간'을 저장해 두었다가 클릭 한 번으로 원하는 사람과 공유할 수 있다. 스마트폰의 스크린샷이나 무거운 동영상 파일을 전송할 필요 없이, 오직 북마크 기능 하나로 나만의 최애 순간을 간편하게 공유할 수 있는 것이다.

북마크^{The Moment}의 작동법은 매우 간단하다.

출처: 넷플릭스

먼저 콘텐츠를 시청하는 동안 화면을 탭한 다음, 북마크할 장면을 탭한다.

두 번째, 저장을 탭한다.

세 번째, 공유 아이콘을 탭하여 가족 및 친구에게 보내거나, 북마크한 장면을 저장하여 나의 넷플릭스에서 언제든지 시청한다.

저장된 순간은 원하는 친구, 가족에게 직접 보내거나 SNS를 통해 간편하게 전달할 수 있다. 기능의 직관성 덕분에 넷플릭스 사용자들 사이에서 큰 반응을 불러올 것으로 예상된다. 한 가지 재미있는 점은 이 기능이 시청자의 시청 시간을 연장시킨다는 점이다. 2024년 한 미디어 사용자 조사를 보면, OTT 서비스 사용자 중 약 58%가 '해당 장면을 다시 보거나 공유하고 싶다'고 답했는데, 이로 인해 넷플릭스의 시청 유지율이 약 12% 향상되었다고 한다.

북마크The Moment의 기능과 작동 방식은 손쉽게 감정을 전달할 수 있다는 점에서 소셜미디어와도 더욱 긴밀하게 결합될 가능성이 크다. 페이스북, 인스타그램의 '스토리'처럼 자신이 좋아하는 순간을 직접 나누는 트렌드 문화가 늘어나는 추세이다. 다른 SNS에서도 이런 기능을 활용하여 좋아하는 장면을 실시간으로 공유하는 사용자가 증가하고 있다. 이처럼 북마크는 넷플릭스를 단순히 '시청'하는 플랫폼에서 '공유'하는 플랫폼으로 진화시키고 있다.

북마크(The Moment) - 즉각적인 감정 공유와 몰입감 상승

북마크The Moment 기능으로 인해 사용자 간 즉각적인 감정 공유도 가능해졌다. 드라마 "더 글로리"에서 주인공 송혜교가 오랫동안 감춰왔던 비밀을 모두 폭로하는 장면을 떠올려보자. 그 순간의 놀라움과 긴장감을 나 혼자만 느끼는 것은 너무 아쉽지 않은가? 이럴 때 'The Moment'를 통해 장면을 바로 친구에게 전달하면 그 순간의 충격을 함께 공유할 수 있다. 실시간으로 감정을 공유하며 이야기를 이어갈 수 있는 이 기능은 친구나 연인, 가족과의 대화 속에서 또 다른 이야깃거리를 만들어 준다.

넷플릭스 내부 조사에 따르면 약 67%의 사용자가 드라마 시청 중 특정 장면에서 친구와 이야기를 나누고 싶다고 응답했다. 또한 사용자들이 장면을 공유하면서 상대방의 반응을 실시간으로 확인하는 몰입 경험이 오히려 시청 시간을 늘리고 있다는 흥미로운 결과가 있다.

 기묘한 이야기 시리즈

일례로 최근 시즌마다 큰 인기를 끌고 있는 "기묘한 이야기" 시리즈에서 특정 에피소드 장면을 공유하는 빈도는 매우 높다. 공유하는 장면 중에서는 긴장감과 더불어 박진감, 희열감까지 선사하는 장면들이 특히 인기가 많다.

이 과정에서 공유되는 순간들이 과도하게 스포일러로 작용할 우려도 있다. 스포일러에 민감한 사용자가 많은 만큼 넷플릭스는 이러한 문제를 최소화하기 위한 시스템을 구축하고 있다. 공유 전 알림 메시지를 통해 '스포일러 주의' 레이블을 활용하여, 친구에게 보내기 전에 미리 설정할 수 있다. 이런 노력에서 몰입감을 유지하면서도 스포일러로 인한 불편함은 최소화하려는 넷플릭스의 배려를 엿볼 수 있다.

북마크(The Moment) - 소셜 공유를 통한 경험의 확장

최근 들어 넷플릭스와 같은 OTT 서비스도 '소셜 공유'를 통해 개인적 단위의 콘텐츠 시청에서 사회적 공유를 통한 통합적인 시청 활동으로 확장되어 가고 있다. 이러한 개념은 북마크The Moment 기능 덕분에 OTT 업계에서도 점차 주요 트렌드로 자리 잡고 있다. 이 기능을 활용하면 원하는 장면을 친구와 공유하고 서로 의견을 나누면서 시청의 재미를 배가시킬 수 있다. 마치 오프라인 영화관에서 친구와 함께 영화를 보며 느끼는 감정처럼, 넷플릭스에서 온라인으로도 그 순간의 감정을 나눌 수 있게 된 것이다.

실제로 소셜 공유가 시청자 만족도에 미치는 영향은 매우 크다. 2024년 기준 조사에 따르면, 10명 중 6명이 소셜 기능을 통해 공유할 때 더 큰 만족감을 느끼는 것으로 나타났다. 또 다른 예로 미국의 경우 북마크The Moment 기능 출시 후 3개월 만에 공유 빈도가 45% 증가했으며, 사용자들은 시청에 있어 커뮤니케이션을 더 원활하게 할 수 있었다고 응답했다. 넷플릭스는 이러한 소셜 시청 트렌드를 반영해 기능을 지속적으로 개선하고 있으며, 앞으로 친구와 실시간 채팅 기능을 추가하는 등 소통의 폭을 넓혀 나갈 예정이라고 밝혔다.

물론 모든 사용자가 소셜 시청을 선호하지는 않는다. 혼자만의 시간과 집중적인 몰입을 중요하게 생각하는 사용자도 많다. 그들을 위해 넷플릭스는 북마크The Moment 기능이 옵션으로만 작동되도록 설정하고 있다. 이렇게 함으로써 사용자는 공유 여부를 스스로 결정하여 보다 자율적인 시청 환경 컨트롤이 가능하다.

넷플릭스는 북마크The Moment라는 비밀 같은 기능을 통해 단순한 시청의 확장을 넘어 친구와 가족이 함께 경험을 나누는 새로운 방식을 제공하려고 한다. 넷플릭스는 '개인화' 서비스를 넘어서 '소셜화' 서비스로의 확대를 실현하고, 더 새로운 넷플릭스만의 콘텐츠 소비 문화를 만들어 가고 있다.

Q. 넷플릭스 최애 장면을 친구에게 바로 보낼 수 있다고?

북마크(The Moment) 기능은 좋아하는 장면을 저장하고 친구나 가족과 손쉽게 공유해 감정을 나누며 시청의 재미와 몰입감을 높이기 위한 것이다. 이를 통해 넷플릭스는 개인화 서비스를 넘어 소셜화된 콘텐츠 소비 문화를 주도하고자 한다.

7장

넷플릭스에는 왜 댓글이 없을까?

유튜브에는 있는데, 넷플릭스엔 없는 거?

유튜브에는 있지만, 넷플릭스에는 없는 게 뭘까?

출처: 유튜브

Netflix 유튜브 공식채널

여러 가지 답이 나오겠지만, 저자가 다루고 싶은 주제는 바로 '댓글 기능' 이다. 그러고 보니 넷플릭스에는 왜 댓글 기능이 없는 거지? 이 질문에 앞서, 댓글이 어떤 역할을 하는지 간단히 살펴보자.

먼저 의견 및 피드백 제공 역할을 한다. 사용자는 동영상에 대한 자신의 의견이나 피드백을 댓글을 통해 표현하고 공유한다. 이러한 댓글은 콘텐츠 제공자에게 유효한 피드백을 제공할 뿐 아니라 사용자들 간 다양한 의견을 수렴하여 또 다른 소통의 장을 만들기도 한다.

다음으로, 대화와 상호작용 역할을 한다. 댓글을 통해 사용자들끼리 대화하고, 질문하고, 답변한다. 댓글에 대한 답글 기능을 통해 대화와 토론으로 이어지기도 한다.

좋아요(또는 싫어요) 기능을 통해 간단하게 반응할 수도 있다. 댓글에 포함된 이런 반응들이 모여서 여론을 형성하기도 하고, 또 다른 의견들을 만들어 소통의 장을 만들어내는 데 기여하기도 한다.

이외에도 댓글 고정 기능을 통해 콘텐츠 제공자가 공지하고 싶은 메시지나 베스트 댓글과 같은 의견들을 의도적으로 쉽게 전달할 수도 있다. 때로는 댓글 신고 기능을 통해 부적절한 댓글이나 반복적인 스팸성 댓글에 대해 필터링하고, 댓글에 대한 커뮤니티를 관리하기도 한다.

이렇듯 댓글 기능들은 뉴미디어 서비스에서 콘텐츠 제공자와 사용자 간 소통을 풍성하게 만들어주고, 추가적인 많은 역할들을 해낸다. 이렇게 좋은 기능이 많은 댓글을 왜 넷플릭스와 같은 OTT에서는 사용하지 않을까?

넷플릭스에 댓글 기능이 없는 이유

첫 번째, 넷플릭스의 최우선적인 서비스 목표는 '원활한 시청 경험'이다.
넷플릭스는 스트리밍 서비스다. 사용자들이 끊김 없이 콘텐츠를 최대한
편하게 즐길 수 있도록 하는 데 서비스의 주안점을 두고 있다. 댓글 기능이
추가된다면 콘텐츠 시청 및 감상 위주의 유저 인터페이스^{UI, User Interface}가 복
잡해진다. 이는 원활한 시청 경험을 방해하는 요소가 될 수 있다.

두 번째, 다양한 콘텐츠 소비에 부정적 영향을 끼칠 수 있다.
앞서 살펴본 것처럼 댓글의 순기능도 많지만, 댓글을 통해 스포일러나 부
정적인 내용이 전해질 수도 있다. 이것은 해당 콘텐츠를 보려는 다른 사
용자들에게 부정적인 선입견을 줄 수 있고, 결국 다양한 콘텐츠 소비 패
턴을 방해할 수가 있다. 이런 상황을 미연에 방지함으로써 수많은 콘텐츠
에 대한 새로운 시도와 경험을 유도하기 위해 댓글 기능이 없는 것이다.

세 번째, 댓글 관리 리소스 문제이다.
댓글에 대한 관리를 위해서는 상당한 운영 인력과 자동 시스템들이 필요
하다. 넷플릭스처럼 글로벌 서비스인 경우 국가별, 언어별, 문화별 맥락
에서의 댓글 관리는 더욱 더 큰 부담으로 다가올 수 있다. 결국 댓글 기능
을 위한 리소스를 없애고, 더 중요한 포인트에 선택과 집중을 한 것이다.

끝으로, 자연스러운 입소문 마케팅이다.
넷플릭스는 구독형 서비스이다. 구독하지 않는 미구독자를 구독자로 끌
어들이기 위해서는 기존 구독자를 통한 입소문 마케팅이 무엇보다 효과
적이다. 넷플릭스 콘텐츠는 오프라인이나 SNS채널 등을 통해서 자연스럽
게 외부 채널로 홍보된다. 기존 회원들이 지인들에게 직접 홍보하고, 직
접 리뷰글을 작성하면서 자연스럽게 외부에 홍보되도록 소통의 장을 열
어둔 것이다.

이전 넷플릭스에 별점이 있었다고?

그렇다면 댓글 기능이 없는 넷플릭스는 사용자들과 어떻게 소통하는 걸까? DVD 대여사업으로 시작하여 스트리밍 서비스로 전환한 넷플릭스에는 원래 별점 기능이 있었다. 별 5개를 만점으로 작품에 대한 평점을 별 1개에서 5개까지 평가할 수 있도록 만든 기능이다.

넷플릭스의 대표적인 오리지널 콘텐츠였던 2013년작 "House of Cards"는 별점 4.5점으로, 인기 작품에 걸맞게 높은 평점이었다. 그러나 당시 넷플릭스는 별점 기능에 대한 이용률이 지속적으로 떨어지고, 몇몇 작품에 대해서만 집중적으로 피드백이 쏠리는 것에 대해 부정적인 평가를 내렸다. 별점 기능은 다양한 구독자들이 더 많은 콘텐츠를 보게 만드는 데 긍정적인 역할을 하지 않는다고 판단한 것이다. 넷플릭스는 2018년 별점 기능을 삭제하고 그동안 수집된 모든 평점들도 폐지했다.

대신 추천(또는 비추천) 형식을 도입했다. 또한 개인적 취향에 맞게 설정된 '매치스코어match score' 기능을 통해 콘텐츠 큐레이션 및 사용자 개인 성향에 따른 추천 역할을 톡톡히 해내고 있다. 해당 기능이 도입된 후 이전 별점 기능에 대한 이용률 대비 200%가 증가되었다. 이것들이 콘텐츠 추천의 역할을 수행하기에 더 적합한 것으로 밝혀졌다.

댓글과 별점 대신 사용되는 추천 기능을 통해서 높은 별점 위주의 편향적인 시청 스타일을 지양하고, 상대적으로 개인적인 성향에 걸맞은 작품들을 더 정확하게 추천해 준다. 추천 기능을 통해 개인적인 취향이 반영된 더 많은 작품들을 볼 수 있도록 절대적인 추천이 아닌 상대적인 추천을 해줄 수 있다. 누구에게나 흥미로운 인기 콘텐츠 소비에만 집중하지 않고 개인에게 딱 맞는 추천 콘텐츠를 제공함으로써 개인의 취향을 존중하고, 폭넓은 시청으로 이어가려는 넷플릭스만의 숨겨진 비밀이다.

"👍 좋아요? 👍 최고예요? 👎 맘에 안 들어요?"

Q. 넷플릭스에는 왜 댓글이 없을까?

그 이유는 시청 경험을 방해할 수 있는 스포일러와 부정적 여론을 차단하고, 댓글 관리에 필요한 리소스를 줄여 콘텐츠 추천과 큐레이션에 집중하기 위해서다.

8장

넷플릭스는 왜 오리지널 콘텐츠에
이토록 진심인가?

넷플릭스의 비밀병기 - 오리지널 콘텐츠

넷플릭스가 오리지널 콘텐츠에 투자하는 전략은 마치 자급자족하는 농부와 같다. 기존에는 외부 스튜디오에서 콘텐츠를 라이선스 받아 제공하는 임대 방식이었다. 그러나 인기 있는 콘텐츠를 빌려오는 데 점점 더 많은 비용이 발생했고, 심지어 경쟁사들이 그 콘텐츠를 독점할 위험도 있었다. 그래서 넷플릭스는 직접 콘텐츠를 제작하기 시작했고 독자적인 콘텐츠 라이브러리를 소유하게 되었다. 이는 단순히 비용을 절감하는 데 그치지 않고, 장기적인 경제적 이익을 창출할 수 있는 중요한 계기와 수단이 되었다.

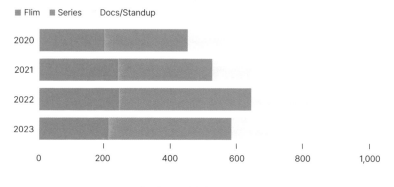

넷플릭스 오리지널 콘텐츠 추이

넷플릭스의 오리지널 시리즈는 스트리밍뿐만 아니라 다양한 부가수익을 창출할 수 있다. DVD나 블루레이 판매, 해외 판권 판매, 심지어 넷플릭스 외의 방송국이나 다른 플랫폼에도 재판매될 수 있기 때문이다. 2023년 기준, 넷플릭스의 오리지널 콘텐츠는 전체 라이브러리의 약 40%를 차지하며, 이는 회사가 자체 제작 콘텐츠에 더욱 집중하고 있음을 보여준다. 넷플릭스는 이러한 전략을 통해 단순한 스트리밍 기업에서 콘텐츠 제작사로 변모를 꾀하고 있다.

넷플릭스의 오리지널 콘텐츠는 구독자 유입 및 유지를 위한 중요한 도구이기도 하다. 최근 조사에 따르면 넷플릭스 구독자의 82%가 오리지널 콘텐츠 때문에 넷플릭스를 이용하고 있으며, 이는 다른 플랫폼과의 차별화를 위한 결정적인 무기가 되고 있다는 반증이기도 하다. 넷플릭스는 오리지널 콘텐츠 제작을 통해 브랜드 아이덴티티를 강화하고, 구독자 이탈을 방지하는 데 성공하고 있다.

브랜드 아이덴티티와 경쟁력 강화 - "오징어 게임"의 성공 비결

넷플릭스 오리지널 콘텐츠는 그 자체가 브랜드 아이덴티티를 형성하는 중요한 역할을 한다. '넷플릭스' 하면 떠오르는 대표적인 콘텐츠들은 넷플릭스가 단순한 스트리밍 서비스를 넘어 문화적 영향력을 가진 브랜드로 자리 잡게 하는 주요 요인 중 하나다. "오징어 게임" 같은 작품은 단순한 국내 드라마의 성공을 넘어, 글로벌 콘텐츠로서 전 세계적으로 엄청난 인기를 끌며 넷플릭스의 글로벌 브랜드 가치를 증대시켰다. 이는 넷플릭스의 '로컬 콘텐츠의 글로벌화 전략'을 보여준 대표적인 성공 사례다.

  오징어 게임 & 종이의 집

넷플릭스는 특정 지역의 로컬 콘텐츠를 글로벌 무대에 성공적으로 내놓음으로써 현지 경쟁사들과의 차별화를 꾀하고 있다. 한국의 "오징어 게임", 스페인의 "종이의 집" 등은 단순한 지역 드라마에 머무르지 않고, 전 세계 시청자들의 마음을 사로잡았다. 이처럼 로컬 콘텐츠를 글로벌 시장에서 소비할 수 있도록 만든 전략은 넷플릭스가 전 세계적으로 로컬 경쟁자들을 앞서는 데 크게 기여했다.

<u>오리지널 콘텐츠는 넷플릭스만의 브랜드 충성도를 높이는 역할도 한다.</u> 구독자들은 오리지널 콘텐츠가 없으면 다른 플랫폼으로 이동할 가능성이 있기 때문에 그들을 계속 붙잡아두는 중요한 요소가 된다. 이는 오리지널 콘텐츠가 단순히 추가적인 콘텐츠 제공의 차원을 넘어, 넷플릭스 브랜드와의 강한 결속력을 형성하는 도구로 활용되고 있음을 의미한다.

데이터 기반 맞춤형 제작 - 알고리즘의 마법

넷플릭스가 오리지널 콘텐츠 제작에서 탁월한 성과를 낼 수 있는 핵심 비결은 바로 빅데이터다. 넷플릭스는 사용자의 시청 패턴, 선호 장르, 배우 선호도 등 방대한 데이터를 기반으로 콘텐츠를 기획하고 제작하고 있다. 이를 통해 넷플릭스는 어떤 콘텐츠가 사용자들에게 높은 호응을 얻을지에 대해 수준 높은 정확도로 예측이 가능하다. 마치 요리사가 각 재료의 성질을 완벽히 이해하고 있는 것처럼, 넷플릭스는 빅데이터를 통해 콘텐츠의 성공 가능성을 극대화하고 있다.

예를 들어 "하우스 오브 카드"는 넷플릭스의 데이터 분석을 통해 성공 가능성이 높은 작품으로 판단되어 제작되었고, 결국 엄청난 인기를 끌며 넷플릭스의 오리지널 콘텐츠 성공의 초석이 되었다. 넷플릭스는 단순히 데이터를 분석하는 데 그치지 않고 이것을 콘텐츠 기획과 제작에 적극적으로 반영한다. 이는 경쟁사들과 비교했을 때 넷플릭스의 강력한 무기가 되며, 콘텐츠의 실패 확률을 현저히 낮춰주는 역할까지 하고 있다.

또한 넷플릭스의 알고리즘은 사용자 맞춤형 추천을 제공함으로써 사용자의 만족도를 높이는 데 중요한 역할을 한다. 넷플릭스 사용자의 75%가 추천 받은 콘텐츠를 시청하는 것으로 나타났으며, 이는 시청 시간이 증가하는 주요 요인 중 하나다. 빅데이터 기반의 맞춤형 추천은 넷플릭스가 구독자를 유지하는 데 중요한 전략적 도구로 작용하고 있다.

넷플릭스는 이러한 데이터를 통해 콘텐츠 제작뿐만 아니라 마케팅 전략까지도 정교하게 준비하고 진행한다. 특정 콘텐츠가 어떤 사용자 그룹에서 인기를 끌 가능성이 높은지 데이터를 통해 분석하고, 그에 맞는 타깃 마케팅을 전개하는 방식이다. 이를 통해 넷플릭스는 보다 효율적으로 광고 비용을 사용하며, 사용자들이 더 많은 시간을 플랫폼에서 소비하도록 유도한다.

당신이 넷플릭스의 구독자라면, 가장 기억에 남고 마음을 사로잡은 넷플릭스의 오리지널 콘텐츠는 무엇인가? 우리가 매일 만나는 넷플릭스 뒤에 숨겨진 가장 큰 비밀은 바로 강력하고 다채로운 오리지널 콘텐츠에 있지 않을까? 저자는 감히 그렇게 예측해 본다.

Q. 넷플릭스는 왜 오리지널 콘텐츠에 이토록 진심인가?

그 이유는 독점 콘텐츠로 브랜드를 강화하고, 구독자 유입 및 유지와 부가 수익 창출을 극대화하며, 데이터 기반 맞춤형 제작으로 성공 확률을 높이기 위해서다.

유튜브 뒤에 숨겨진
비밀들

PART 3. The Hidden Secrets Behind YouTube

3부. 유튜브 뒤에 숨겨진 비밀들

1장

유튜버들 사이에도 계급이 존재한다고?
다이아몬드? 루비?

유튜버? 콘텐츠 크리에이터? BJ? 스트리머?

기업이나 방송국이 아닌 개인이 콘텐츠를 제작하고 공유하는 미디어 형태를 흔히 1인 미디어라고 일컫는다. 1인 미디어에는 콘텐츠 크리에이터, 유튜버, BJ, 스트리머 등 다양한 유형이 있으며, 이들은 비슷해 보이지만 각각 차이가 있다. 이번 기회에 정확히 짚어보자.

우선 유튜버는 유튜브^{YouTube} 플랫폼에서 채널을 기반으로 1인 미디어를 운영하는 사람을 일컫는다. 라이브, VOD, AOD 등 콘텐츠의 형태와 크게 관계없이 유튜브 채널에서 서비스하는 경우를 유튜버라고 일컫는다. 전 세계적으로 너무 막강한 서비스로 인해 서비스명이 직업명으로도 사용되는 경우이다.

다음으로는 BJ다. 인터넷 개인방송 초창기 시절 국내 1인 미디어계의 유일무이한 플랫폼이었던 아프리카TV의 인터넷 방송 진행자를 일컫는 말이다. '방장Bang Jang'이란 대표적인 콩글리시의 줄임말로 시작된 BJ의 정확한 어원은 'Broadcasting Jockey'이다. 최근 아프리카TV의 대다수의 BJ들이 유튜브 서비스를 병행하거나 아예 옮겨가기 시작하면서 BJ보다는 유튜버로 불리는 경우가 많다.

끝으로 스트리머에 대해서도 알아보자. 영어로 'Streamer', 즉 '스트리밍을 하는 사람'이라는 뜻이다. 온라인게임 방송 플랫폼에서 게임 방송을 하는 1인 미디어를 일컫는다. 주로 트위치twitch 플랫폼을 일컫는데, 최근 새로 런칭된 네이버의 '치지직'도 대표적인 게임 방송 플랫폼이다. 게임 방송을 하는 스트리머들은 아프리카TV의 BJ로 불리는 것보다 스트리머로 불리는 것을 선호한다고 하니 이 점도 참고하자.

결국 유튜브에서 활동하면 유튜버, 아프리카TV에서 활동하면 BJ, 트위치에서 활동하면 스트리머인데, 개인 인터넷 방송을 하는 기준으로 분류한다면 동일하다고 할 수 있다. 이들 모두 1인 미디어 또는 콘텐츠 크리에이터를 줄여서 '크리에이터'라고 부르는 게 정확한 직업군이 아닐까 싶다. 방송, 음악, 예능, 게임 등에 상관없이 플랫폼은 크리에이터 마음대로 바꾸거나 병행할 수 있기 때문이다. 아프리카TV에서 개인방송을 하던 BJ가 유튜브 채널에서 개인방송을 하게 되면 유튜버라 불리고, 트위치에서 개인방송을 하게 되면 스트리머로 불릴 수 있다는 얘기다.

이런 1인 미디어, 크리에이터들이 정말 혼자서 모든 방송의 시작과 끝을 감당할까? 혼자 일하는 크리에이터가 대부분이긴 하지만, 어느 정도 구독자 수가 늘어나거나 영향력이 높아질수록 'MCN'에 소속되기도 한다. MCNMulti Channel Network은 인터넷 방송을 하는 크리에이터들이 보다 경쟁력이 높고 효율적인 인터넷 방송을 할 수 있도록 지원하고 관리해주는 매니지먼트 회사이다. 흔히 우리가 잘 알고 있는 연예인을 관리하는 엔터테인먼트 회사가 있다면, 1인 미디어 크리에이터를 관리하는 MCN이 있는 것이다. 크리에이터들이 기획, 창작, 방송에만 집중하여 더 효율적인 방송을 해나갈 수 있도록 다양한 업무들을 도와준다. 고성능 방송장비와 스튜디오, 의상과 소품까지 지원하며 통합적인 매니지먼트와 법무, 행정 및 기술 업무까지 지원해 준다. 국내에서 대표적인 MCN은 샌드박스, 트레저헌터 등이 있다. 유튜버의 경우 구독자가 50만, 100만을 넘어가는 채널이라면 MCN 소속으로 활동하는 유튜버들이 점점 늘어나고 있다.

보석에도 레벨이 있다고?

YouTube Creator Awards

실버, 골드, 다이아몬드, 루비, 레드다이아몬드 순서로 레벨이 높다. 무슨 말이냐고? '유튜브 크리에이터 어워즈'에서 수여하는 등급이다. 유튜버들이 채널 성장과 더불어 책임감 있게 미디어를 제작 운영하는 것에 대한 인정과 답례의 상징으로 만들어진 제도를 유튜브 크리에이터 어워즈라고 하며, 유튜브의 고유한 엠블럼인 버튼을 모티브로 제작된 상패를 전달한다.

이 제도는 유튜브 채널의 가장 큰 인기 척도인 구독자를 기준으로 분류된다. 구독자가 10만 명 이상이면 실버 버튼, 구독자가 100만 명 이상이면 골드 버튼, 1천만 명 이상이면 다이아몬드 버튼, 5천만 명 이상이면 루비 버튼, 1억 명 이상일 경우 레드다이아몬드 버튼을 수여받는다. 하지만 유튜브 크리에이터 어워즈는 단순히 구독자 수만 달성한다고 받는 상이 아니다. 구독자 수를 기본조건으로 하되, 다음과 같은 조건들을 만족해야만 상을 받을 수 있다.

먼저 6개월 이내 업로드한 동영상이 있어야 하고, 커뮤니티 가이드를 위반한 사항이 없으며, 위반고지를 받지 않아야 한다. 서비스 약관을 준수하고, 스팸성이나 사기성 콘텐츠가 없어야 한다. 타인의 저작물을 도용하거나 편집물 콘텐츠가 많을 경우도 제한된다. 일반 시상식처럼 연중 특정한 날 진행되는 어워즈는 아니다. 위에 언급한 구독자 수와 추가적인 조건들이 충족될 경우 신청페이지를 통해 상시 신청이 가능하며, 조건에 충족된다면 엄격한 심사 후에 자격과 상패 버튼을 수여 받을 수 있다.

구독자 수가 많다는 것은 채널의 영향력이 높음을 뜻하는 절대적 상징이다. 50만이 넘으면 '50만 유튜버', 100만이 넘으면 '100만 유튜버'라는 영웅적인 호칭까지 얻게 된다. 구독자가 많다는 것은 광고수익도 많다는 것을 의미한다. 기본적으로 구독자 수와 광고료는 비례하지만, 100만 채널이라고 해서 50만 채널보다 정확히 2배의 광고료를 받거나 하지는 않는다.

다이아몬드, 루비, 레드다이아몬드는 어떤 채널일까?

2017년 국내 최초로 SMTOWN이 1,000만 구독자를 달성하여 다이아몬드 플레이 버튼을 수여 받았다. SMTOWN은 대한민국 케이팝 선두주자인 SM엔터테인먼트의 공식채널로, 2009년 6월 개설되어 누적 조회수 59억 뷰를 넘기며 이 버튼을 수여 받게 되었다. 2017년 당시 슈퍼주니어, 동방신기, 소녀시대, EXO 등의 아티스트들로 전 세계 유튜브 이용자들의 관심을 끌어 모을 수 있었다. 7년이 지난 2024년 현재 구독자 수는 3,250만 명으로 레드벨벳, 에스파, NCT 등의 아티스트들이 여전히 트래픽 인기몰이를 하고 있다. SMTOWN의 최고 인기 콘텐츠는 EXO의 'Love Shot' 뮤직비디오로 조회수 6억 뷰에 달한다.

그 외에 국내에서 다이아몬드 플레이 버튼을 수여받은 채널로는 제이플라, 원밀리언, 보람튜브 등이 있다. 제이플라는 노래 커버영상 유튜버이고 원밀리언스튜디오는 케이팝 댄스안무 및 안무 커버영상 유튜브 채널이다. 보람튜브는 대표적인 키즈채널로, 대한민국 아이들이라면 누구나 한 번쯤은 방문했던 채널이기도 하다. 다이아몬드 채널은 국내에는 20개, 전 세계에는 700개의 채널이 있다고 한다.

BLACKPINK RUBY Button

그렇다면 구독자 5,000만 명 채널에 수여되는 루비 버튼은 몇 개나 될까? 전 세계를 통틀어 17개밖에 되지 않는다고 하는데, 국내에서는 2020년 "BLACK PINK" 공식 채널이 국내 최초로 루비 버튼을 수여 받았다. 루비 버튼은 기본 실버, 골드, 다이아몬드 버튼과는 달리 커스텀으로 제작된다. 쉽게 말해서 채널의 성격에 맞춰 맞춤식으로 제작된다. 블랙핑크의 루비 버튼은 금속 재질의 핑크 트로피 모양으로 제작되어 윗면에는 유튜브 로고가 새겨져 있다. 2025년 3월 기준 블랙핑크의 구독자 수는 9,620만 명으로, 구독자 1억 명을 달성하여 레드다이아몬드를 받게 될 날도 얼마 남지 않아 보인다.

끝으로 구독자 1억 명 채널에게 수여되는 레드다이아몬드 버튼은 전 세계적으로 2개뿐이다. 스웨덴 출신의 개인 유튜버 퓨디파이(PeWDiePie, 2025년 3월 기준 1.1억 명) 채널과 인도의 음반 제작회사이자 음악 레이블 채널인 T-Series(2025년 3월 기준 2.89억 명) 채널이다.

2025년 3월 기준 서울시 인구는 933만 명, 대한민국 전체 인구는 5,168만 명이다. 만약 서울시민이 모두 구독하면 다이아몬드 채널이, 대한민국 국민이 모두 구독하면 루비 채널이 되는 셈이다. 유튜브에서 구독자 수에 따라 수여되는 등급과 어워즈가 현재 유튜브 플랫폼에서 구독자를 한 명이라도 더 늘리기 위해 고군분투하는 제작자들에게 얼마나 큰 목표가 되었을까? 그리고 그 목표가 반사적으로 작용하여 사용자들이 한 번이라도 더 해당 채널을 찾게 만드는 것이야말로 유튜브 뒤에 숨겨진 첫 번째 비밀이 아닐까? 조심스럽게 추측해본다.

Q. 유튜버들 사이에도 계급이 존재한다고? 다이아몬드? 루비?

유튜브는 구독자 수에 따라 실버(10만), 골드(100만), 다이아몬드(1천만), 루비(5천만), 레드다이아몬드(1억) 버튼을 수여한다. 이는 채널의 영향력을 상징하고 제작자들에게 목표와 동기를 부여하는 시스템이다.

2장

유튜브 조회수가 높아지는 비밀이 있다고?

니가 '유튜브 제1법칙'을 알아?

유튜브에는 제1법칙이 있다. 바로 "가장 적절한 대상에게 적절한 영상을 추천해서 유튜브에 오래 머물게 만드는 것"

유튜브 이용자의 시청시간 중 약 70%가 알고리즘을 통한 추천에서 발생한다고 한다. 유튜브는 1분마다 500시간의 영상이 업로드되고, 하루 동안 추천영상으로 올라오는 영상만 해도 무려 2억 개에 달한다.

이런 유튜브에서 조회수는 곧 수익이다. 조회수에 따라 광고가 적용되기 때문이다. 결국 조회수가 높은 콘텐츠가 많은 채널이 인기도 높을 뿐더러 수익도 높다고 할 수 있다. 앞서 구독자 수에 따른 실버 버튼, 골드 버튼, 다이아몬드 버튼 등을 설명했다. 하지만 구독자 수가 더 적은 채널에서 더 높은 조회수의 콘텐츠가 나오기도 하고, 구독자가 더 많은 채널이 구독자가 적은 채널보다 광고수익이 더 낮게 나오기도 한다. 아이러니하지만, 충분히 가능한 일이다. 왜 그럴까?

우선 유튜브에서 조회수를 이해하기 위해서는 유튜브 알고리즘을 알아야 한다. 쉬운 이해를 위해 비유를 들어보겠다. 유튜브라는 왕국에 콘텐츠를 노출하고 그 기준을 세우는 막강한 힘을 가진 왕이 있다고 가정하고, 그 왕을 알고리즘이라고 불러보자. 지피지기면 백전백승. 알고리즘이 무엇을 좋아하고 무엇을 싫어하는지 알고 영상을 만들고, 채널을 운영한다면, 유튜브 왕국에서 좀 더 빨리 성공할 수 있을 것이다. 이 장에서는 유튜브의 왕인 알고리즘을 이해하고 좋은 영상의 기준을 다시금 정립해보자. 이후에는 유튜브 왕국이 좀 더 새롭게 보일 것이다.

알고리즘 왕이 좋아하는 첫 번째는?

본격적으로 유튜브 알고리즘이 좋아하는 영상들을 분석해 보자.

첫 번째로, 알고리즘은 노출이 잘 되는 영상을 좋아한다.
노출이 뭐냐고? 눈에 잘 띄는 섬네일과 제목이다. 대부분의 사용자들은 영상의 섬네일과 제목을 통해 첫 만남을 가진다. 내가 원하는 영상인지, 원하지 않는 영상인지 아주 짧은 시간 안에 판단한다. 그 판단을 내릴 때 가장 큰 영향을 끼치는 요소가 바로 섬네일과 제목이다. 하나 더 추가한다면, 긴 영상인지 짧은 영상인지 재생시간을 통해 알 수 있는 재생시간 데이터이다.

해당 영상에서 가장 중요한 메시지를 대표 섬네일로 나타낼 수 있어야 한다. 이것은 마치 책의 표지와도 같다. 서점에서 수많은 책들 중 눈에 먼저 들어오는 표지여야 한다는 것이다. 섬네일에 대한 디테일한 얘기는 다른 장에서 한 번 더 다루겠지만 섬네일의 이미지, 컬러, 배치, 카피 등의 조화가 경쟁력을 한층 더 높여준다는 것을 알아야 한다. 섬네일의 경쟁력을 높이기 위해 섬네일 가이드를 제작함으로써 디자인의 다양한 요소와 기준에 맞춰서 디테일하게 제작하기도 한다.

그리고 타이틀, 즉 제목이다. 피드에서의 추천도 중요하지만, 검색을 통해서 적극적으로 찾아 들어오는 사용자들에게 제목은 그 무엇보다 중요한 요소이다. 사용자가 원하는 키워드, 주제, 주인공, 카테고리가 모두 포함되어 있다면 금상첨화이다. 검색에 노출될 확률이 높아지는 것이다. 긴 제목이 무조건 중요하다고 볼 수는 없지만, 영상의 주요 포인트를 모두 담을 수 있는 제목이라면 조금 길더라도 큰 장점이 될 수 있다. 또한 추가적인 설명과 메타 정보들을 영상 설명란에 잘 정리해 둔다면 신뢰도가 높은 영상으로 인정받을 수 있다. 예를 들어 타임스탬프 정보 및 프로그램, 상품, 장소, 인물 등의 상세 정보 등을 정리해두면 유리하다.

섬네일과 제목이 따로 놀지 않고 시너지가 난다면 훨씬 강력해진다. 섬네일 안에는 제목과 동일한 카피를 넣는 경우도 있지만, 완전히 같은 카피보다는 영상 속 대표 섬네일을 더 잘 설명하고 어필해 줄 수 있는 센스 있는 카피가 더욱 효과적일 것이다. 영상을 올리고 난 이후에 노출이 잘 되고 있는지 체크하는 것도 중요한 요소이다. 노출이 잘 되고 있지 않을 경우, 섬네일을 다시 만들어서 바꿔보거나 제목을 수정하는 방법도 필요하다. 수많은 영상들 속에서 매력적인 콘텐츠로 보일 때까지 이 노력은 계속 되어야 한다.

알고리즘 왕이 좋아하는 두 번째는?

두 번째로, 알고리즘은 사용자들이 오래 본 영상을 좋아한다.

전문적인 용어로 '평균 시청 지속시간'이라고 하는데, 전체 시청시간에 영상 조회수를 나눈 값이다. 이 값을 다시 100%로 표시한 값을 '평균 조회율'이라고 한다. 추천영상이나 검색을 통해 나열된 수많은 영상 중에서 또 한 번 매력적인 섬네일과 제목을 통해 영상이 재생되었다고 하자. 영상이 재생되고 나서부터는 이제 사용자의 몫이다. 사용자에게 영상이 재밌어야 하고, 지루하지 않아야 한다. 들어오자마자 지루함을 느낀다면 초반 이탈율이 높을 것이다. 점점 지루해진다면 중간 이탈율이나 최종 이탈율이 높아질 것이다. 결국 처음부터 마지막까지 재미와 정보의 긴장을 놓치지 않게 잘 편집되고, 흐름이 자연스럽게 연결되는 영상들이 이탈율 없이 평균 조회율이 높은 영상이 된다. 첫 장면에 가장 궁금한 내용들을 살짝 맛보기로 보여주는 영상편집 방식도 이러한 이유 때문이다.

평균 조회율이 높은 영상의 특징은 시의성에 있다. 기본적으로 트렌디한 인기 이슈여야 한다. 시의성과 상관없이 오랜 기간 인기를 누리는 에버그린 콘텐츠도 있지만 대부분의 인기 영상들은 트렌드에 민감하다. 정치, 경제, 스포츠 등의 뉴스성 콘텐츠라면 며칠만 지나도 노출률이 현저히 떨어진다. 채널별 설정 페이지인 유튜브 Studio에는 시청 지속시간을 알려주는 기능이 있다. Studio 페이지 내 시청 지속시간 챕터에서 콘텐츠별로 시청 지속시간을 그래프를 통해 빠르게 분석하고 활용할 수 있다.

유튜브의 메뉴 중에는 인기영상 또는 인기급상승 영상이 있다. 여기 한번 노출되면 조회수와 구독자가 어마어마하게 늘어난다. 어떤 영상들이 인기급상승 영상으로 추천될까? 결국 시의성이 높은 영상들이다. 잘 나가는 유튜버라면 월간트렌드, 주간트렌드, 인기검색어 등에 항상 관심을 가지고, 노력해야 하는 이유이기도 하다.

유튜브 인기급상승 메뉴

끝으로, 조회수가 높아지는 비밀을 정리해보자. 조회수를 높이기 위해 가장 중요한 두 가지 요소는 노출과 평균 노출 지속시간이다. 매력적인 섬네일과 스마트한 제목을 통해 영상 노출 확률을 높여야 한다. 이후에 영상이 재생되고 나서는 사용자들이 이탈하지 않고 오랜 시간, 마지막까지 영상을 시청하도록 트렌디해야 한다. 재밌어야 하고, 유익해야 한다.

물론 말처럼 쉽지는 않지만, 최소한 유튜브에서 조회수가 높은 영상들의 중요한 비밀을 알게 된 것이다. 만약 유튜버라면 이 두 가지 조건들을 잘 지키고 있는지 체크하면서 영상을 제작하고 운영해보자. 사용자라면 위와 같은 기준을 통해 수많은 영상들 중에서 내가 찾는 영상과 내가 좋아할 영상들을 찾아내고 즐기자. 내 시간은 소중하니까.

Q. 유튜브 조회수가 높아지는 비밀이 있다고?

매력적인 섬네일과 스마트한 제목으로 노출을 높이고, 시청자가 끝까지 영상을 보게 만들어 평균 시청 지속시간을 극대화하는 것이다.

3장

유튜브 채널 홈화면도
콘텐츠만큼이나 중요하다고?

첫눈에 반하는 시간 '8.2초', 유튜브 홈화면

유튜브 채널 홈화면은 얼마나 중요할까? 남녀 간에 서로 만나 첫눈에 반하는 시간 8.2초. 무척 짧은 시간이지만, 사용자가 유튜브 홈화면을 보고 판단하는 첫인상은 8.2초도 걸리지 않는다. 우리가 처음 만난 사람의 얼굴을 통해 첫인상을 결정하듯, 유튜브 채널을 처음 방문한 사람들은 홈화면을 통해 그 채널의 매력을 느낀다. 이 첫인상이 좋다면 구독으로 이어지겠지만 그저 무난하다면 '다음' 버튼을 누르게 될 가능성이 크다. 따라서 홈화면을 전략적으로 구성하고 디자인하는 것은 구독자를 확보하고 유지하는 데 매우 중요한 첫 번째 요건이기도 하다. 실제로 2023년 통계에 따르면 유튜브 사용자의 70%가 채널의 첫인상이 구독 여부를 결정하는 데 영향을 미친다고 답했다. 홈화면 디자인이 채널의 성공 여부를 결정짓는 중요한 열쇠가 될 수 있다는 것이다.

잘 만든 유튜브 홈화면 디자인은 채널 브랜드를 확립하는 데 도움이 된다. 홈화면을 통해 채널의 주제, 스타일, 분위기를 표현할 수 있다. 일관된 디자인과 색상, 로고 등을 활용하면 시청자에게 채널의 정체성과 더불어 높은 신뢰도를 확실하게 전달할 수 있다. 또한 콘텐츠 탐색을 용이하게 할 수 있다. 홈화면을 잘 구성하면 시청자가 다양한 재생목록과 동영상을 손쉽게 찾을 수 있다. 이는 시청자가 원하는 콘텐츠를 빠르게 발견하고, 채널에 머무르는 시간을 보다 오랫동안 유지시키는 데 도움이 된다.

첫 번째 노하우! 섬네일과 배너 디자인

유튜브 채널 홈화면이 얼마나 중요한지 알았다면, 이제 홈화면 디자인 노하우를 잠깐 살펴보자. 유튜브 홈화면에서 가장 먼저 방문자의 눈에 들어오는 것은 채널의 배너와 섬네일이다. 이것은 마치 수많은 카페가 즐비한 커피 골목에서 소비자의 시선을 사로잡고 발걸음을 이끄는 강력한 트리거와 같다. 만약 한 카페에 들어갔을 때 현관 인테리어가 예쁘고 환영받는 느낌이 든다면, 그 카페에 대한 기대감은 좀 더 높아질 것이다. 유튜브 채널도 마찬가지다. 배너 디자인이 단조롭거나 특정 정보를 전달하지 않는다면 방문자는 그 채널을 스쳐 지나갈 가능성이 높다.

유튜브 채널 "딩고 뮤직"

대한민국의 대표적인 유튜브 채널 중 하나인 "딩고 뮤직"을 예로 들어 보자. 딩고 뮤직은 음악 콘텐츠를 중심으로 다양한 아티스트와 협업하는 채널로, 배너에서도 이를 강조하고 있다. 딩고 뮤직의 배너는 주요 아티스트의 이미지와 라이브 분위기를 전해주는 색채, 디자인을 사용하여 방문자에게 '음악과 함께하는 즐거움'을 즉각적으로 전달해 준다. 이처럼 채널의 브랜드 아이덴티티를 배너에서 로고와 컬러, 패턴으로 잘 드러내는 것은 아주 중요한 포인트다.

유튜브 채널 "워크맨"

섬네일 디자인도 큰 역할을 한다. 섬네일은 동영상의 얼굴로서 시청자가 영상을 클릭할지 말지를 결정하는 데 핵심적인 역할을 한다. 섬네일에서 얼굴 표정을 강조하거나, 명확하고 굵은 글씨로 핵심 키워드를 삽입하면 클릭률이 증가한다. 예를 들어, "워크맨" 채널은 재치 있는 표정과 키워드로 구성된 섬네일을 통해 방문자의 호기심을 유도한다. 워크맨의 섬네일은 늘 화려하고 개성이 강해서 다른 콘텐츠들 사이에서도 돋보인다. 이러한 섬네일 디자인은 클릭률을 높이는 주요 경쟁력 요소이다.

두 번째 노하우! 콘텐츠 큐레이션과 카테고리

유튜브 홈화면 디자인의 두 번째 노하우는 콘텐츠 배치와 큐레이션이다. 채널에 있는 수많은 영상이 한눈에 들어오도록 구성하는 것이 중요하다. 만약 서점에 들어갔을 때 책들이 주제별로 잘 정리되어 있다면 찾고 싶은 책을 더 쉽게 찾을 수 있다. 마찬가지로 해당 채널의 콘텐츠도 주제에 맞게 정리되어 있어야 한다.

유튜브 채널 "피지컬 갤러리"

"피지컬 갤러리" 채널은 홈화면 구성의 좋은 예시다. 이 채널은 운동과 피트니스 관련 콘텐츠를 제공하며, 홈화면에서 주제별로 '근력 운동', '다이어트 식단', '인터뷰 영상' 등으로 섹션화하여 콘텐츠를 정리하고 있다. 이렇게 콘텐츠가 분류되어 있으면 구독자는 관심 있는 콘텐츠를 쉽게 찾아볼 수 있게 된다. 또한 인기 동영상을 최상단에 배치하여 새로운 방문자가 채널의 인기 콘텐츠를 우선적으로 접하게 하는 것도 중요한 전략이다.

이외에도 '추천 동영상' 섹션을 추가하여 시청자가 관심을 가질 만한 콘텐츠를 큐레이션하는 것이 좋다. 유튜브는 시청자의 시청 기록과 취향을 바탕으로 콘텐츠를 추천하는 기능이 있기 때문에, 이것을 홈화면에서 잘 활용하면 구독자와의 연결을 더욱 강화할 수 있다.

세 번째 노하우! 재생목록과 커뮤니티 탭

유튜브 채널 "KBS K-POP" 재생목록

마지막 세 번째 노하우로, 구독자를 유도하고 브랜드를 강화하기 위해서 재생목록과 커뮤니티 탭을 효과적으로 활용하는 것이 중요하다. 재생목록을 잘 만들어 두면 구독자가 채널 내에서 콘텐츠를 연속으로 시청할 수 있게 되어 채널의 체류 시간이 늘어나게 된다. 이것은 마치 서점에서 시리즈로 연결된 책을 한 번에 구매하는 것과 비슷한 효과를 줄 수 있다. K-POP 한류를 선도해온 KBS 음악채널 "KBS K-POP" 채널은 다양한 주제와 콘텐츠 형식에 맞춰 재생목록을 세분화하여 구성하고 있다. 이렇게 하면 구독자들이 특정 주제의 콘텐츠를 몰아보기가 쉬워지고, 재생목록을 통해 새로운 콘텐츠로 자연스럽게 넘어갈 수 있다. 이는 결국 시청 시간 증가와 구독자 유지로 이어진다.

커뮤니티 탭을 활용해 구독자와의 소통을 강화할 수도 있다. 유튜브의 커뮤니티 탭은 채널 운영자가 구독자에게 질문을 던지거나, 투표를 진행하거나, 사진 또는 짧은 글을 통해 채널의 소식을 전할 수 있는 기능이다. 이를 잘 활용하면 구독자들은 채널과 더 깊은 관계를 형성하게 된다. 채널 "피지컬 갤러리"는 커뮤니티 탭을 통해 구독자들에게 새로운 운동 프로그램에 대한 의견을 묻고, 이벤트 참여를 독려하며 적극적으로 소통한다. 이러한 상호작용은 구독자들이 채널에 애정을 느끼게 하여 장기적인 구독 유지로 이어진다.

지금까지 살펴본 대로 유튜브 홈화면 디자인은 채널의 첫인상을 결정짓는 중요한 요소다. 배너와 섬네일의 디자인, 콘텐츠의 전략적인 배치, 구독자와의 소통 강화 등은 모두 홈화면을 잘 구성하기 위한 핵심 포인트이다. 대한민국 대표 유튜브 채널로 소개했던 딩고 뮤직, 워크맨, 피지컬 갤러리 등의 사례를 통해 알 수 있듯이, 홈화면은 채널의 정체성을 가장 효과적으로 전달하고 시청자의 관심을 끌어들이는 강력한 성공 열쇠이다.

당신이 만약 유튜브 운영자라면 홈화면에 숨겨진 노하우를 다시 한 번 체크해보도록 하자. 당신이 만약 서비스 사용자라면 내가 좋아하는 채널에 방문하여 홈화면을 살펴보자. 내가 구독하고 자주 찾는 채널이라면, 홈화면에 주요한 노하우들이 잘 녹여져 있는지를 확인해보는 것도 또 다른 즐거움이 될 수 있다. 유튜브 콘텐츠의 경쟁력을 중심으로 채널 홈화면을 잘 구성하고 디자인하면, 그만큼 구독자 수가 늘어나고 채널의 성장 가능성도 커지는 것은 시간 문제다.

Q. 유튜브 채널 홈화면도 콘텐츠만큼이나 중요하다고?

왜냐하면 첫인상인 홈화면이 구독 여부를 결정짓고, 배너와 섬네일, 콘텐츠 큐레이션이 채널의 정체성을 강화하며 시청자를 채널에 오래 머물게 하기 때문이다.

4장

클릭률이 높은
섬네일의 비밀이 있다고?

얼굴이 보이면 더 XX하고 싶다? 얼굴의 힘!

저자가 속한 회사에서 운영하는 유튜브 채널 중에는 KBS 코미디 프로그램을 총망라하는 "크큭티비"라는 채널이 있다. 몇 년 전, 이 채널을 운영하는 담당자에게서 섬네일에 대한 흥미로운 얘기를 들은 적이 있다. 예전에 업로드한 콘텐츠 중에 섬네일만 교체했는데 인기 급상승한 콘텐츠들이 종종 있다는 것이다. 또한 대표 섬네일 없이 급하게 업로드했던 영상들 중에 조회수가 괜찮게 나오는 콘텐츠들만 모아서 섬네일을 등록했더니, 이후에 조회수가 훨씬 더 높아졌다는 얘기였다.

이처럼 셀 수 없이 쏟아지는 콘텐츠 바다에서 사용자들의 시선을 사로잡을 첫 번째 요소는 단연코 섬네일이다. 섬네일 이미지를 제작할 때 유독 클릭률이 높은 섬네일이 있다고 한다. 그 뒤에 숨겨진 비밀들을 하나하나

살펴보도록 하자.

 KBS 코미디 채널 "크큭티비"

우선 유튜브 섬네일에서 얼굴이 보이는 섬네일은 클릭률을 높이는 데 큰 도움이 된다. 단순히 얼굴이 친숙하게 느껴지기 때문만은 아니다. 사람들은 감정을 읽는 데 매우 민감한데, 얼굴 표정은 그런 감정을 직관적으로 전달해 준다. 특히 감정을 과장되게 표현한 얼굴은 호기심을 자극하고 "도대체 무슨 일이지?"라는 생각을 불러온다. KBS 코미디 유튜브 채널 "크큭티비"를 예시로 살펴보자. 개그콘서트의 인기 코너였던 "황해" 섬네일에서 개그맨 이수지는 상황에 따라 다소 과장되고 유머러스한 표정을 짓는다. 이 표정으로 인해 시청자는 영상 속에서 어떤 사건이 벌어졌는지를 궁금해 하게 되고, 자연스럽게 황해 콘텐츠를 클릭하게 된다.

2024년 유튜브 통계에 따르면, 얼굴이 등장하는 섬네일이 그렇지 않은 섬네일보다 35% 더 높은 클릭률을 보였다. 특히 웃음이나 놀람, 충격과 같은 강한 감정 표현이 들어간 섬네일은 더 많은 주목을 받았다. 이런 이유 때문에 유튜버들은 섬네일에 자신의 얼굴을 넣어 콘텐츠의 감정적 연결고리를 만들어내고, 시청자가 그 감정을 느끼게 만들어 조회수를 높인다.

 경제 유튜브 채널 "슈카월드 코믹스"

또 다른 예시로는 "슈카월드 코믹스" 채널이 있다. 슈카월드는 경제와 금융 정보를 제공하면서도 섬네일에 과장된 표정과 생생한 감정을 담아내어 다소 지루할 법한 주제의 콘텐츠를 흥미롭게 바꿔버린다. 이러한 섬네일 덕분에 복잡한 주제도 쉽게 접근할 수 있게 되고, 클릭률까지 높아지는 일석이조의 효과를 얻는다.

XX 대비가 클수록 더 클릭하고 싶다?!

다음으로 중요한 요소는 색상의 대비다. 섬네일에서 사용된 색상이 얼마나 눈에 띄는지에 따라 클릭률이 달라질 수 있다. 이때 중요한 것은 배경과 텍스트, 그리고 이미지 간의 색상 대비를 활용하는 것이다. 강한 빨강과 파랑, 노랑과 검정 같이 대비가 뚜렷한 색상을 사용하면 사람들의 시선을 사로잡기 쉽다.

"흔한남매" 유튜브 홈화면

대한민국의 대표 유튜브 채널 중 하나인 "흔한남매"의 섬네일에는 화려하고 밝은 색상이 자주 사용된다. 주로 주황색, 노란색, 초록색 등을 섞어 캐릭터와 텍스트를 강조한다. 이러한 색상 대비 덕분에 시청자들의 눈에 쉽게 띄게 되고, 더불어 클릭까지 유도하게 된다.

시각적인 대비는 우리가 일상에서 마주하는 광고판과 비슷하다. 광고판이 길가에서 우리의 시선을 끄는 이유는 배경과 글씨, 이미지의 색상이 극명하게 대비되기 때문이다. 유튜브에서도 마찬가지다. 영상들이 일렬로 나열된 상태에서 색상이 강렬하고 대비가 뚜렷한 섬네일은 마치 광고판처럼 시청자의 눈을 사로잡는다. 2024년 조사에 따르면, 강렬한 색상 대비를 활용한 섬네일은 그렇지 않은 섬네일보다 40% 더 높은 클릭률을 기록했다. 이는 섬네일 디자인에서 색상 대비가 얼마나 중요한지 잘 보여준다.

사회문제를 다루고 있는 시사, 다큐 채널 중 하나인 "닷페이스"도 색상 대비를 잘 활용하는 대표 채널이다. 닷페이스는 사회적 이슈나 흥미로운 주제를 다루면서, 섬네일에서 강렬한 색상 대비를 사용해 시청자들의 관심을 끌어 모은다. 이처럼 색상 대비는 콘텐츠의 주제를 더욱 더 부각시키는 동시에 사용자들의 눈에 띄게 만드는 중요한 요소다.

이미지와 텍스트의 콤비네이션

마지막으로, 섬네일의 구도와 텍스트의 조화도 클릭률에 큰 영향을 미친다. 섬네일에 텍스트를 넣는 것은 영상의 핵심 메시지를 빠르게 전달하기 위한 가장 탁월한 방법이다. 하지만 텍스트와 이미지가 어떻게 배치되느냐에 따라 그 효과는 크게 달라질 수 있다. 예를 들어 텍스트가 너무 작거나 복잡한 이미지 위에 겹쳐져 있다면 메시지가 명확하게 전달되지 않는다. 반면 텍스트가 눈에 잘 띄는 위치에 배치되고, 간단명료하게 핵심 내용을 전달한다면 시청자는 그 영상이 무엇에 관한 것인지 빠르게 이해할 수 있다.

유튜브 "빠더너스 BDNS" 채널 섬네일

최근 인기몰이 중인 "빠더너스 BDNS" 채널은 이러한 섬네일 구도의 좋은 예시다. 이 채널은 인터뷰하는 셀럽의 특징을 간결하고 임팩트 있게 전달하고 있다. 섬네일 상단에 한두 단어를 사용하여 짧고 굵은 노란색 카피로 키워드를 삽입하고, 섬네일 하단에는 셀럽의 실제 이름을 추가하여 섬네일 이미지와 상하단 텍스트가 균형 있게 조화를 이룬다. '넷플릭스의 딸' 같은 짧은 문구가 크게 적힌 섬네일은 최근작 "스위트홈", "아무도 없는 숲속에서"로 유명해진 배우 고민시의 특징을 명확히 언급하며 시청자의 호기심을 자극한다. 이런 식의 구도는 메시지를 빠르게 전달하고, 텍스트와 이미지가 서로 최고의 시너지를 일으켜 클릭률을 높인다.

또한 구도에서 중요한 것은 '시선의 흐름'이다. 섬네일 속 인물의 시선이나 손짓이 자연스럽게 텍스트나 중요한 요소를 가리키고 있다면, 시청자의 시선도 그 방향을 따라가게 된다. 이는 광고에서 모델이 특정 제품을 가리키는 것과 비슷한 효과를 준다. 이렇게 구도와 텍스트가 조화를 이루면 시청자는 더 쉽게 영상의 핵심을 파악하고, 클릭하게 된다.

 먹방 유튜버 "[햄지] Hamzy"

구독자 1,300만 명을 자랑하는 대한민국 대표 먹방 유튜버 "햄지" 채널도 이러한 구도를 잘 활용하고 있다. 햄지 채널은 먹방 중에서도 편안하게 식사하는 '집밥' 컨셉으로 인기를 누리고 있다. 먹방의 주제인 해당 요리를 한눈에 볼 수 있도록 이미지 중심으로 섬네일을 구성하고, 요리 타이틀 카피를 조합하여 음식의 매력을 한층 더 강조한다. 햄지가 음식을 직접 바라보고 있는 사진은 일반적으로 카메라나 앞을 바라보고 있는 사진보다 더 효율적으로 먹방 콘텐츠를 주목하게 만들어 클릭률을 높이기도 한다.

유튜브 채널 "비긴어게인"

저자가 좋아하는 버스킹 음악콘텐츠 "비긴어게인" 채널을 살펴보자. 투명한 컬러 패턴을 중심으로 다양한 섬네일 디자인 가이드를 제작하여 수준 높은 퀄리티를 유지하며 운영 중이다. 다양한 뮤지션들의 음악적 특성들과 매칭되도록 컬러와 디자인 패턴을 활용하고 있으며, 비긴어게인만의 브랜드 아이덴티티를 지켜나가고 있다.

이처럼 유튜브 섬네일에서 클릭률을 높이는 사진 구도에는 여러 가지 중요한 요소가 있다. 얼굴을 통한 감정 전달, 색상의 대비를 통한 시각적 주목성, 그리고 사진 구도와 텍스트의 조화가 그것이다. 위에서 언급한 대한민국 인기 유튜브 채널들인 크크티비, 슈카월드, 빠더너스, 햄지, 비긴어게인 등의 사례를 통해 종합해보면 섬네일은 단순한 이미지가 아니라 클릭을 이끌어내는 중요한 커뮤니케이션 도구이다. 잘 정리되고 디자인된 섬네일은 시청자에게 강력한 첫인상과 함께 신뢰성을 주고, 영상을 한번 더 클릭하도록 유도하는 엄청난 힘을 갖는다.

Q. 클릭률이 높은 섬네일의 비밀이 있다고?

섬네일 제작의 비밀은 감정을 표현한 얼굴로 호기심을 자극하고, 강렬한 색상 대비로 시선을 끌며, 텍스트와 이미지의 조화를 통해 메시지를 명확히 전달하는 데 있다. 잘 설계된 섬네일은 시청자의 첫인상을 좌우하며 클릭률과 조회수를 크게 높이는 핵심 요소다.

5장

영화 리뷰 채널 지무비, 고몽, 김시선은
왜 저작권 이슈가 없는가?

영화 리뷰, 저작권의 안전지대 '공정 사용'

대표적인 영화 리뷰 채널 "지무비(구독자 수 360만 명)", "고몽(구독자 수 245만 명)", "김시선(구독자 수 195만 명)"은 영화 장면을 사용하면서도 저작권 문제에 저촉되지 않는다. 유튜브에는 업로드한 동영상이나 음성의 특징을 식별하고 인증하는 '콘텐츠 ID^{Content ID}'라는 시스템이 있다. 매우 고도화된 시스템으로, 기존 저작권 침해 시 즉각적인 제한을 받게 되어 있다. 그럼에도 해당 영화 리뷰 채널들이 저작권 침해 및 제한을 받지 않고 서비스할 수 있는 비결은 무엇일까? 이들의 비결은 바로 '공정 사용^{Fair Use}'이라는 개념에 있다. 공정 사용이란 비평, 교육, 연구와 같은 목적으로 일부 저작물을 사용할 때 법적으로 허용된 범위 내에서 자유롭게 활용할 수 있게 하는 제도를 말한다.

영화 리뷰 유튜브 채널 "지무비"

해당 유튜브 채널에서는 영화 전체를 그대로 보여주기보다는 각 장면을 짧게 편집하고, 자신의 해석과 감상을 덧붙이는 방식으로 영화를 소개한다. 예를 들어, 지무비는 최근 개봉한 인기 영화의 주요 장면을 요약해 영화의 테마나 메시지를 독창적으로 분석해 전달한다. 이때 중요한 장면 몇 가지를 짧게 클립으로 담아내어 요약하면서도 스토리의 전체 흐름을 파악하게 하는데, 이로 인해 저작권 침해 이슈를 피할 수도 있다.

이러한 요약 형식은 '패스트 무비'라는 이름으로 불리기도 한다. 패스트 무비란 원본 영화의 중요한 내용을 요약해 보여주는 영상 형식으로, 10분 내외의 짧은 시간에 영화의 줄거리와 주제, 클라이맥스 장면 등을 효과적으로 전달하는 콘텐츠를 일컫는다. 패스트 무비는 영화에 관심이 많지만 시간이 부족한 사람들에게 매력적으로 다가가며 유튜브와 같은 플랫폼에서 폭발적인 인기를 끌고 있다. 그러나 때론 저작권 문제를 일으킬 수 있는데, 제작사나 배급사에서 공식적인 홍보를 위해 공개한 짧은 영상이나 스틸컷을 활용하는 범위 외에는 저작권 침해로 간주될 수 있다. 그럼에도 불구하고 유튜버들은 저작권법을 위반하지 않으면서 영화를 재해석하고 공정 사용 원칙을 충족시키는 숨겨진 비밀을 통해 서비스를 유지하고 있다.

콘텐츠를 새롭게 다루는 마법 '편집 기술의 비밀'

영화 리뷰 유튜버들이 저작권 문제를 피해가는 두 번째 비결은 독창적인 편집 기술이다. 이들은 원본 영상을 그대로 사용하지 않고 속도나 색상, 비율을 조정하거나 일부 장면만 짧게 편집하는 식으로 영상의 핵심만 전달한다. 앞서 언급한 유튜브의 콘텐츠 ID시스템은 자동 저작권 감지 시스템으로, 유사한 영상이나 소리가 업로드 되었을 때 저작권 위반 여부를 판단해 저작권자에게 통보하는 방식으로 운영된다. 그러나 유튜버들은 이러한 감지를 피하기 위해 장면의 길이를 짧게 하거나 속도를 빠르게 조정함으로써 콘텐츠 ID시스템의 감지에서 살짝 벗어나는 전략을 사용한다.

영화 리뷰 유튜브 채널 "김시선"

김시선 채널에서는 최신 영화 및 드라마를 리뷰하면서 특정 장면을 빠르게 편집해 영화의 핵심을 요약하는 한편, 속도를 조금 높여 내용 전달을 간결하게 한다. 이러한 편집 방식은 영상이 저작권 시스템에 의해 감지되지 않도록 하면서 중요한 장면을 '다르게' 보여주는 효과를 낸다. 이와 같은 편집 기법 덕분에 영화 리뷰 유튜버들은 저작권 보호를 받는 원본 영상을 일정 범위 내에서 사용하더라도 저작권에 단속되지 않고 콘텐츠의 독창성을 인정받기도 한다.

시청자들은 이러한 기술을 통해 영화의 매력과 핵심을 압축적으로 접하면서도 영화를 '새로운 관점'에서 경험하게 된다. 편집 기술을 활용해 저작권을 피하는 것은 리뷰 콘텐츠가 독창적으로 느껴지도록 하는 효과도 있다. 또한 지무비와 고몽은 각 영화 장면을 시청자가 더 흥미롭게 느낄 수 있도록 비유와 설명을 덧붙이는데, 이렇게 함으로써 단순한 줄거리 요약을 넘어선 비평적 관점의 콘텐츠로 인정받고 있다.

영화사와 유튜버의 협력적 상생 전략

마지막으로, 영화 리뷰 유튜버들이 저작권 문제에서 자유로울 수 있는 가장 큰 이유는 영화 제작사 및 방송사와의 협력이다. 인기 유튜버들은 때로 영화사 및 방송사와 협력 관계를 맺어 공식적인 홍보 도구로서 영상 콘텐츠를 제공받기도 한다. 영화사는 유튜버들의 구독자 수와 높은 조회 수를 통해 자연스러운 홍보 효과를 기대하며 특정 장면의 사용 권한을 허락하는 경우가 많다.

영화 리뷰 유튜브 채널 "고몽"

유튜버 고몽은 최신 개봉작을 개봉 전에 미리 리뷰하는 콘텐츠를 선보이며 영화사와 긴밀하게 협력해 왔다. 이러한 협력은 유튜버들이 합법적으로 영화를 활용할 수 있게 할 뿐만 아니라, 영화사의 입장에서는 추가적인 마케팅 비용을 절약하는 효과를 얻는다.

이러한 협력 관계는 영화사와 유튜버 모두에게 윈윈 전략이 된다. 영화사는 유튜버의 구독자층에 영화를 자연스럽게 노출시킬 수 있고, 유튜버들은 저작권 문제에서 자유롭게 영상을 제작할 수 있다. 이는 단순히 저작권을 보호받기 위해서만이 아니라 더 좋은 콘텐츠와 리뷰를 만들기 위한 안정적인 환경을 제공한다는 점에서 장기적으로도 긍정적인 결과를 낳는다. 실제로 2023년부터 유튜브에서 리뷰 콘텐츠는 약 30% 증가했는데, 이는 영화사와 유튜버 간 협력의 영향으로 분석된다.

결국 지무비, 고몽, 김시선과 같은 영화 리뷰 유튜버들이 저작권 문제를 피하면서도 콘텐츠를 성공적으로 운영할 수 있는 이유는 바로 공정 사용을 통한 비평적 해석, 창의적인 편집 기술, 영화사와의 사전협업을 모두 활용한 세 가지 전략 덕분이며 최근의 경우, 홍보를 위한 협업의 경우가 가장 보편적인 방향이라고 한다. 이들은 이 전략을 통해 영화에 대한 관심을 높이고, 시청자와 영화사 모두에게 가치를 제공하며 독특한 포지션을 지켜내고 있다. 또한 점점 더 높은 퀄리티의 영화 리뷰 콘텐츠를 서비스함으로서 채널을 꾸준히 성장시켜 나가고 있다.

Q. 영화 리뷰 채널 지무비, 고몽, 김시선은 왜 저작권 이슈가 없는가?

그 비밀은 공정 사용(Fair Use) 원칙에 따라 영화 장면을 요약하고 비평적 해석을 더하며, 독창적인 편집 기술을 활용해 저작권 시스템을 준수하는 데 있다. 또한 영화사와 협력하여 합법적으로 콘텐츠를 사용하며 상생 전략을 펼치고 있기 때문이다.

6장

유튜브 업로드를 하면 안 되는 요일이 있다고?

영상 만들면 바로 업로드하는 거 아니야?

이전 장(1장 유튜버들 사이에도 계급이 존재한다고? 다이아몬드? 루비?)에서 유튜버와 크리에이터에 대해서 간략하게 설명했었다. 유튜버는 유튜브^{YouTube} 플랫폼에서 채널을 기반으로 1인 미디어를 운영하는 사람을 일컫는다. 여기서 중요한 것이 '운영'이다. 동영상을 제작만 한다고 모두 유튜버가 되는 건 아니다. 만약 영상 제작자라면 영상에 대한 기획, 촬영, 편집까지가 주요한 업무라고 생각하겠지만, 유튜버라면 입장이 다르다. 제작 이후 업로드, 채널 관리를 비롯한 유튜브 채널 운영에 관련된 전반적인 마케팅 업무까지 모든 업무들을 수행해야 한다.

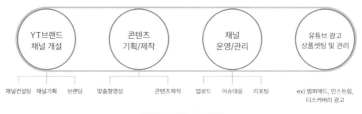

유튜브 운영 프로세스

기획과 촬영, 편집 등의 영상제작 과정이 마무리된 직후 고민해야 하는 프로세스가 바로 업로드이다. 저자가 속한 방송국에서도 프로그램 컨셉과 성격에 맞춰 어떤 요일에 방영을 할 것인지, 어떤 시간대를 정할 것인지를 고민하고 결정하는 업무가 바로 편성 업무이다. 제작만큼이나 중요한 업무이고, 편성 부서는 그 파워 또한 막강하다. 방송국에서 프로그램을 제작한 이후 편성이라는 업무가 아주 중요한 것처럼, 유튜브 채널을 안정적으로 성장시키고 싶은 유튜버라면 영상트래픽이 가장 효과적으로 높아질 수 있는 요일과 시간을 고민해야 한다. 또한 이로 인해 채널 구독자와의 신뢰를 쌓아가는 것도 매우 중요한 성공 포인트라고 할 수 있다. 그러면 유튜브 영상 업로드는 언제 하는 걸까? 업로드가 가장 효율적인 요일과 시간은 언제일까?

가장 좋은 업로드 요일은?

우선 요일부터 알아보자. 일반적으로 접근해 보자. 다양한 직군들과 서비스가 생겨나면서 평일과 주말에 관계없이 일하거나, 주말에만 일하는 직업들도 많아졌다. 그러나 대다수의 직장인이나 학생이라면 평일은 직장과 학교를 가게 된다. 그리고 주말에는 출근이나 등교를 하지 않고 여가를 즐긴다. 주말 드라마와 주말 예능, 시사 프로그램들의 시청률이 높은 이유이기도 하다. 최근에는 주5일제에 이어 주4일제 직장들도 조금씩 생겨나면서, 주말의 범주가 토요일에서 금요일로 확장되고 있다. 그렇다면 월요일부터 목요일까지를 평일, 금요일부터 일요일까지를 주말이라고 설정하고 다시 알아보자. 당연히 평일보다는 주말이 개인적으로 여유로운 일상과 함께 미디어를 시청하기 유리한 시간이다. 답이 나왔다. 금요일 그리고 토요일.

그럼 유튜브는 금요일에 가장 많이 업로드 하는 걸까? 주말이 시작되는 시작점이니 역시 가장 선호하는 업로드 요일이 맞다. 잘나가는 대형 채널의 유튜버들도 금요일 업로드를 가장 선호한다고 한다. 물론 반대 의견도 있다. 금요일은 외출이나 저녁 약속이 많은 요일이라 미디어 트래픽이 오히려 높지 않다는 통계도 있다. 게다가 가장 인기 있는 방송사 드라마들이 금요일-토요일 또는 토요일-일요일 저녁으로 편성되기 때문에 경쟁률이 치열한 요일이기도 하다.

성장기에 있는 채널이거나 아직 구독자가 많지 않은 채널들은 금요일과 토요일보다는 평일에 업로드하는 경우도 많다. 숨 막히는 레드오션인 주말을 피하고, 상대적으로 조금 여유 있는 블루오션인 평일에 업로드를 하는 것이다. 금요일 하루 전날인 목요일, 주말의 끝자락인 일요일, 주말이 끝나고 월요병이 찾아드는 월요일도 꽤 괜찮은 요일이다.

내가 구독한 채널을 직접 검색하고 방문해서 영상을 찾아보는 충성도 높은 구독자는 생각보다 그리 많지 않다. 일단 유튜브에 진입 후 알고리즘을 통해 보이는 피드 영상들을 하나씩 내려가며 마음에 드는 영상들을 보는 경우가 일반적인 미디어 소비 패턴이다. 그렇다고 특정 기준 없이 아무 요일에나 업로드 하는 경우는 그리 많지 않다. <u>일반적인 유튜버라면 무작정 업로드하기보다는 일정 기간을 두고 다양한 요일에 직접 업로드를 하면서 채널 구독자들이 가장 많이 방문하는 요일을 찾아내기도 한다.</u>

이 방법이 가장 보편적이며 현명한 방법이라 보면 된다.

가장 좋은 업로드 시간은?

한때 '16강 이상형 올림픽'이 유행한 적이 있다. 내가 좋아하는 이상형을 곧바로 선택하는 방식이 아닌, 선호도가 낮은 인물을 한 명 한 명 예선부터 추려내면서 마지막 결승까지 남는 인물을 가장 좋아하는 이상형으로 결정하는 게임 방식이다. 그렇다면 유튜브에서 가장 인기 높은 업로드 시간은 언제일까? 16강 이상형 올림픽 방식으로 선호도가 낮은 시간대부터 하나씩 추려 나가 보자.

우선 모두가 잠든 자정부터 이른 아침까지의 시간을 추려 내면 좋겠다. 밤늦게까지 미디어를 시청하는 사람도 있겠지만, 일반적으로 대다수가 잠들어 있을 수면 시간이다. 직장이나 학교 일과가 시작되는 오전부터 오후시간은 어떨까? 근무시간에 짬을 내어 미디어를 시청하는 사람도 있겠지만 그리 많지 않을 뿐더러, 시청시간 또한 길 수가 없다. 그렇다면 늦은 오후나 퇴근 직후는 어떨까? 학생들이 하교하는 오후 4시부터 일반 직장인들이 퇴근하는 오후 6시는 유튜브 통계상 트래픽이 가장 높아지기 시작하는 시간대이다.

답이 나왔다. 일반적으로 이른 저녁 5시부터 6시까지가 업로드하기 가장 좋은 시간이라고 한다. 주로 이 시간에 업로드한 콘텐츠들이 '인기 급상승 영상'으로 선정된 경우도 많다고 한다. 하지만 요일에서 언급했던 병목 현상처럼, 가장 많은 유튜버들이 주로 업로드하는 시간이기 때문에 상대적으로 경쟁이 치열한 시간이기도 하다. 그래서 경쟁이 가장 심한 저녁 6시를 살짝 피한 5시 50분이나 6시10분에 업로드하는 경우도 많다. 이럴 경우 6시 정각보다는 메인 피드에 노출되는 확률이 좀 더 높아진다고 한다. 이런 이유 때문에 정각보다는 시간을 앞뒤로 살짝 조정하여 업로드하는 채널들이 점점 늘어나고 있다. 또한 아침 출근 전, 점심시간도 주요한 업로드 시간이 될 수 있다.

출처: 유튜브

유튜브 스튜디오 분석

업로드 요일의 비밀을 알았다면 업로드 시간의 추가적인 비밀까지 더 알아보자. 자체적으로 최적의 업로드 시간을 찾아내기 위해 유튜버들은 일정 기간을 두고 다양한 시간대에 업로드를 하기도 한다. 유튜브 스튜디오의 분석메뉴를 통해 해당 채널 구독자들이 가장 선호하는 시간대를 찾아내어 일반적인 시간보다는 채널별로 가장 방문율이 높고, 조회수가 높은 업로드 시간을 찾아낸다.

업로드 요일과 시간을 정할 때, 두 가지 기준!

유튜버들이 업로드 요일과 시간의 기준을 정할 때는 공식적인 요일, 시간을 따르기보다는 채널별로 직접 테스트를 해보고 정하는 경우가 많음을 앞서 얘기했다. 이때 추가로 알아두면 유익한 두 가지 기준이 더 있다.

우선 '초반 트래픽'이다. 유튜브는 초반 트래픽이 매우 중요하다. 업로드 직후 일정 시간 동안의 트래픽이 잘 나와야 한다. 보통 업로드 이후 48시간이 알고리즘에서 판단하는 기준이라고 한다. 48시간 안에 좋은 트래픽을 얻지 못하면 추천 알고리즘에서도 좋은 결과를 얻지 못한다. 업로드 직후 초반 트래픽이 높게 나오는 요일과 시간대를 찾아야 가장 좋은 결과를 얻을 수 있다. 초반 트래픽이 높아야 알고리즘 추천도 잘되고, 때론 '인기 급상승 동영상'에도 추천되어 조회수가 대박날 확률이 있기 때문이다.

두 번째는 '업로드 주기'이다. 운영하는 채널이 알고리즘을 통해 좋은 평가를 받아야 추천 확률이 높아진다. 주 2회, 매주 특정 요일 등 일정한 주기로 업로드가 되지 않고 오랜 기간 쉬다가 띄엄띄엄 업로드가 된다든가, 너무 짧은 기간에 많은 영상들이 한꺼번에 업로드가 되더라도 채널 평가에 좋지 않은 영향을 줄 수 있다. 그래서 안정적인 주기로 운영하는 채널이 결국 알고리즘과 사용자들 모두에게 신뢰도가 높아진다.

일반적인 유튜버들의 한 주 간 스케줄을 분석해보면 영상을 업로드하는 요일과 시간의 역순으로 영상을 제작한다. 가령 매주 목요일 저녁 6시에 업로드를 한다면 매주 목요일 오전까지는 영상 검수 및 모니터링을 완료하며, 그 전날까지는 영상 편집을 마무리하는 방식으로 일주일 간의 제작 일정과 스케줄을 정한다고 볼 수 있다.

 유튜브 채널 "KBS World TV"

자, 이제 내가 가장 좋아하는 구독 채널을 다시 방문해 보자. 이 채널에서는 무슨 요일, 어느 시간대에 업로드가 되는지, 그리고 일주일에 몇 개의 영상이 업로드 되는지 한번 알아보자. 앞으로는 매주 손꼽아 기다리면서 봤던 인기 드라마처럼 구독 채널의 영상 업로드 시간이 기다려질 것이다. 유튜브 속에 숨겨진 이 작은 비밀을 통해 내가 좋아하는 유튜버와도 좀 더 친숙해질 수 있는 비밀 열쇠를 하나 얻게 되었다.

Q. 유튜브 업로드를 하면 안 되는 요일이 있다고?

금요일과 토요일처럼 트래픽이 높은 요일의 업로드가 선호되지만, 과도한 경쟁을 피하기 위해서는 채널별 최적의 요일과 시간을 찾는 방향이 효과적이다. 또한 초반 트래픽과 일정한 업로드 주기가 채널의 성장과 알고리즘 추천에 핵심적인 역할을 한다.

7장

댓글이 많이 달리는 채널에는
이유가 따로 있다고?

영상 하나에 댓글만 5만 개?!

한국 대중가요 역주행의 대명사인 브레이브걸스의 "롤린" 하면 가장 먼저 떠오르는 것이 바로 댓글모음이다. 저자 역시 댓글모음 영상을 통해 이 곡을 처음 접했으니 말이다. 몇 년이 지났음에도 조회수가 꾸준히 오르고 있다는 얘기를 듣고 해당 콘텐츠를 만든 채널 "비디터"를 오랜만에 방문했다. 정확한 콘텐츠 타이틀은 '브레이브걸스_롤린_댓글모음'으로, 현재 댓글만 5만 개가 넘는다. 이 중 베댓(베스트댓글)은 브레이브걸스의 멤버 유정이 직접 남긴 감사 댓글이다. 이 정도면 브레이브걸스는 유튜브 댓글로 뜬 가수라고 해도 과언이 아닌 듯하다.

브레이브걸스_롤린_댓글모음

롤린뿐만 아니라 유튜브를 보는 사람이라면 한 번쯤은 흥미로운 댓글을 읽다가 긴 시간을 보내본 경험이 있을 것이다. 댓글은 단순히 시청자들이 의견을 남기는 공간 이상이며, 유튜브 알고리즘 상에서도 중요한 역할을 한다. 유튜브에서 댓글은 '인기 있는 콘텐츠'로 평가받을 수 있는 주요한 지표 중 하나다. 영상의 조회수뿐만 아니라 댓글과의 상호작용이 많을수록 유튜브 알고리즘에서는 이것을 '사람들에게 더 보여줘야 할 영상'으로 간주한다. 결국 댓글이 많은 콘텐츠일수록 추천 알고리즘을 통해 더 많은 시청자들에게 노출된다.

물론 단지 노출만의 문제는 아니다. 댓글은 크리에이터와 시청자를 연결하는 창구이기도 하다. 댓글을 통해 크리에이터는 시청자와 소통하고, 시청자는 영상을 단순히 소비하는 것 이상의 소중한 경험치를 얻게 된다. 이렇게 긴밀한 관계가 형성되면 채널에 대한 팬층이 더 단단해지고 채널 충성도까지 올라간다. 그렇다면 댓글이 많이 달리는 채널에는 어떤 비밀이 숨겨져 있을까?

공감의 힘: "너도? 나만 그랬던 거 아니구나!"

사람들은 자신과 비슷한 경험이나 감정을 느낀 콘텐츠에 더 깊이 반응한다. 이때 댓글은 자신과 같은 생각과 감정을 가진 사람들을 찾는 창구가 된다. '웃긴 영상'보다 '웃기면서 공감되는 영상'에 더 많은 댓글들이 달리는 것이다. 대표적인 사례를 찾아보자. 앞서 유튜브 홈화면 장에서 언급했던 "워크맨" 채널이다. 워크맨은 다양한 직업군에서 일하는 과정을 유머러스하게 풀어내는 콘텐츠다. 시청자들은 "나도 저랬는데", "알바하면서 저건 진짜 공감된다."와 같은 댓글을 남기며 적극적으로 참여한다.

워크맨의 성공 비결은 단순히 '직업 체험'이라는 흥미로운 주제를 넘어서, 이를 시청자들이 쉽게 공감할 수 있는 방식으로 풀어낸 데 있다. 예를 들어 아르바이트 경험을 다룬 콘텐츠에서는 고된 노동 속에서도 즐거움을 찾는 모습이나 어리숙한 초보 같은 실수를 보여주며, 보는 이로 하여금 자연스런 공감을 만들어낸다. 시청자들은 자신의 경험과 맞닿아 있는 이러한 장면들에 자연스럽게 공감하고, 댓글로 자신의 이야기를 공유한다. "나도 이런 적 있었는데", "이 부분 진짜 웃기다." 등 다양한 반응이 댓글 창을 가득 채우며 활발한 소통이 이루어진다.

시청자의 경험과 감정, 공감을 끌어내는 것은 중요하다. 콘텐츠의 주제가 '공감'을 중심으로 만들어지면 댓글은 자연스럽게 늘어난다. 이를 위해 크리에이터는 대중의 일상과 가까운 이야기를 다루고, 영상에서 시청자에게 묻는 형태의 질문을 던질 수도 있다. "여러분은 어떤 특별한 알바까지 해봤어요?"라는 질문 한 마디가 댓글 창을 활발하게 만드는 트리거가 되는 것이다. 자신의 경험을 공유하고 싶어 하는 시청자들의 욕구를 자극함으로써 댓글 수가 자연스럽게 늘어난다.

유튜브 영상에서 공감의 힘을 끌어내기 위해서는 크리에이터가 자신만의 이야기를 솔직하게 담는 것도 중요하다. 시청자들은 크리에이터가 진솔하게 자신의 경험을 나누는 모습을 보며 더 많은 신뢰와 친밀감을 느낀다. 어려운 시기를 겪었던 경험이나 특별한 감정을 솔직하게 공유하면, 시청자들은 댓글을 통해 격려하거나 비슷한 경험을 나누게 된다. 이처럼 크리에이터와 시청자 간의 감정적 공감이 깊어질수록 시청자들은 더욱 더 활발하게 댓글을 작성하고, 참여한다.

토론을 이끌어내는 주제: "이게 맞아? 아니면 틀려?"

누구나 자신의 의견을 표현하고 싶어 하는 성향을 갖고 있다. 특히 논쟁적인 주제일수록 시청자는 더 적극적으로 댓글을 단다. 이는 논쟁 자체가 사람들에게 강한 참여 욕구를 불러일으키기 때문이다. 채널 "짤툰"은 웃긴 주제의 만화 영상을 제작하고 서비스하는데, 종종 논쟁의 여지가 있는 결말이나 주제를 던진다. 시청자들은 "이 캐릭터가 더 잘못했어!" 혹은 "아니, 이게 맞는 거지!"와 같은 댓글을 남기며 자신의 의견을 피력한다.

 유튜브 채널 "짤툰"

토론의 주제를 다룬다는 것은 크리에이터에게 위험할 수도 있지만, 동시에 큰 기회를 제공하기도 한다. <u>토론은 사람들의 참여를 불러일으키는 강력한 도구다.</u> 한 사회적 이슈에 대해 다양한 입장을 다룬 영상은 시청자들이 서로의 생각을 자유롭게 나눌 수 있는 공간이 되곤 한다. '이것이 맞다' 혹은 '저것이 옳다'와 같은 명확한 정답이 없는 주제는 특히나 많은 사람들의 관심을 끈다. 그 이유는 누구나 자신만의 의견을 가지고 있고, 이것을 다른 사람들과 나누고 싶어 하기 때문이다.

그러나 토론적 주제는 신중하게 다룰 필요가 있다. 너무 자극적이거나 논란을 키우는 방향으로 가면 오히려 역효과를 낼 수 있기 때문이다. 건전한 대화와 토론을 유도하기 위해서는 '주제 선정'이 핵심 요소가 된다. 만약 직장인들의 일상생활을 다룬 영상이라면 "버스로 출근하나요? 지하철로 출근하나요? 자차로 출근하나요?"와 같은 열린 질문들이 자연스럽게 토론을 만들어내고, 유쾌한 참여까지 이끌어낸다. 이러한 토론적 주제 선정은 크리에이터와 시청자 모두에게 긍정적인 경험을 제공한다.

짤툰과 같은 콘텐츠에서 토론적인 요소를 활용할 때, 시청자들이 서로 소통할 수 있도록 적절한 가이드라인을 설정하는 것도 필요하다. 영상 말미에 "여러분은 어떻게 생각하세요? 댓글로 의견을 남겨주세요!"와 같은 문구를 추가하는 방식이다. 이렇게 하면 시청자들이 자신의 생각을 자유롭게 나누면서도 서로 지나치게 공격하는 논쟁으로 번지지 않도록 유도할 수 있다. 토론은 때론 감정적으로 격앙될 수 있는 방식이기 때문에 크리에이터의 역할이 특히 중요하다. 균형 잡힌 관점을 제시하고, 모두가 존중받는 공간임을 강조하는 것이 댓글 창을 건강하게 유지하는 비결이다.

참여를 유도하는 이벤트와 재미: "너도 참여해봐!"

사용자에게 참여를 유도하는 이벤트는 댓글 창을 활발하게 만드는 강력한 도구다. "피식대학" 채널은 댓글 참여를 유도하는 방식을 잘 활용함으로써 큰 성공을 거둔 채널 중 하나이다. 특정 상황에 어울리는 대사를 댓글로 남기게 하거나, 영상을 보고 떠오른 이야기를 공유하도록 유도한다. 이를 통해 댓글 창이 또 하나의 놀이공간처럼 느껴지게 만든다.

 유튜브 채널 "피식대학"

피식대학은 시청자들이 영상을 단순히 '보는' 것을 넘어 '참여하는' 경험을 제공한다. 특정 에피소드에서 "이 상황에 어울리는 최고의 드립을 댓글로 남겨주세요."와 같은 참여 요청을 하면, 시청자들은 자신의 드립을 자랑하고 싶어 하며 서로의 댓글에 '좋아요'를 누르거나 적극적인 반응하면서 댓글 창을 더 풍성하게 만든다. 이처럼 크리에이터가 시청자에게 자발적인 창의력을 발휘할 기회를 제공할 때 댓글 창은 단순한 의견 교환

창구를 뛰어넘은, 하나의 수준 높은 놀이 문화가 된다.

여기서 재미있는 요소는 시청자는 단순히 댓글을 남기는 것 이상으로 창의력을 발휘하고 싶어 한다는 점이다. "이 영상에서 웃음 포인트를 찾아보세요!"라고 하는 영상의 댓글 창은 다양한 반응으로 채워진다. 이러한 방식을 통해 크리에이터는 시청자들과 친밀감을 쌓을 수 있다. 댓글을 통해 시청자들 간의 유머 코드가 공유되고 '우리끼리만 아는 농담' 같은 느낌을 줄 때, 그 채널의 팬덤은 특히 더욱 견고해진다.

피식대학이 이러한 전략을 효과적으로 사용한 또 다른 예는 '시청자 참여형 콘텐츠'이다. 콘텐츠에서 특정 주제를 제시하고 시청자들의 의견을 받아 영상에서 이를 언급하거나, 시청자들의 댓글을 읽으며 반응하는 쌍방향 소통 콘텐츠가 있다. 이러한 참여형 콘텐츠는 시청자들에게 자신이 '콘텐츠 제작에 직접적으로 참여하고 있다'는 느낌을 준다. 이는 단순히 영상을 보는 것을 넘어 크리에이터와 사용자 간 소속감을 높여주며, 더욱 많은 댓글에 참여하도록 유도하게 된다.

위에서 다양한 채널의 예시를 통해 살펴본 대로, 결국 댓글이 많이 달리는 유튜브 채널들은 단순히 재미있거나 유익한 콘텐츠를 만드는 것을 넘어 시청자들과의 '상호작용'을 얼마나 효과적으로 이끌어내는지가 서비스 운영의 핵심이다. 유튜브는 점점 더 상호작용 중심으로 변화하고, 진화되고 있다. 댓글은 그 상호작용의 중심에 있는 가장 강력한 도구로 여겨진다. 콘텐츠 제작자는 단순히 '내가 하고 싶은 말'을 하는 것이 아니라 '시청자가 하고 싶은 말'을 댓글로 참여하도록 이끌어내는 전략을 세워야 한다. 댓글의 힘은 단순한 알고리즘을 넘어 크리에이터와 시청자를 긴밀하게 이어주는 중요하고 비밀스런 연결고리다.

Q. 댓글이 많이 달리는 채널에는 이유가 따로 있다고?

비결은 시청자의 공감을 끌어내는 주제 선정, 논쟁과 토론을 유도하는 주제, 그리고 재미있고 참여를 이끄는 이벤트를 통해 상호작용을 극대화하는 전략에 있다. 또한 댓글은 크리에이터와 시청자를 연결하고 알고리즘에 긍정적인 영향을 주는 강력한 도구로 작용한다.

8장

유튜브 프리미엄,
진짜 돈값을 하는 걸까?

분초사회 + 광고Free = 유튜브 프리미엄

분초사회. 몇 년 전 국내 베스트셀러 『트렌드코리아 2024』를 통해 처음 접하게 된 트렌드 용어이다. 24시간이 모자란 현대인들에게는 돈보다 시간의 가성비가 더 중요하게 여겨지는 시대가 도래했다. 대신 줄을 서주거나 반려동물의 산책을 시켜주면서 시간을 지불해주는 새로운 형태의 알바도 점점 늘어나고 있다. 볼 것, 할 것, 즐길 것이 넘쳐나는 시대에서 시간은 돈을 넘어선 가장 중요한 자원으로 여겨지고 있다. 이렇게 바쁜 일상 속에서 유튜브 영상을 보려면 광고 시청은 필수다. 광고가 싫다면, 한 가지 쉬운 방법이 있다. 바로 유튜브 프리미엄 요금제에 가입하는 것이다.

광고 없는 유튜브라니! 이건 마치 황금 같은 주말, 놀이동산에 가서 줄을 서지 않고 놀이기구를 맘껏 즐기는 프리패스처럼 꿈같은 이야기 아닌가?

유튜브 프리미엄은 바로 이 꿈을 실현해 준다. 광고를 완전히 제거해 영상 시청 경험을 깨끗하게 만드는 이 서비스는 현대인의 '시간'과 '몰입'을 존중하는 전략으로 주목받으며 인기를 누리고 있다. 광고에 대한 불만은 유튜브 사용자의 대표적인 공통 경험이다. 15초짜리 광고를 억지로 보고 난 뒤 다시 영상을 재생할 때 느끼는 찝찝함, 특히 짧은 영상을 보려다 중간 광고가 뜨는 순간의 스트레스는 많은 사람들이 겪은 익숙한 일화이다. 이런 광고를 피하기 위해 유튜브 프리미엄에 가입하는 사용자들이 많다.

출처: 디지털인사이트

유튜브 프리미엄과 넷플릭스 구독자 수 추이

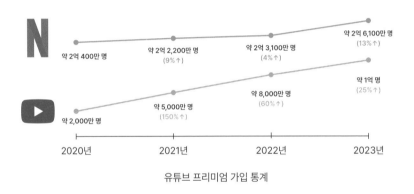

유튜브 프리미엄 가입 통계

2024년 기준으로 유튜브 프리미엄 가입자는 약 1억 명 이상으로, 전체 유튜브 사용자 중 약 10%에 해당한다. 구글의 보고서에 따르면 유튜브 프리미엄 가입자는 매년 30% 이상 증가하고 있으며, 특히 광고가 빈번한 지역―한국, 미국, 일본 등―에서의 가입률이 높은 편이다. 이 프리미엄 기능 덕분에 음악 스트리밍 서비스 사용자들이 유입되면서 성장 속도가 더 빨라지는 현상도 발생하고 있다. 하지만 여전히 90% 이상의 사용자는 무료 버전을 선호하고 있다. 프리미엄의 월 요금(2025년 3월 한국 기준 14,900원)을 두고 "과연 이 돈이 광고를 없애는 데 합당한가?"라는 의문은 꾸준히 제기되고 있다. 그렇다면 정말 그만한 '돈값'을 하는 서비스일까? 이 질문에 대한 답은 프리미엄 서비스의 기능을 살펴본 후에 더 깊이 다뤄보겠다.

유튜브 프리미엄, 이런 기능도 있었네!

YouTube의 모든 것을
끊김 없이 즐기세요.

YouTube와 YouTube Music에서 광고로 끊김 없는 감상, 오프라인 저장, 그리고 백그라운드 재생

현재 YouTube Premium에 가입되어 있습니다.

관리

유튜브 프리미엄 전용페이지

"YouTube의 모든 것을 끊김 없이 즐기세요." 유튜브 프리미엄의 슬로건이다. 프리미엄 요금제의 대표적인 네 가지 주요 혜택들을 살펴보자. 우선 광고로 끊어지지 않고 재생되어 끊김 없이 영상을 즐길 수 있다. 그리고 원하는 동영상을 오프라인 저장하여 인터넷이 없는 환경에서도 감상할 수 있다. 또한 다른 앱을 사용하는 중이거나 화면이 잠긴 상태에서도 시청할 수 있는 백그라운 재생 기능이 제공된다. 끝으로, 세상의 모든 음악을 다 모아둔 유튜브 뮤직앱에서 광고로 인한 끊김 없이 좋아하는 음악을 맘껏 들을 수 있다. 이 네 가지가 프리미엄의 대표적인 혜택이자 강력한 기능이다. 그렇다면 이외에 추가적인 혜택들은 없을까?

많은 사용자가 알지 못하는 숨겨진 혜택이 있다. 이 기능들을 알게 되면 "프리미엄 서비스가 이렇게까지 섬세했나?"라는 생각이 들 것이다.

첫 번째, '화면 속 화면ᴾᴵᴾ' 기능이다. 영상을 보면서 동시에 다른 앱을 사용할 수 있는 기능으로, 요리 영상을 보며 재료를 주문하거나 뉴스 영상을 보면서 문자 메시지를 확인할 때 유용하다. 특히 멀티태스킹을 선호하는 사용자에게 매우 매력적인 기능이다. 저자는 운전을 하면서 네비게이션 앱과 유튜브 앱을 동시에 사용하는 경우가 많았기 때문에, 프리미엄을 해지한 후 가장 불편하게 느낀 기능이기도 하다.

두 번째, '가족 요금제'이다. 한 계정으로 최대 5명까지 프리미엄 혜택을 공유할 수 있는 가족 요금제는 가성비를 높이는 좋은 방법이다. 친구나 가족끼리 요금을 나눠 부담하면 월 구독료를 훨씬 저렴하게 이용할 수 있다. 하지만 현재 한국에서는 제한된 기능으로, 향후 국내에서 학생 멤버십과 더불어 할인 요금제가 도입되길 간절히 기다려본다.

출처: 유튜브

YouTube Originals •

@youtubeoriginals · 구독자 671만명 · 동영상 375개

Discover original series and movies from today's hottest talent. ...더보기

홈　　동영상　Shorts　라이브　팟캐스트　재생목록　커뮤니티　🔍

생성된 재생목록

　정렬 기준

Life Out Loud
모든 재생목록 보기

The Letter: A Message for our Earth
모든 재생목록 보기

Supreme Models
모든 재생목록 보기

Ambushed!
모든 재생목록 보기

A New Green Book
모든 재생목록 보기

In Space with Markiplier
모든 재생목록 보기

Demi Lovato: Dancing With the Devil with English Audio...
모든 재생목록 보기

Ken Jeong Cracks Christmas
모든 재생목록 보기

유튜브 오리지널 콘텐츠

세 번째, '프리미엄 오리지널 콘텐츠'이다. 일부 크리에이터가 제작한 프리미엄 전용 콘텐츠를 즐길 수 있다. 이는 일반 사용자가 접근할 수 없는 특별한 경험을 제공한다. 뮤직 비디오나 특정 이벤트 콘텐츠가 여기에 포함된다.

이외에도 저자가 애용하는 소소하지만 멋진 세 가지의 기능이 더 있다. 먼저 '데이터 절약 모드'이다. 데이터를 절약하면서도 고화질 영상을 감상할 수 있는 스트리밍 최적화 옵션이 제공된다. 이동 중 데이터를 걱정하는 사용자에게는 필수적인 기능이다. 그리고 '광고 없는 라이브 스트리밍' 기능이다. 프리미엄 사용자는 라이브 방송을 광고 없이 시청할 수 있다. 이는 크리에이터와의 소통을 중요하게 여기는 팬들에게 특히 유용한 혜택이다. 라이브 콘텐츠가 점점 증가하는 추세에서, 라이브 콘텐츠를 자주 즐기는 사용자에게는 더할 나위 없이 매력적인 기능이라 할 수 있겠다. 끝으로, '멀티 플랫폼 동기화' 기능이다. 스마트폰, 태블릿, PC 등 다양한 기기에서 영상을 끊김 없이 이어볼 수 있다. 집에서 보던 영상을 외출 중에 스마트폰으로 이어볼 수 있도록 해주는 기능이다.

그렇다면, 요금이 합리적인가? '돈값 한다' VS '아깝다'

유튜브 프리미엄이 과연 요금만큼의 가치가 있는 서비스인지에 대한 논란은 항상 뜨겁다. '광고 없이 콘텐츠를 본다'는 단순한 문구로 과연 소비자들의 지갑을 열 수 있을까? 사용자들의 시각은 크게 두 가지로 나뉜다.

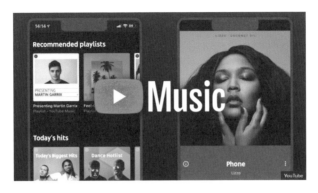

YouTube Music

"광고를 없애면 내 시간도 살 수 있지!" 첫 번째 주장은 광고 없이 영상을 볼 수 있음에 긍정적인 시선이다. 이들은 프리미엄 서비스가 시간과 스트레스를 줄여주는 효과를 강조한다. 하루에 1시간 이상 유튜브를 사용하는 사용자는 광고를 모두 스킵하거나 시청할 때 평균 10분 정도의 시간을 광고에 소비한다고 한다. 프리미엄에 가입하면 매달 평균 약 5시간의 광고 시간을 절약할 수 있는 셈이다. 앞서 말한 분초사회를 살아가면서 돈보다 시간이 소중한 시대에, 이렇게 절약된 시간을 생산적인 활동이나 휴식에 쓴다면 프리미엄의 비용은 충분히 합리적이라는 의견이다. 또한 백그라운드 재생이나 오프라인 저장 기능도 '시간과 활용성을 중시하는 현대인'에게 필수적이라는 평가를 받는다. 음악 스트리밍 서비스인 유튜브 뮤직 프리미엄도 강력한 장점이다. 음악과 영상 콘텐츠를 통합하여 제공한다는 점에서 스포티파이, 멜론 같은 서비스와 비교해 경제적이라는 의견이 점점 늘어나는 추세다.

"프리미엄 요금, 아직은 너무 아깝다!" 프리미엄 요금제에 대한 두 번째 주장은 부정적인 시선이다. 이들은 광고를 참는 것도 기술이라고 말한다. 다른 시각에서는 "광고 스킵 버튼 몇 번 누르는 게 그렇게 힘든가?"라는 의문을 제기한다. 무료로 충분히 즐길 수 있는 콘텐츠를 위해 굳이 매달 돈을 내야 하냐는 것이다. 또한 일부 사용자는 광고를 통해 발견하는 새로운 상품이나 서비스도 나름의 재미라고 생각한다. 게다가 넷플릭스, 디즈니＋ 등 비슷한 가격대의 OTT 서비스와 비교하면 '광고 제거'만으로 구독료를 받는 프리미엄이 상대적으로 과하게 느껴진다는 의견도 팽배하다.

결국 유튜브 프리미엄 서비스의 진정한 가치 평가는 사용자의 라이프스타일에 따라 달라진다. 몰입형 경험과 스트레스 없는 시간을 중시하는 사람에게는 가치가 높지만, 광고를 견디며 무료 콘텐츠를 즐기는 데 익숙한 사용자에게는 매력적이지 않을 수 있다. 저자의 경우 5년간 프리미엄을 사용하다 한 달 간 잠시 중지한 적이 있었다. 그러나 오랜 기간 프리미엄 혜택을 누려온 만큼 다시 찾아온 광고의 스트레스가 너무 크게 느껴졌고, 다양한 앱을 사용하면서 백그라운드 재생이 되지 않는 불편함을 참기란 여간 고통스러운 일이 아닐 수 없었다.

유튜브 프리미엄의 미래, "향후에는 어떤 혜택을 줄까?"

유튜브 프리미엄은 단순히 광고 제거라는 기능을 넘어서 사용자 경험을 혁신하기 위한 다양한 시도를 하고 있다. 그렇다면 앞으로 유튜브 프리미엄은 어떤 방향으로 발전할 수 있을까? 유튜브가 현재 제공하는 서비스와 기술적 흐름을 바탕으로 몇 가지 미래 전략들을 함께 예측해 보자.

우선, AI 맞춤형 서비스의 극대화가 될 것이다. 현재 유튜브는 사용자 데이터와 시청 습관을 분석해 개인화된 추천 영상을 제공하고 있다. 하지만 이는 이제 시작일 뿐이다. 미래에는 AI 기술을 통해 더 정교하고 세부적인 맞춤형 서비스가 가능해질 것이다. '예측형 추천 시스템'은 사용자가 영상을 보기도 전에 '오늘 당신이 좋아할 만한 영상'을 추천하거나, 사용자의 기분과 상황—날씨, 시간대 등—에 맞는 콘텐츠를 제공할 것이다. 예를 들어 아침에는 활기를 주는 영상, 밤에는 힐링 음악을 추천하는 방식이다. '실시간 피드백 기반 추천'은 사용자가 영상을 시청하며 어떤 부분에서 멈추거나 반복해서 보는지를 학습해 더 나은 영상을 실시간으로 추천하는 기능으로 발전할 가능성도 있다. 이러한 AI 기술은 단순한 추천을 넘어, 사용자와의 깊은 교감을 이끄는 콘텐츠 경험을 만들어갈 것이다.

두 번째로, AR/VR 콘텐츠가 확대될 것이다. 증강현실^AR과 가상현실^VR은 이미 게임과 엔터테인먼트 산업에서 큰 관심을 받고 있다. 유튜브 프리미엄도 이 흐름을 놓치지 않을 것이다. 프리미엄 사용자만 참여할 수 있는 VR 기반 가상 콘서트가 가능해질 수도 있다. 이로 인해 실제 공연장에 가지 않아도 아티스트의 공연을 몰입감 있게 경험할 수 있게 될 것이다. 또한 유튜브는 교육 콘텐츠의 중심지로 자리 잡아왔기 때문에, 미래에는 VR을 활용한 가상 강의실, 증강현실로 구성된 과학 실험이나 역사 탐험 콘텐츠 등 몰입형 학습 콘텐츠가 등장할 가능성이 높다. AR 기반 쇼핑서비스가 생겨서 유튜브 영상에서 본 상품을 AR로 미리 체험하고 바로 구매할 수 있는 기능이 도입될 수도 있다. 예를 들어, 크리에이터가 소개한 가구를 AR을 활용해 자신의 방에 배치해보는 경험이 가능해지는 것이다.

세 번째, 오디오 콘텐츠가 강화될 것이다. 유튜브는 이미 유튜브 뮤직 프리미엄을 통해 음악 스트리밍 서비스를 제공하고 있다. 그러나 이는 오디오 콘텐츠의 시작일 뿐이다. 미래에는 오디오 중심의 다양한 콘텐츠가 추가될 가능성이 크다. 팟캐스트 시장이 빠르게 성장하고 있는 만큼, 유튜브 프리미엄이 팟캐스트 플랫폼을 통합할 가능성이 높다. 독점 팟캐스트와 광고 없는 청취 기능은 프리미엄 사용자를 끌어들이는 강력한 도구가 될 것이다. 만약 유튜브 프리미엄이 오디오북 시장에도 진출한다면 아마존의 '오디블^Audible' 같은 서비스와 경쟁할 가능성이 있다. 이를 통해 사용자들은 다양한 책을 오디오북 형식으로 즐길 수 있게 될 것이다. 'AI 기반

음성 콘텐츠 큐레이션' 기능이 제공된다면 사용자의 취향과 관심사를 분석해 AI가 자동으로 맞춤형 오디오 콘텐츠를 제공할 수도 있다. 아침 출근길에는 뉴스를, 저녁시간에는 힐링 음악을 자동으로 구성해 주는 방식이 될 것이다.

네 번째, 프리미엄 독점 콘텐츠가 강화될 것이다. 유튜브는 이미 프리미엄 독점 콘텐츠를 일부 제공하고 있지만, 앞으로는 더욱 다양한 영역에서 독점 형태의 오리지널 콘텐츠를 강화할 가능성이 높다. '프리미엄 전용 오리지널 콘텐츠'는 넷플릭스, 디즈니+처럼 독점 드라마, 영화, 다큐멘터리를 제작해 프리미엄 사용자만 시청할 수 있도록 할 수 있다. '실시간 인터랙티브 콘텐츠' 기능으로 라이브 방송 중 프리미엄 사용자만 참여할 수 있는 인터랙티브 요소가 추가될 수도 있다. 실시간 퀴즈 쇼, 시청자 투표 기반의 스토리 전개 등이 가능해지는 것이다. 또한 게임 스트리밍과 프리미엄을 연계해서 광고 없는 라이브 게임 방송이나 독점 게임 플레이 콘텐츠를 제공할 수도 있다.

다섯 번째, 소셜 기능이 강화되어 커뮤니티 중심적으로 변화될 것이다. 유튜브는 지금도 댓글과 커뮤니티 기능으로 사용자 간의 소통을 유도하고 있다. 하지만 미래에는 이러한 기능이 더욱 발전해 프리미엄 사용자만의 독점적인 소셜 기능이 추가될 가능성이 있다. '프리미엄 사용자 전용 커뮤니티'로 프리미엄 사용자만 접근할 수 있는 고급 커뮤니티가 만들어질 수 있다. 여기에서 크리에이터와의 실시간 대화, 독점 콘텐츠 논의 등이 이루어질 수 있다. '커뮤니티 기반 콘텐츠 제작'을 통해 프리미엄 사용자가 콘텐츠 제작에 직접 참여할 수 있는 프로그램이 도입될 가능성도 있다. 예를 들어 크리에이터와 협업해 특정 프로젝트를 진행하거나 투표를 통해 콘텐츠 주제를 결정하는 방식이 될 것이다.

유튜브 멀티뷰 기능

끝으로, 사용자 편의 기능이 고도화될 것이다. 유튜브는 프리미엄 사용자의 일상을 더 편리하게 만들어주는 기능을 계속 추가할 가능성이 크다. 'AI 기반 자막 자동화'로 인해 영상을 시청하면서 자동으로 자막을 생성하고, 특정 키워드를 검색하면 영상의 해당 부분으로 바로 이동할 수 있는 기능이 생길 것이다. 또한 여러 영상을 동시에 재생하며 비교하거나 라이브 방송을 다중 화면으로 시청하는 멀티뷰 기능이 도입될 가능성도 있다. 사용자가 구독한 채널의 중요한 영상 업로드 일정이나 라이브 방송 일정을 캘린더와 연동하여 관리할 수 있는 기능도 추가될 수 있다. 예를 들면, 구글캘린더 알림을 통해 개인적인 일정과 더불어 애청하는 채널의 이슈들을 스케줄링할 수 있게 될 것이다.

이처럼 유튜브 프리미엄의 향후 발전 가능성과 혜택은 무궁무진해 보인다. 현재의 광고 제거, 백그라운드 재생 같은 기본적인 기능을 넘어, 사용자 경험의 전반적인 혁신을 목표로 나아가고 있다. AI 기술, AR/VR, 오디오 콘텐츠 강화, 독점 콘텐츠 확대 등 다양한 미래 전략은 유튜브 프리미엄의 가치를 더욱 높여줄 가능성이 크다. 향후 유튜브 프리미엄이 과연 얼마나 창의적인 변화를 가져올지, 그때는 전체 사용자의 10%가 아닌 더 많은 사용자들이 프리미엄 서비스를 사용하게 될지도 궁금해진다.

Q. 유튜브 프리미엄, 진짜 돈값을 하는 걸까?

프리미엄 요금제는 광고 없이 시간을 절약하고 백그라운드 재생, 오프라인 저장, 유튜브 뮤직 등 다양한 편의 기능을 제공하며, 몰입형 경험을 강화시켜 준다. 또한 향후 AI 맞춤형 서비스, VR/AR 콘텐츠, 독점 콘텐츠 강화로 프리미엄의 가치는 더욱 높아질 가능성이 크다.

9장

알고리즘, 나에 대해 어디서부터
어디까지 알고 있을까?

알고리즘, 내가 진짜 좋아하는 콘텐츠만 보여주는 걸까?

오늘 아침 유튜브를 열었더니 어제 잠들기 전 들었던 "KBS 나라는 가수" 소향이 부른 곡들과 다른 뮤지션들의 곡들이 다양하게 추천 목록에 떠 있다. "역시 알고리즘이 내 취향을 잘 안다"며 감탄했지만, 또 한편으로는 '소향이 부른 곡만 듣고 싶고, 다른 뮤지션의 곡들은 관심 없는데...?!'라는 아쉬움도 들었다. 추천 알고리즘은 이렇게 예민하고 영리하게 작동한다. 마치 나를 완벽히 이해하는 친구처럼 보이지만, 사실 그 목적은 나를 오래 유튜브에 머무르게 하는 것이다.

혹자는 알고리즘을 '데이터를 읽어내는 마법사'라고 표현하기도 한다. 유튜브의 추천 알고리즘이 시청자의 행동 데이터를 기반으로 설계되었기 때문이다. 사용자가 무엇을 보고, 얼마나 오래 머무르며, 어떤 영상을 클릭하는지 모든 행동이 기록되고 분석된다. 대표적으로 다음과 같은 데이터가 활용된다.

영상을 끝까지 봤는지 아니면 중간에 멈췄는지에 대한 시청시간은 기본적으로 중요한 기준이 된다. 오래 머문 영상은 '좋아한다'고 간주되며, 좋아요와 댓글 작성 또한 적극적인 반응 요소로 추천 가능성이 높아진다. 그리고 검색창에 어떤 키워드를 검색하는지에 대한 기록들은 사용자 관심사의 주요한 단서로 활용된다. 때로는 A라는 영상을 보다가 B라는 영상으로 이동할 때의 기록도 분석된다. 예를 들어, 피아노 연습 영상을 검색하고 10분 이상 시청했다면, 유튜브는 이 기록을 바탕으로 '클래식 음악 콘텐츠를 좋아한다'고 학습하여 비슷한 클래식 연주 영상을 추천한다. 우리는 추천 영상 목록이 이렇게 구성되고 있다는 사실조차 눈치 채지 못한 채 영상을 시청할 때가 많다.

이렇듯 알고리즘은 나를 많이 알고, 때론 완벽해 보이기까지 한다. 하지만 종종 내가 진정으로 원하는 것을 오해할 때도 많다. 예를 들어 '국회'와 관련된 영상을 한 번 클릭했을 뿐인데, 이후 정치적 논쟁을 다룬 자극적인 영상들만 주로 추천되는 경우가 있다. 이런 영상들이 클릭을 유도할 때도 있지만 정작 내가 정말 보고 싶었던 것은 아닐 수도 있다. 왜 이런 상황이 발생할까? 알고리즘은 사용자 관심사를 '지속적 시청 가능성'의 관점에서 해석하기 때문이다.

앞서 '2부 넷플릭스 뒤에 숨겨진 비밀'에서도 추천 알고리즘에 대해 다뤘지만, 넷플릭스와 유튜브의 알고리즘은 작동 방식이 사뭇 다르다. 넷플릭스는 사용자가 끝까지 본 콘텐츠를 기반으로 추천하지만 유튜브는 클릭과 상호작용 데이터를 더 중요하게 여긴다. 이 차이 때문에 유튜브는 즉각적이고 자극적인 콘텐츠를 더 자주 추천한다. 결국 사용자는 자신이 선택한 방향이 아니라 유튜브 플랫폼이 원하는 방향으로 이끌려가기도 한다.

내가 본 영상 기록이 어떻게 활용되는 걸까?

유튜브에서 다양한 영상들을 보다 보면 '기록'이라는 단어는 그리 익숙하지 않을 것이다. 하지만 우리가 시청한 영상, 검색한 키워드, 클릭했던 섬네일까지 유튜브는 모든 데이터를 기록하고 있다. 이 기록들은 단순히 추천 알고리즘에만 활용되는 걸까? 아니면 다른 목적으로도 활용되고 있을까?

당연히 다른 목적에도 사용이 되고 있다. 일반적인 온라인 광고는 데이터로 시작된다. 유튜브에서 수집된 시청 기록은 추천 알고리즘뿐만 아니라 광고주를 위한 데이터로도 활용된다. 구글 광고 생태계와 연결되어 있기 때문에 유튜브에서 본 기록은 맞춤형 광고 제공에 직접 사용된다. 만약 요리 영상을 즐겨 보는 사용자라면 주방용품 광고를 더 자주 볼 가능성이 높다. 여행 관련 콘텐츠를 시청하면 항공권이나 호텔 광고가 뜰 것이다. 유튜브는 이런 데이터를 통해 광고를 정교하게 타깃팅하며, 이는 플랫폼의 주요 수익원 중 하나가 된다.

또한 수집된 데이터는 익명화된다고 하지만, 사용자가 얼마나 신뢰할 수 있는지는 의문이다. 2024년 개인정보보호 동향 보고서(한국인터넷진흥원) 자료에 따르면, 많은 사용자들이 "플랫폼이 사용자의 개인정보를 적절하게 보호하지 못하고 있다"고 우려했다. 데이터 유출 사고는 종종 발생하며, 사용자가 동의하지 않은 방식으로 데이터가 활용될 가능성도 있다는 것이다. 사용자는 다음과 같은 방법을 활용해 기록을 관리함으로써 데이터 활용을 어느 정도 제어할 수 있다. 내가 본 영상 기록이 내가 원하지 않는 곳에서 활용되지 않도록 스스로 방어하거나 조심할 수 있는 방법이 있다. 반드시 숙지하고 최대한 활용하도록 하자.

우선 '시청 기록을 삭제'하는 방법이 있다. 유튜브 개인 설정에서 기록을 삭제하거나 저장되지 않도록 설정할 수 있다. 다음은 '추천 개선 요청' 방

3부 | 유튜브 뒤에 숨겨진 비밀들

법이다. 원치 않는 추천 영상은 '추천하지 않기'를 눌러 알고리즘에 피드백을 줄 수 있다. 이런 피드백은 이후 나의 추천 목록 정확도와 더불어 만족도를 높여줄 수 있다. 끝으로, '광고 개인화 설정' 방법이 있다. 구글 계정을 통해 맞춤형 광고 설정을 제한하는 것이다. 결국 내가 본 영상 관련 데이터 기록은 사용자가 플랫폼에서 더 나은 경험을 제공하기 위해 사용되지만, 사용자 스스로도 데이터 관리에 신경을 써야 한다.

내가 즐겨보는 채널이 내 성격을 말해줄까?

"당신이 자주 보는 유튜브 채널이 당신을 말해줍니다." 조금은 극단적으로 들릴 수 있지만, 어느 정도는 사실이다. 유튜브는 단순히 영상을 보는 플랫폼이 아니라, 현대인의 관심사와 성향을 보여주는 디지털 거울이다. 그렇다면 선호하는 채널 유형별로 사용자 성격 분석을 해볼까?

- 정보 중심 채널: 과학, 경제, 역사 등 지식을 제공하는 채널을 선호하는 사람은 분석적이고 호기심이 많은 성격일 가능성이 크다. 새로운 것을 배우는 데서 만족감을 느끼며, 논리적 사고를 중시한다.
- 엔터테인먼트 채널: 예능, 게임, 뮤직비디오를 즐겨 보는 사람은 감각적이고 유머를 중시하는 성향이다. 이들은 주로 스트레스를 풀기 위해 유튜브를 사용하며, 쉽게 공감하고 즐거움을 느낀다.
- 일상 브이로그 채널: 누군가의 삶을 관찰하는 브이로그를 좋아하는 사람은 감정 이입 능력이 뛰어나고 인간관계를 중요시한다. 사람과의 연결에서 안정감을 느낀다.

자주 보는 유튜브 채널을 통해 심리학적 해석도 가능하다. 유튜브는 디지털 심리학자와도 유사한데, 유튜브에서의 행동은 사용자의 내면을 반영한다. 예를 들어, 운동 관련 영상을 자주 시청하는 사람은 건강에 관심이 많고 자기계발 욕구가 강할 가능성이 크다. 반면 코미디 콘텐츠를 즐겨 보는 사람은 일상에서 웃음과 재미를 찾고자 하는 성향이 강하다. "TED-Ed"나 "크랩" 같은 지식 채널을 즐겨 보는 사람은 논리적 사고와 학문적 열망이 강하다. "워크맨" 같은 예능 채널을 즐기는 사람은 가볍고 유쾌한 콘텐츠에서 에너지를 얻는다. 요리, DIY와 같은 취미 콘텐츠를 선호하는 사람은 창의적인 활동과 자기표현에 열정적이다.

유튜브는 단순히 영상을 제공하는 플랫폼이 아니라 사용자 자신을 비추는 거울과도 같다. 추천 알고리즘, 데이터 활용, 채널 선호도는 모두 사용자 경험을 풍부하게 하지만, 그 이면에는 데이터와 프라이버시 문제를 동반하기도 한다. 결국 우리는 기술의 편리함을 누리는 동시에 그 이면을 비판적으로 바라보는 태도를 가져야 한다.

Q. 알고리즘, 나에 대해 어디서부터 어디까지 알고 있을까?

알고리즘은 내 시청 기록과 상호작용 데이터를 바탕으로 내가 오래 머물 콘텐츠를 추천하며, 이를 통해 광고 타깃팅과 플랫폼 수익을 극대화하려는 데 목적이 있다. 자주 보는 채널은 나의 관심사와 성향을 반영하는 반면, 데이터 활용과 프라이버시 문제를 야기하므로 스스로 관리가 필요하다.

미디어 뒤에 숨겨진
비밀들

PART 4. The Hidden Secrets Behind Media

4부. 미디어 뒤에 숨겨진 비밀들

1장

"오징어 게임"보다 "이상한 변호사 우영우"가 더 많이 벌었다고?

"오징어 게임" VS "이상한 변호사 우영우"

우선 오늘 비교할 두 작품을 간략하게 정리해 보자.

"오징어 게임 Squid Game"
- 출시년도 : 2021년
- 감독 : 황동혁
- 주연 : 이정재, 박해수, 위하준, 정호연 등
- 줄거리 : 경제적 어려움을 겪는 사람들이 456억 원의 상금을 걸고 생존 게임에 참가하는 이야기를 그린 드라마로, 각 라운드는 전통적인 한국 어린이 게임을 기반으로 하며 탈락하면 목숨을 잃게 되는 잔혹한 규칙을 따르는 스토리
- 특징 : 사회적 불평등, 인간의 본성, 윤리적 딜레마 등을 다루며 전 세계

적으로 큰 인기를 끌었다.

"이상한 변호사 우영우Extraordinary Attorney Woo"

- 출시년도: 2022년
- 감독: 유인식
- 주연: 박은빈, 강태오, 강기영 등
- 줄거리: 자폐 스펙트럼을 가진 천재 변호사 우영우가 다양한 사건을 해결하며 성장해 가는 과정을 그린 드라마로, 주인공 우영우는 뛰어난 기억력과 독특한 사고방식을 통해 사건을 해결하지만 사회적 편견과 맞서는 스토리
- 특징: 자폐 스펙트럼 장애에 대한 인식 개선, 감동적인 스토리와 인간관계를 따뜻하게 그려내며 많은 사랑을 받았다.

이 두 작품 모두 최근 크게 성공한 대한민국 대표 작품으로, 독창적인 스토리와 캐릭터를 통해 국내뿐만 아니라 전 세계적으로 많은 시청자들에게 사랑을 받았다. 각각의 장르와 소재를 잘 살려낸 명작으로 지금까지도 높은 평가와 사랑을 받고 있다.

진짜 우영우가 오징어 게임보다 더 많이 벌었을까?

결론부터 말하면, 사실이 아니다. "오징어 게임"의 경우 넷플릭스에서 제작비를 전액 지원하였고, 이 작품으로 인한 경제적 가치는 약 9억 달러(약 1조 원)의 가치를 창출한 것으로 추정된다. 여기서 말하는 '가치'란 오징어 게임을 통한 넷플릭스의 구독자 증가와 더불어 관련된 수익으로 인한 가치를 통틀어서 말하는 것이다. "이상한 변호사 우영우"는 에이스토리를 통해 제작 후 국내 ENA 채널에서 방영되어 국내에서 먼저 큰 인기를 얻었고, 이후 넷플릭스를 통해 글로벌로 방영되면서 총 제작비 150억의 10배

이상의 경제적 가치를 창출한 것으로 알려졌다.

그럼 미디어 업계에서는 왜 이런 얘기가 나왔을까? 누가 더 많이 벌었는지를 따져보기 전에 먼저 저작권에 대해 이해하는 시간을 가져보자.

저작권이란 '창작물에 대한 권리를 가지는 것'이다. 예를 들어, 그림을 그리거나 이야기를 쓰면 그 그림이나 이야기는 내 것이 되고, 다른 사람이 내 그림이나 이야기를 허락 없이 사용하면 안 되도록 법으로 보장받게 된다. 이렇게 누군가가 만든 것에 대해 누가 사용할 수 있는지 결정할 수 있는 권리를 저작권이라고 이해하면 좋을 것 같다.

"오징어 게임"은 넷플릭스와의 독점 계약으로 제작이 되었다. 이는 제작사와 창작자가 직접적인 저작권을 갖지 못하는 형태였기 때문에 직접적인 수익은 물론이고 캐릭터 상품, 게임, 출판 등의 2차 저작물을 활용한 수익창출의 기회도 없었다. 이 저작권의 주인공은 글로벌 판권과 주요한 저작권을 모두 가진 넷플릭스였다.

"이상한 변호사 우영우"는 달랐다. 제작사였던 에이스토리가 제작할 때부터 자체적인 저작권을 확보하여 다양한 플랫폼을 통해 방영되었다. 국내뿐 아니라 해외 판권 역시 적극적으로 관리하여 다양한 해외시장에서의 수익까지 극대화할 수 있었다. 또한 드라마의 인기에 힘입어 2차 저작물까지 제작하면서 캐릭터상품, 출판, 팬미팅, 다양한 디지털 콘텐츠 등 여러 분야에서 IP사업을 진행하였다. 이를 통해 글로벌시장에서도 강력한 저작권 보호와 활용 전략의 중요성을 보여준 성공적인 사례라고 평가받고 있다. 넷플릭스만 돈을 번 "오징어 게임"보다 다양한 루트로 수익을 내고, 국내 제작자와 창작자에게도 큰 수익을 안겨준 "이상한 변호사 우영우"가 더 많은 돈을 벌었다는 얘기가 여기에서 나오기 시작한 것이다.

그럼에도, "오징어 게임"이 넷플릭스와 독점계약을 한 이유

'오징어 게임은 왜 우영우처럼 저작권 확보를 하지 않고, 처음부터 넷플릭스에게 저작권을 모두 준 거야? 바보처럼…'이라고 생각할 수도 있겠다. 하지만 이것은 그렇게 간단한 문제는 아니다. "오징어 게임"뿐만 아니라 최근 나온 수많은 작품들이 넷플릭스와 독점계약을 할 수밖에 없었던 여러 가지 이유들을 살펴보도록 하자.

우선, 모든 작품들은 제작비 문제가 가장 크다. "오징어 게임"은 엄청난 제작비가 소요되는 작품이었다. 특히 대규모 세트, 복잡한 촬영 기법, 시각 효과 등이 수반된 작품이었기 때문에 제작비 확보가 가장 큰 숙제였다. 넷플릭스는 이렇게 막대한 제작비를 선제적으로 투자할 수 있는 자금력을 가지고 있다.

또한 국내를 넘은 글로벌 배급력의 힘이 있다. 넷플릭스는 전 세계에 걸쳐 수백 개 국에서 서비스되는 글로벌 스트리밍 플랫폼이다. "오징어 게임"과 같은 한국 드라마가 글로벌 시장에 접근하고 널리 알려지기 위해서는 넷플릭스와 같은 플랫폼이 절실하다. 넷플릭스는 이러한 글로벌 배급력을 제공할 수 있고, 이것은 제작사들에게 엄청난 배급력의 힘을 보여준다.

확실한 마케팅과 홍보 지원이 가능하다. 넷플릭스는 자체 플랫폼을 통해 콘텐츠를 적극적으로 홍보하고 마케팅을 지원한다. "오징어 게임"은 넷플릭스의 강력한 마케팅 지원 덕분에 전 세계적으로 빠르게 인지도를 높일 수 있었고, 넷플릭스의 추천 알고리즘과 사용자 인터페이스 역시 이 작품을 효과적으로 노출시킬 수 있는 최적화된 환경을 제공했다.

끝으로, 자유로운 제작 환경을 보장한다. 넷플릭스는 콘텐츠 제작자에게 비교적 높은 제작 자유도를 보장하는 것으로 유명하다. 이는 제작자들이 창의적인 아이디어를 자유롭게 구현할 수 있는 환경을 제공한다. "오징어 게임"의 경우, 폭력적이고 충격적인 내용이 포함되어 있어 기존 국내 방송사에서는 많은 제약조건이 예상되었다. 넷플릭스는 이러한 제약 없이 콘텐츠를 자유롭게 제작할 수 있는 환경을 보장해 준다.

이처럼 "오징어 게임"이 넷플릭스와 독점계약을 할 수밖에 없었던 이유는 제작비 확보, 글로벌 배급력, 마케팅 지원, 제작 자유도 보장 등의 여러 가지 요인들이 복합적으로 작용했기 때문이다. 아이러니하지만 이러한 요인들로 인해 "오징어 게임"은 전 세계적으로 성공할 수 있었고, 이는 콘텐츠 제작과 배급의 새로운 모델을 제시하는 사례가 되기도 했다. 요즘 수많은 작품들이 이와 같이 넷플릭스와 독점계약을 통해 제작을 진행하려는 결정적인 이유이기도 하다.

여러분은 "오징어 게임"과 "이상한 변호사 우영우"를 어디서 봤나요?

앞서 던진 "어떤 작품이 더 많은 돈을 벌었나요?"에 대한 질문으로 시작해서 이제는 '어떤 서비스를 통해서 시청했는지'를 물어보려고 한다. 장담하건대, 어둠의 경로를 제외하고는 전 세계에서 "오징어 게임"을 본 모든 사람들은 모두 '넷플릭스'라고 답할 것이다. 그리고 "이상한 변호사 우영우"를 본 사람들은 국내방송사 ENA채널을 시작으로 넷플릭스, 웨이브Wavve, 티빙TVING, 기타 VOD서비스 등 다양한 답변이 나올 것이다.

드라마를 제작하기에 앞서 저작권 계약의 방향성과 선택이 결국 소비자들이 작품을 만나는 서비스와 플랫폼의 선택에도 주요한 영향을 준다는 것을 알게 되었다. 지금 내가 즐겨보고 있는 드라마가 있다면 이 드라마의 저작권은 누가 가지고 있는 것인지, 어느 플랫폼에서 서비스가 되고 있는 것인지 정도는 알고 보면 작품을 좀 더 깊이 이해하는 데 큰 도움이 될 것이다. 다음 장에서는 넷플릭스의 결정적인 성공 요인인 '오리지널 콘텐츠'에 대해서 자세히 알아보자.

Q. "오징어 게임"보다 "이상한 변호사 우영우"가 더 많이 벌었다고?

사실 글로벌 수익에서는 "오징어 게임"이 월등하게 앞서지만, "우영우"는 자체 저작권과 2차 저작물 활용을 통해 국내 제작자들에게 더 많은 수익을 안겨준 사례이다. "오징어 게임"은 넷플릭스의 전폭적 지원과 글로벌 배급력을 활용한 성공적 사례로, 두 작품의 수익 모델은 근본적으로 다르다.

2장

오리지널 콘텐츠는
누가, 어떻게, 왜 만들까?

오리지널 콘텐츠, 정체를 밝혀라

'오리지널 콘텐츠'는 넷플릭스, 티빙, 디즈니＋ 등 국내외 OTT 플랫폼에서 독점적으로 제공하는 영화나 시리즈물을 일컫는 용어이다. 이러한 콘텐츠는 해당 플랫폼이 직접 제작하거나 외부 제작사와의 협력을 통해 만들어지며, 다른 매체에서는 볼 수 없고 해당 OTT 플랫폼에서만 볼 수 있는 차별화된 콘텐츠이다.

OTT 서비스별 오리지널 대표작으로는 넷플릭스Netflix의 경우 "하우스 오브 카드House of Cads", "위쳐The Witcher" 시리즈, "더 크라운The Crown" 등의 국외 콘텐츠와 "오징어 게임", "지옥", "킹덤", "스위트홈", "지금 우리 학교는" 등의 국내 작품이 해당된다. 국내 OTT 서비스의 경우 티빙TVING은 "유미의 세포들", "술꾼도시여자들", "환승연애", 웨이브Wavve는 "약한 영웅 클래스1", "박하경 여행기", "거래", "SF8", 쿠팡플레이 Coupang Play는 "대학전쟁", "소년시대", "하이드", "직장인들(2025)" 등이 오리지널 콘텐츠이다. 더 쉽게 설명하자면 '오리지널 콘텐츠는 독점계약 형태를 지닌 독점 콘텐츠'라고 말할 수 있겠다.

오리지널 콘텐츠는 왜 제작하고, 어떻게 만들어질까?

넷플릭스 오리지널 콘텐츠 "킹덤"이 큰 인기를 누리면서, 회차당 제작비가 20억이라는 사실이 공개되어 한 번 더 세상을 놀라게 만들었다. 킹덤 이후 2020년 제작된 "스위트홈"의 경우 킹덤의 제작비를 훌쩍 뛰어넘는 30억을 기록하며, 그에 걸맞은 엄청난 스케일과 화려한 영상을 선보였다. 이렇듯 기존 방송 편성 위주의 드라마 제작비와 비교해서는 상상할 수 없는 수준의 스케일이 되었다. 하나의 오리지널 콘텐츠 시리즈를 제작하기 위해 투자되는 제작비는 갈수록 하늘을 치솟고 있다. 그럼에도 불구하고 미디어사마다 오리지널 콘텐츠에 열을 올리는 이유는 무엇일까?

우선, 차별화이다. 경쟁이 치열한 OTT 시장에서 독점 콘텐츠는 구독자 유치를 위한 중요한 요소이다. 또한 브랜드를 강화시켜 준다. 오리지널 콘텐츠는 OTT 플랫폼의 브랜드 이미지를 강화하고, 고유의 정체성을 구축하는 데 도움을 준다. 그리고 수익 창출의 허브 역할을 한다. 독점 콘텐츠는 새로운 구독자를 유치하고 기존 구독자의 이탈을 방지함으로써 수익을 증대시키는 막대한 영향력을 가지고 있다.

위에서 언급한 차별화, 브랜드, 수익창출의 주요한 이유들로 인해 플랫폼들은 오리지널 콘텐츠에 많은 신경을 쓰고 있다. 그러나 효과적인 오리지널 콘텐츠 제작을 위해서는 여러 전략을 고려해야 한다.

우선, 시청자 데이터를 기반으로 제작하는 것이 중요하다. 이를 통해 인기 있는 장르나 주제를 파악함으로써 매력적인 콘텐츠를 만들 수 있다. 또한 유명 감독, 작가, 배우와의 긴밀한 협력을 통해 고품질의 콘텐츠를 제작하는 것도 필수적이다. 이러한 협력은 콘텐츠의 완성도를 높이고 더 많은 시청자를 끌어들일 수 있는 요소가 된다. 마지막으로, 글로벌 시장을 목표로 다양한 문화와 언어를 반영한 콘텐츠를 제작해야 한다. 이 과정을 거쳐야 전 세계 시청자들에게 어필할 수 있는 매력적인 작품을 만들어낼 수 있다.

이렇게 다양한 오리지널 콘텐츠, 어떻게 봐야 하나?

위의 설명들로 오리지널 콘텐츠에 대해서 기본적인 이해가 되었으리라 믿는다. 이렇게 다양하고 매력적인 오리지널 콘텐츠들을 모두 다 볼 수 있을까? 당연히 어렵다. 사용자 입장에서 다양한 OTT 서비스를 보다 효율적으로 구독하고, 서비스별 오리지널 콘텐츠를 유익하게 즐길 수 있는 몇 가지 팁과 에티켓을 소개해주고 싶다.

OTT 플랫폼을 선택할 때는 여러 가지를 고려해야 하는데, 우선 적절한 플랫폼을 선택하는 것이 중요하다. 자신이 선호하는 장르나 특정 콘텐츠를 제공하는 플랫폼을 선택하는 것이 좋다. 예를 들어, 마블 시리즈와 디즈니 애니메이션을 좋아한다면 디즈니＋를, 다양한 드라마와 다큐멘터리를 원한다면 넷플릭스를 고려할 수 있다. 구독에 따른 비용도 함께 비교해야 한다. 여러 플랫폼의 구독료를 비교하고, 제공하는 콘텐츠와 가격의 균형을 따져보는 것이 중요하다.

각 플랫폼에서 제공하는 할인이나 프로모션을 확인해보는 것도 좋은 방법이다. 그리고 패밀리 플랜을 활용하는 것도 좋은 방법이 될 수 있다. 많은 OTT 서비스는 패밀리 플랜을 제공하여 여러 명이 한 계정을 사용할 수 있도록 하고 있다. 이는 가족이나 친구와 함께 구독 비용을 나누어 부담을 줄이는 데 큰 도움이 된다. 물론 국내외 마케팅 정책에 따라 변경이 잦을 수 있으니 주의해야 한다. 무료 체험을 적극 활용하는 것도 추천한다. 대부분의 OTT 서비스는 새로운 사용자에게 무료 체험 기간을 제공한다. 이를 통해 여러 플랫폼을 체험해 보고, 가장 만족스러운 플랫폼을 최종 선택할 수 있다.

마지막으로, 콘텐츠 리스트를 작성하는 것이 좋다. 각 OTT 플랫폼에서 제공하는 '관심 목록' 기능을 사용해 보고 싶은 콘텐츠를 저장해 두면 원하는 콘텐츠를 놓치지 않고 계획적이고 체계적으로 시청할 수 있다. 넷플릭스의 경우, '나의 넷플릭스'라는 개인화 기능으로 다양한 목록들을 모아보는 기능을 제공한다. 알림 설정, 저장한 콘텐츠 목록, 마음에 들어 한 시리즈와 영화, 내가 찜한 리스트, 내가 시청한 예고편, 시청 중인 콘텐츠 등 나만의 콘텐츠리스트를 따로 보관하며 개인 특화 기능을 제공해주고 있다. 이렇게 여러 요소를 고려하여 자신에게 가장 적합한 OTT 플랫폼을 선택하면 보다 만족스러운 경험을 할 수 있을 것이다.

오리지널 콘텐츠 200% 즐기기

여러 가지 조언들을 참조해서 플랫폼을 정했다면, 이제 오리지널 콘텐츠 작품들을 200% 이해하고 즐기는 방법도 알아보자. 독서모임을 운영하는 저자로서는 책과 독서에 비유해서 더 쉽게 설명해보고 싶다.

보기로 결정한 작품의 배경 지식을 조금 알아보고 감상하자. 저자의 경우 책을 읽기 전에 작가 소개와 프롤로그, 추천사는 꼭 읽어보는 편이다. 오리지널 콘텐츠의 경우도 작품의 배경이나 제작과정, 그리고 스토리의 맥락을 어느 정도 알고 감상한다면 만족도 측면에서 더 풍성해질 것이다.

다양한 장르의 작품을 시도해보자. 독서를 할 때는 본인이 좋아하는 장르만 읽는 경우가 많다. 오리지널 콘텐츠도 마찬가지다. 평소에 좋아하는 장르만 보지 말고 새로운 장르의 작품들도 접해보자. 더 넓은 경험을 해볼 수 있다.

온·오프라인 토론과 커뮤니티를 활용해보자. 작품을 시청한 후, 관련 커뮤니티 또는 같은 작품을 본 지인들과 가볍게 토론해 보자. 다양한 관점을 접하고, 더 깊이 있게 이해할 수 있다. 마치 독서 토론처럼 말이다. 독후감이나 서평 글쓰기처럼, 작품 감상 후에 자신만의 리뷰나 감상문을 써보는 것도 추천한다. 나만의 인사이트^{insight}와 더불어 콘텐츠에 대한 이해를 더욱 높여줄 수 있다. 물론 저자도 책, 영화 등 수많은 작품들을 보고 난 이후에는 블로그에 짧은 독후감이나 서평, 소감문 형식으로 정리하고 있다.

끝으로, 오리지널 콘텐츠를 대하는 에티켓을 알려주고 이 장을 마무리하고자 한다. 아직 오리지널 작품을 보지 않은 사용자들을 위해 스포일러는 자제해야 한다. 특히 극적인 반전을 가져오는 작품일수록 스포일러를 더 각별히 주의해야 한다. "유주얼 서스펙트(1995)"와 "텔미썸싱(1999)"의 경우, 극장에서 입장하기 위해 줄을 선 관객들에게 "OOO가 범인이다"라고 외친 일화가 유명하다. 스포일러는 오프라인뿐만 아니라 온라인 및 SNS채널에서는 더욱 더 에티켓을 지켜줘야 하며, 스포일러에 대한 정보가 담겨있을 경우 타이틀에 '스포일러'라고 명시해 주는 예의도 꼭 필요하다. 그리고 특정 장면을 공유할 때는 명확한 출처를 남겨야 한다. 오리지널 콘텐츠에 대한 불법 다운로드 파일은 물론이고 스트리밍 링크를 공유하는 것도 법적 문제를 야기할 수 있기 때문에 애초부터 피해야 한다.

오리지널 콘텐츠에 대해 어느 정도 이해가 되었다면, 이제 마음속으로 선별해둔 작품들을 보러 가자. 그리고 같은 작품을 본 지인들과 가볍게 티타임을 가지면서 다양한 의견들과 재미들을 한껏 나눠보자.

Q. 오리지널 콘텐츠는 누가, 어떻게, 왜 만들까?

'오리지널 콘텐츠'는 OTT 플랫폼별 차별화된 콘텐츠로 구독자를 유치하고, 브랜드를 강화하며, 수익을 창출하기 위한 핵심 콘텐츠다. 제작 시 시청자 데이터를 활용하여 글로벌 시장을 목표로 경쟁력과 완성도가 높은 작품을 제작한다.

3장

이번 주 극장 개봉작, 얼마나 기다리면
OTT에서 볼 수 있을까?

"파묘"가 넷플릭스에 떴다

2024년 2월 개봉했던 1,000만 관객 흥행작 "파묘"가 5개월만인 2024년 7월 15일자로 넷플릭스와 국내 OTT 플랫폼 티빙에서 무료로 공개되었다. 해외와 국내 OTT 시장의 양대 산맥인 두 플랫폼에서 유료 구독자들은 추가 비용 없이 해당 작품을 시청할 수 있게 된 것이다.

"파묘"는 지난 2024년 2월 개봉 후 지난 5개월 동안 국내 IPTV 및 케이블TV에서 5천 원대에 대여가 되었고, 9,900원에 VOD 구매가 가능했다. 이제 넷플릭스와 티빙에도 떴으니, 국내는 물론이고 전 세계 많은 구독자들이 파묘를 만날 수 있는 기회가 생겼다. 역시나 공개가 되자마자 대한민국 영화 순위에 이어, OTT 영화 카테고리에서도 단숨에 1위를 찍었다.

극장 개봉작들은 보통 언제 OTT에서 만날 수 있을까?

OTT 시대에 접어들면서 방송국과 더불어 가장 큰 타격을 받고 있는 곳이 바로 극장이다. 최근 대부분의 한국영화가 3개월 이내에 OTT에서 무료로 공개되면서, 비싼 돈을 주고 극장에서 보지 않아도 두세 달만 기다리면 집에서 편하게 공짜로 볼 수 있다는 인식이 넓게 확산되고 있다. 실제로 "파묘"뿐만 아니라 2023년 개봉한 한국영화 "비공식작전", "한산: 용의 출현", "비상선언" 등은 개봉한지 한 달 정도 후부터는 IPTV와 VOD 유료서비스를 통해 극장이 아닌, 집에서 영화를 볼 수 있게 되었다.

출처: DS투자증권 리서치센터

구분	극장	DVD	PVOD	유료영화 채널	OTT	케이블 채널
가격(미국)	10불	40불	20불	기본요금 포함	기본요금 포함	무료
가격(한국)	15불	없음	15~20불	-	-	-
가치	최초시청	평생보관	화질	무료	무료	무료

홀드백 구간별 가격과 가치 비교

영화가 개봉된 이후 VOD, IPTV, OTT 등의 다양한 서비스로 2차 서비스되기 전에 극장에서 충분한 관람이 이루어지도록 일정 기간 유예기간을 두는 것을 '홀드백Hold Back'이라고 한다. IPTV의 경우, 미국과 달리 한국은 '극장 동시개봉 홀드백'을 제공했다. 극장 상영 후 30일만 기다리면 IPTV에서 볼 수 있는데, 극장 가격이 수차례 인상된 것에 비하면 IPTV와 VOD 가격은 그리 크게 오르지 않고 가격 상승 폭이 낮아서 극장 입장료의 저항감을 상대적으로 낮추지 못하고 있다. 이렇게 한국영화 산업이 극장에서 점점 외면당하고 콘텐츠 시장에서 힘들어지자, 대한민국 정부는 극장에서 개봉한 한국영화가 OTT 서비스에 공개되는 기간을 유예하는 홀드백 규정을 만들었다.

정부(문화체육관광부)는 영화 관련 문화산업 육성을 위해 관련 예산을 지원하고 있다. 관련 예산을 통해 제작된 한국영화를 우선 적용 대상으로 하여 극장 개봉 후 최소 6개월이 지나야 OTT 서비스에서 볼 수 있도록 6개월 홀드백 제도를 만들어 2024년 2월부터 적용 중이다. 2022년 기준, 극장 개봉된 전체 한국영화 중 대략 30%가 정부의 제작 지원을 받아 제작된 영화라고 하니, 그리 적은 수준은 아니다. 다만 관객 10만 명 미만, 제작비 30억 원 미만 등 소규모 작품에 대해서는 예외 규정을 둘 예정이다.

홀드백에 해당되는 작품으로는 2023년 대박을 터트린 "범죄도시3", "서울의 봄"이 있다. 2023년 OTT 서비스에 공개된 작품 중 극장 관객이 10만 명 이상인 작품은 24편이나 된다. 문체부가 2024년의 경우, 최대 규모인 1조 7,400억 원이나 제작 지원한다고 하니 해당하는 작품은 더욱 더 늘어날 것으로 보인다.

홀드백에도 불구하고, 개봉작이 OTT에 공개되면 손해 아닐까?

실제로 국내 홀드백 정책은 콘텐츠 산업에 어떤 영향을 주는 걸까? 소비자들이 극장에 가지 않은 가장 큰 이유는 홀드백 기간보다는 극장의 높은 가격 이슈로 볼 수 있다. 개봉 후 1개월이든 6개월이든 시간적인 영향보다는, 극장의 높은 가격이 극장을 점점 멀리하는 가장 큰 요인으로 여겨지고 있다.

영화를 시청하는 소비자들의 문화 방식이 바뀐 것도 한몫한다. 특히 지난 4년여 간의 길고 긴 코로나로 인한 팬데믹 이후, 여러 제약사항이 많았던 오프라인 극장보다는 내 마음대로 내가 원하는 시간과 장소에서 편하게 스트리밍으로 시청하는 문화가 확산되었다.

또한, 극장의 가격은 점점 올랐지만 개봉 후 IPTV나 케이블TV에서 볼 수 있는 VOD 가격은 상대적으로 많이 오르지 않았다. 이로 인해 홀드백 제도에 대한 반감이 극장에 집중되면서 전체적인 균형이 깨져버린 이유도 있다. 프랑스의 경우, 한국에서 정한 6개월간의 홀드백 기간보다 2배 이상으로 훨씬 긴 15~17개월을 기다려야 OTT 서비스에서 개봉 영화를 볼 수 있다. 그마저도 이전에는 36개월이나 될 만큼 보수적인 정책이었으나 프랑스 정부에서 홀드백 기간을 15개월로 재조정하면서, 넷플릭스를 통해 프랑스 영화 투자에 대한 협의까지 얻어내기도 한 것이다.

이것뿐만이 아니다. 콘텐츠의 경쟁력은 어떨까? 넷플릭스에서 자체적으로 제작하는 오리지널 콘텐츠의 경우 국내 극장 상영작에 비해 영화 콘텐츠의 품질이 전혀 부족하지가 않다. 오히려 스케일과 제작 면에서 더 뛰어나고 수준 높은 작품들도 자주 보게 된다.

종합적으로 볼 때, 정부에서 한국영화 시장의 활성화를 원한다며 OTT 서비스 공개기간을 개봉 후 6개월로 정한 것은 일시적인 미봉책에 그칠 가능성이 커 보인다. 좀 더 다각적인 방법과 더불어 균형 잡힌 유통 구조로의 확산이 필요하며, 동시에 한국영화 본연의 제작 수준을 높이지 않는다면 결코 양질의 문화로 회복되기란 쉽지 않을 것이다.

여기서 잠깐, 극장 개봉을 목적으로 제작된 영화들이 OTT 서비스에서 무료로 풀리면 영화제작사 입장에서는 손해가 아닐까? 손해일 것 같은데, 개봉일이 얼마 지나지 않았는데도 서둘러 OTT 서비스로 유통하는 이유는 무엇일까?

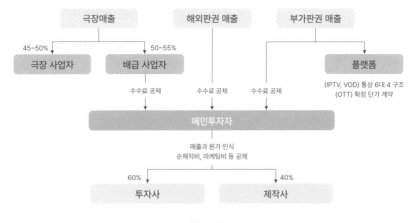

영화 수익구조

영화라는 콘텐츠를 기준으로 보자. '극장 – DVD – VOD – SVOD – 방송 채널' 순서로 유통이 자연스레 이어지고, 각 매체별 특성에 맞춰 수익을 최대화 할 수 있는 기간을 유지해 왔다. 하지만 OTT 서비스의 출현으로 기존의 영화 유통 방식과 질서가 무너진 것이 사실이다. OTT 서비스 판권 여부가 주요한 매출 구조로 무게 중심이 많이 옮겨 갔기 때문이다.

특히나 글로벌 OTT인 넷플릭스, 디즈니＋, 아마존 등의 판권 매출은 기타 OTT보다 파급력이 적지 않기에 홀드백을 유지하지 않더라도 따끈따끈할 때 서둘러 OTT를 통해 영화 판권을 재판매하는 격이라고 할 수 있다. 정부 지원금 비중이 낮은 대작의 경우, 6개월 홀드백 의무를 내려놓고 보다 빨리 OTT와 계약해서 순 제작비의 110~120%에 해당하는 판권 매출을 확보하기 위함이 크다.

자, 이제 여러분은 영화를 어떻게 보고 싶은가? 좀 더 많은 돈을 내더라도 넓은 스크린과 최첨단 음향이 겸비된 극장으로 가서 볼 것인가? 아니면 조금 기다렸다가, 가장 익숙한 나의 보금자리에서 편하게 볼 것인가? 모든 선택은 당신의 자유다. 하지만 영화 유통시장 뒤에 숨겨진 작은 비밀을 알게 되었으니, 다시 한 번 숙고해서 나에게 맞는 영화를 찾아보자. 그리고 그 영화를 즐기기에 가장 안성맞춤인 방법을 고심해 보자. 극장인가? OTT인가?

Q. 이번 주 극장 개봉작, 얼마나 기다리면 OTT에서 볼 수 있을까?

일반적으로 1~6개월이다. 정부 지원을 받은 한국영화는 최소 6개월의 홀드백 규정을 따르지만, 대작은 판권 매출을 위해 좀 더 빨리 OTT에 공개되기도 한다.

4장

스마트폰 vs TV vs PC,
콘텐츠를 즐기는 최고의 선택은?

스마트폰 - PC - TV - 스마트폰

저자가 일상적으로 콘텐츠를 소비하는 디바이스 패턴이다. 아침에 일어
나자마자 출근하기 전까지 스마트폰을 통해 콘텐츠를 소비하고, 출근 후
퇴근 전까지는 PC를 통해 회사 업무와 함께 콘텐츠를 소비한다. 퇴근 후
잠자리에 들 때까지는 TV와 스마트폰을 병행하며 콘텐츠를 즐기곤 한다.
아마 저자뿐만 아니라 일반적인 직장인이라면 이 패턴에서 크게 벗어나
지 않을 것이다.

60대 이상 부모님 세대는 "큰 화면이 최고지!"라며 TV를 자주 애용하고,
학생들은 학교에서 돌아와 컴퓨터 앞에 앉아 다양한 콘텐츠를 소비한다.
이렇게 각 연령대마다 선호하는 디바이스가 다른 이유는 무엇일까? 이번
장에서는 스마트폰, TV, PC 세 가지 디바이스가 각각 어떤 특성을 가지고

있고, 콘텐츠 소비에 어떻게 영향을 미치는지 알아보자.

최근 방송통신위원회의 '2023 방송매체 이용행태조사'에 따르면 미디어 및 OTT 서비스 이용 시 스마트폰을 사용하는 비율이 86.3%로 가장 높으며, TV 수상기를 통한 이용은 전년 대비 5.9%포인트 증가한 22.1%를 기록했다. 주로 이용하는 OTT 순위로는 유튜브가 71%로 1위, 넷플릭스가 35.7%로 그 뒤를 이었다. 이러한 통계는 스마트폰의 높은 접근성과 휴대성이 OTT 콘텐츠 소비에 큰 영향을 미치고 있음을 보여준다.

또한, TV를 통한 OTT 이용이 증가하고 있다는 점은 가정 내에서의 대형 화면 시청 선호도가 높아지고 있음을 시사한다. 디바이스별 사용 패턴을 보면 스마트폰은 이동 중이나 짧은 시간 동안의 콘텐츠 소비에 주로 사용되며, TV는 가족 단위의 몰입형 콘텐츠 시청에 적합하다. PC는 업무 중 휴식시간이나 멀티태스킹 상황에서 활용되는 경향이 있다. 향후에는 이러한 디바이스 간의 경계가 점차 허물어지면서 사용자들은 상황과 필요에 따라 다양한 디바이스를 활용하여 OTT 콘텐츠를 소비할 것으로 예상된다.

스마트폰: 언제 어디서나 내 손안의 미디어

스마트폰은 모든 연령층에서 가장 높은 사용 빈도를 자랑하는 디바이스이다. 스마트폰을 사용하는 이유는 간단하다. 언제 어디서나 사용할 수 있는 편리함 때문이다. 출근길 지하철, 점심시간 카페, 잠자기 전 침대에서까지 우리는 스마트폰을 손에서 놓지 않는다. 특히 20대와 30대는 스마트폰을 통해 넷플릭스와 유튜브 동영상을 시청하며 일상의 많은 시간을 소비한다.

앞서 함께 살펴본 조사에 따르면, 영상 콘텐츠 이용자 중 스마트폰을 사용해 콘텐츠를 시청하는 비율은 86.3%로 가장 높다. 이는 짧은 시간 동안 빠르게 콘텐츠를 소비하고, 이동 중에도 시청할 수 있는 스마트폰의 편리함 덕분이다. 출근길에 유튜브에서 최신 뉴스 하이라이트를 보거나, 잠자기 전 넷플릭스의 에피소드 한 편을 시청하는 등 스마트폰은 우리의 일상과 긴밀히 연결되어 있다.

스마트폰을 통해 소비되는 콘텐츠는 대체로 짧고 가벼운 것이 많다. 유튜브의 쇼츠나 틱톡 같은 짧은 영상 콘텐츠가 대표적이다. 이처럼 스마트폰은 자투리 시간에 적합한 콘텐츠를 소비하기에 최적화된 디바이스이다. 하지만 스마트폰 화면이 작기 때문에 몰입감을 요구하는 영화나 드라마보다는, 짧고 간단한 콘텐츠가 주로 소비된다는 특징이 있다.

TV: 큰 화면에서 즐기는 몰입의 즐거움

반면에 TV는 가족과 함께, 때론 혼자서 여유 있게 즐길 수 있는 몰입형 콘텐츠에 적합한 디바이스이다. 특히 중장년층과 가족 단위의 시청자들은 TV를 통해 넷플릭스와 같은 OTT 서비스를 자주 이용한다. 큰 화면에서 고화질로 영화를 보거나 드라마를 몰아보는 것은 스마트폰이나 PC로는 느낄 수 없는 특별한 경험을 선사한다. '주말 저녁, 아늑한 소파에 앉아 큰 화면으로 영화를 보는 즐거움'은 TV만이 줄 수 있는 유니크한 만족감이다.

'2023 방송매체 이용행태조사' 통계에 따르면, OTT 시청 시 TV를 이용하는 비율은 22.1%로 전년 대비 5.9%포인트 증가했다. 이는 스마트TV의 보급이 확대되고 스트리밍 플랫폼들이 TV용 앱을 강화하면서 TV를 통한 OTT 시청이 증가했기 때문이다. 넷플릭스의 경우 사용자들이 리모컨 하나로 쉽게 콘텐츠를 탐색하고 시청할 수 있도록 스마트TV용 넷플릭스 앱의 사용성이 계속적으로 개선되고 있다.

TV는 특히 몰입감을 요구하는 콘텐츠에 적합하다. 영화나 드라마 시리즈, 다큐멘터리 같은 긴 호흡의 콘텐츠는 큰 화면에서 볼 때 더 깊이 있게 즐길 수 있다. 또한 TV는 일반적으로 가정에서 가족이 함께 콘텐츠를 소비할 수 있는 디바이스라는 점에서 중요한 역할을 한다. 가족들이 함께 모여 콘텐츠를 시청하면서 자연스럽게 대화를 나누고, 공감대를 형성할 수 있다.

PC: 멀티태스킹과 일상 사이의 미디어 소비

PC는 업무 중 휴식시간에 간단히 콘텐츠를 소비하거나 멀티태스킹을 할 때 주로 사용된다. 학생이나 직장인들은 PC로 공부하거나 일을 하는 동안 음악을 백그라운드로 재생하거나, 짧은 영상을 틀어놓고 다른 작업을 하는 경우가 많다. PC의 가장 큰 장점은 멀티태스킹이 가능하다는 점이다. 여러 개의 창을 열어두고 동시에 콘텐츠를 소비할 수 있기 때문에 집중도가 높지 않은 콘텐츠를 소비할 때 주로 사용된다.

앞서 함께 살펴본 조사에 따르면 PC를 통한 미디어 시청 비율은 스마트폰과 TV에 비해 상대적으로 낮지만, 특정한 사용 패턴에서는 여전히 중요한 디바이스로 자리 잡고 있다. 예를 들어 유튜브에서 긴 강의나 튜토리얼 영상을 시청할 때는 큰 화면과 키보드를 활용할 수 있는 PC가 편리하다. 또한 PC는 작업과 함께 콘텐츠를 소비하는 환경에 적합하기 때문에, 공부하면서 음악을 듣거나 업무 중에 팟캐스트를 틀어놓는 등 다양한 방식으로 사용된다.

PC를 통한 콘텐츠 소비는 대체로 일상과 긴밀하게 연결되어 있다. 작업

중 잠깐의 휴식을 취하거나 정보를 얻기 위해 콘텐츠를 시청하는 경우가 많다. 따라서 PC는 스마트폰이나 TV와는 다른 보조적인 디바이스로서의 역할을 하고 있다. 특히 장시간 집중하기 어려운 콘텐츠 또는 정보 위주의 콘텐츠를 소비할 때 유용하다.

미래의 미디어 소비: 디바이스 간의 경계가 사라지는 시대

현재의 미디어 소비 패턴을 보면 스마트폰, TV, PC 각각의 디바이스가 나름의 역할을 하고 있음을 알 수 있다. 위에서 설명한 것처럼 스마트폰은 이동 중 짧은 시간 동안 콘텐츠를 소비하는 데 적합하고, TV는 가족과 함께 몰입형 콘텐츠를 즐기는 데 적합하며, PC는 멀티태스킹과 일상 사이에서 콘텐츠를 소비하는 데 유용하다. 그러나 앞으로는 이러한 디바이스 간의 경계가 점차 사라질 가능성이 크다.

출처: robosoftin

Building cross-platform OTT

향후 미디어 소비는 '크로스 디바이스 경험'이 더욱 더 활발히 전개될 것이다. 스마트폰으로 보던 영화를 집에 도착하자마자 TV에서 이어서 시청하고, 이후에 PC로 관련된 정보를 찾아보는 식의 연결된 경험이 중요해질 것이다. 이미 넷플릭스와 유튜브 같은 플랫폼들은 사용자가 여러 디바이스에서 콘텐츠를 끊김 없이 이어볼 수 있도록 기술을 발전시키고 있다. 이는 사용자들에게 더 편리하고 매끄러운 시청 경험을 제공하기 위함이다.

정리하자면, 각 디바이스는 그 나름의 특성과 장점을 가지고 미디어 콘텐츠 소비에 기여하고 있다. 앞으로는 디바이스 간의 경계가 허물어지고 사용자들이 더 자유롭게 콘텐츠를 소비할 수 있는 환경이 만들어질 것이다. 디바이스의 발전과 함께 미디어 및 OTT 플랫폼들도 발맞춰 더 나은 사용자 경험을 제공하기 위해 노력하고, 변화할 것이다.

Q. 스마트폰 vs TV vs PC, 콘텐츠를 즐기는 최고의 선택은?

상황에 따라 다르다. 스마트폰은 언제 어디서나 이동 중 짧은 콘텐츠 소비에, TV는 몰입감 높은 시청과 함께하는 시청에, PC는 멀티태스킹에 최적화된 디바이스이므로 각각의 장점을 살려 선택하자.

5장

숏폼 콘텐츠, 왜 이렇게 잘 나가니?

짧으면 무조건 숏폼이야?

최근 몇 년 사이의 영상 트렌드는 쉴 틈 없이 빨리 변화되고, 눈에 띄는 성장세를 보였다. 그중 단연 인기스타인 '숏폼'에 대해 알아보자.

K팝 걸그룹 AOA의 인기멤버 설현은 하루종일 숏폼 콘텐츠를 즐겨 본다는데, 마니아를 넘어 거의 '중독' 수준이라고 한다. 눈을 뜨자마자 숏폼, 요리를 할 때도 숏폼, 샤워를 할 때도 숏폼, 잠자리에 들기 전까지도 숏폼을 본다고 하니, 과연 숏폼 중독자라고 해도 과언은 아닐 것 같다. 또한 집 안 여기저기에 숏폼을 볼 만한 곳마다 스마트폰 거치대를 달아서 멀티태스킹 문화생활을 맘껏 즐기고 있다고 한다. 대체 숏폼이 뭐길래, 그토록 중독성이 클 만큼 인기가 많은 걸까?

숏폼이란 말 그대로 '짧게Short 제작된 콘텐츠Contents'이다. 평균적으로 15초에서 60초 길이의 동영상 콘텐츠로, 최대 10분을 넘기지 않는다. 플랫폼에 따라 불리는 이름도 제각각이다. 숏폼의 원조 격인 틱톡TikTok을 중심으로 유튜브에서는 쇼츠Shorts, 인스타그램에서는 릴스Reels, 네이버에서는 클립Clip이라고 부른다. 이름은 다르지만, 모두 숏폼 형식의 콘텐츠다.

숏폼은 왜 이렇게 인기가 많을까? 여러 가지 이유들이 있겠지만 무엇보다, 돈보다 시간이 더 귀한 현대사회에서 짧은 시간에 많은 정보와 재미를 주기 때문이다. 또한 짧기 때문에 한 개의 동영상에서 주로 한 가지의 핵심 메시지만 담고 있다. 그래서 말하고자 하는 핵심 메시지를 빠르게 이해하고 전달할 수 있다.

다양한 분야의 정보 전달 및 홍보, 마케팅에도 탁월한 효과를 발휘한다. 새로운 서비스나 제품을 런칭하거나 신곡을 알릴 때, 행사를 유치할 때도 숏폼과 숏폼 플랫폼의 마케팅 활용도는 어마어마하다.

틱톡, 유튜브, 인스타그램... 숏폼, 어디가 좋아?

숏폼 동영상을 서비스하는 틱톡, 유튜브, 인스타그램 모두 비슷비슷한 것 같은데 차별점이 있을까? 차별점을 알기 전에 플랫폼별 특성과 활용 방안에 대해 아는 것이 좋겠다.

YouTube Shorts

유튜브 '쇼츠'는 2020년부터 도입된 기능이다. 앱을 기준으로 하단 메뉴 홈버튼 옆에 위치한다. 메뉴의 위치에 따른 중요도를 볼 때 우선순위가 매우 높고, 서비스 측면에서도 방문자가 높다는 걸 알 수 있다. 쇼츠는 최대 3분으로 길이가 제한되어 있으며, 소위 스마트폰을 '세워서 보는' 세로 비율의 콘텐츠이다.

일반 미드폼, 롱폼 동영상에 비해 광고 수익은 10분의 1 정도로 낮은 편이지만, 반대로 접근성과 노출이 높기 때문에 조회수는 상대적으로 더 높다. 유튜브 플랫폼은 사용자의 연령층이 다양하기 때문에 마케팅 측면에서도 다양한 타깃층의 유입이 가능하다. 틱톡이나 인스타그램과 달리, 롱폼 영상을 3분 이내로 편집함으로써 롱폼으로의 유입을 위한 목적으로도 많이 활용된다. 삽입된 롱폼 링크를 통해 쇼츠에서 롱폼 콘텐츠로 연결하게끔 하기 위한 목적으로 제작되는 경우도 많다.

Tiktok

'틱톡'은 중국에서 시작되어 전 세계적으로 숏폼 신드롬을 일으킨 숏폼 중심의 플랫폼이다. 15초부터 10분까지 길이 제한이 있었으나, 2024년 부터 현재까지 최대 60분까지 확대되었다. 틱톡 하면 참여형 챌린지를 빼 놓을 수 없다. 신곡이나 새로운 서비스를 알리고, 보는 이로 하여금 참여 하게 만드는 참여형 챌린지를 통해 전 세계적으로 새로운 참여형 콘텐츠 문화를 만들어냈다. 광고이지만 재미와 스토리를 통해 광고가 아닌 콘텐 츠로 느끼도록 만든 '브랜디드 콘텐츠' 역시 틱톡의 빼놓을 수 없는 특징 이라고 볼 수 있다.

특히 틱톡은 유튜브와는 달리 사용자 연령대가 낮은 편이다. 10~20대 위 주의 사용자들이 주를 이루기 때문에 좀 더 신선하고 새롭고 도전적인 콘 텐츠들의 인기가 높다. 또한 틱톡의 고유한 기능인 '트랜지션(영상변환)' 기능을 통해 특별한 스토리가 없더라도 새로운 영상미만으로도 많은 인 기를 누리기 때문에 숏폼의 트렌드를 주도하고 있다.

Instagram Reels

끝으로 인스타그램의 '릴스'이다. 2020년에 새롭게 런칭된 인스타그램의 숏폼 서비스이다. 최대 90초의 길이 제한이 있었으나, 2025년 현재까지 최대 3분까지 확대되었다. 사진 중심의 SNS서비스인 인스타그램의 특장점을 활용해 10대부터 40대까지 좀 더 다양한 연령층과 다양한 주제의 이용률이 많은 편이다. 특히 구매를 선도하는 20~30대가 주 이용층이기 때문에, 보다 감성적인 카테고리의 활용도가 높다.

패션부터 스포츠, 화장품, 식품, 소비패턴과 다양한 연예 정보까지 활용할 수 있으며, 각기각층의 인플루언서, 셀럽들과의 교류도 가능하다. 대표적인 소셜 네트워크서비스의 장점을 통해 동일한 콘텐츠를 서로 공유하고, 쉽게 의견을 나눌 수 있다. 때문에 유튜브 쇼츠나 틱톡보다 수준 높고 빠른 공유 문화를 만들어낸다.

숏폼에도 종류가 있다고? 어떻게 만들어야 될까?

앞서 설명한 것처럼, 비슷한 형태의 숏폼이라도 플랫폼별 성격에 맞춰 제작하고 운영한다면 보다 효율적으로 서비스에 활용할 수 있다. 플랫폼별 성격에 따라 분류할 수도 있지만 숏폼의 제작 형태에 따라 분류할 수도 있다. 내가 만들고자 하는 숏폼 콘텐츠가 어떤 카테고리인지 알고 제작한다면 큰 도움이 될 것이다.

먼저 '스토리텔링 콘텐츠'이다. "이렇게 짧은 시간에 스토리를 제작한다고?" 싶겠지만, 기획만 탁월하다면 충분히 가능하다. 숏폼에 익숙해진 사용자들은 영상을 소화하는 호흡 또한 빠르다. 이러한 특성을 살려서 짧은 드라마와 영화, 시트콤 같은 형식의 스토리텔링 콘텐츠를 만들 수 있다. 또한 스토리가 연결되는 시리즈 형태의 제작물도 가능하다. 이런 스토리텔링 콘텐츠는 재미와 공감을 전달할 뿐만 아니라 채널의 브랜딩에도 큰 도움이 되어 구독자 수를 늘리는 방법으로도 탁월하다.

두 번째는 '크리에이터 콘텐츠'이다. 숏폼 크리에이터들의 재미와 아이디어가 축적된 콘텐츠로, 가벼우면서도 재미가 넘치는 정보성 콘텐츠이다. 팁이나 노하우, 이유 등의 제목으로 홍보하면서 제작 크리에이터의 콘셉트와 톤앤매너를 만들어내기도 한다. 인기 숏폼크리에이터 역시 크리에이터 콘텐츠를 통해 새롭게 생겨난 포지션이라고 볼 수 있다.

세 번째는 '참여형 챌린지'이다. "숏폼 챌린지를 보면 요즘 트렌드가 보인다"는 말이 있을 정도로 챌린지 콘텐츠는 영향력이 엄청나다. K-POP 장르의 댄스 챌린지로 시작된 참여형 챌린지는 유행을 뛰어넘어 하나의 문화로 자리 잡아 가고 있다. 셀럽을 활용한 숏폼이 마케팅 성공사례로 발돋움을 할 수 있었던 콘텐츠이기도 한다.

제품이나 서비스 브랜드 모델로 진행되는 글로벌 캠페인들도 많은데, 맥도날드의 모델 뉴진스를 통해 진행되었던 '뉴진스 치킨 댄스 캠페인'이 대표적이다. 한국에서 시작해 아시아의 10개국을 대상으로 진행되었다. 팬들의 챌린지를 통해 추첨 선물을 증정하고, 해당 챌린지 기간 동안 구매고객들에게 다양한 혜택을 주기도 했다. '여기어때', '쉐보레–댄스 챌린지'처럼 소비자들의 적극적인 참여를 유도하거나 트렌드를 만들어내고 싶은 기업들이여, 참여형 챌린지에 도전하자.

유튜버가 되기 위해서는 영상 장비와 편집기술, 기획력 등이 수반되어야 하기 때문에 일반인이 쉽게 도전하기에 만만한 영역이 아니었다. 그러나 숏폼 크리에이터는 다르다. 특별한 장비 없이 내가 가진 스마트폰으로도 충분히 제작이 가능하다. 현재 틱톡, 유튜브, 인스타그램에는 손쉽게 편집할 수 있는 멋진 트랜지션 기능들이 준비되어 있다. 유튜버를 꿈꾸다가 포기했었다면, 바로 지금이 다시 한 번 도전할 기회이다. 더 늦기 전에 시작하자. 하루라도 빨리 경험을 쌓는 것이 성공의 비법이다.

끝으로, 아무리 개인이 쉽게 만드는 숏폼 콘텐츠라도 플랫폼에 업로드되는 순간 사회적인 문제를 야기할 수 있음을 숙지해야 한다. 작게는 누군가가 불쾌할 수 있는 콘텐츠부터, 크게는 사회적으로 문제가 되는 불법, 마약, 성매매, 폭력, 비속어 등의 요소들은 피해야 한다. 명심하자.

Q. 숏폼 콘텐츠, 왜 이렇게 잘 나가니?

짧은 시간 안에 핵심 메시지를 전달하여 가성비가 높은 콘텐츠로 각광받고 있다. 틱톡, 유튜브 쇼츠, 인스타그램 릴스 등을 통해 다양한 참여형 챌린지와 스토리텔링 형식의 콘텐츠를 제공하며, 재미와 소통을 동시에 충족시켜 마케팅 효과 또한 탁월하다.

6장

숏폼이 다른 분야와 만나면
슈퍼마케팅?

보수적이기로 유명한 칸영화제가 틱톡과 손을 잡았다고?

영화 분야가 숏폼과 만났다. 보수적이기로 유명한 국제 칸영화제가 틱톡과 손을 잡았다. 틱톡과 공식파트너를 맺어 '틱톡단편영화제'를 선보인 것이다. 숏폼의 대중성을 인정하면서 3분 이내의 영상을 공모하였고, 따로 시상까지 하면서 혁신적인 모습을 선보였다. 국내 부천국제판타스틱영화제BIFAN에서도 틱톡과 함께 단편영화 프로젝트를 시도하여 틱톡 포맷인 세로 영상과 3분 이내 길이로 제작하였다. 이렇게 영화 분야에서도 숏폼과의 협업으로 보수적인 기존 형태에서 벗어나 새로운 시도를 통해 새로운 관객, 새로운 제작자라는 두 마리 토끼를 잡고 있다.

보수적인 영화계에서 이렇게 적극적으로 새로운 시도를 하는 이유는 무엇일까? 숏폼 사용자가 기하급수적으로 증가하면서 영상을 유통하는 글로벌 플랫폼 서비스와 할리우드 스튜디오까지도 숏폼으로 영상을 제작하여 서비스하고 있기 때문이다. 우리가 너무 잘 아는 넷플릭스, 디즈니, HBO, 파라마운트픽처스 등이 모두 여기에 포함된다. 숏폼 콘텐츠를 자주 애용하는 사용자들은 적게는 몇 개에서 많게는 수십 개까지 순차적인 숏폼 영상들을 이어보면서 영화를 소비하기도 한다. 이러한 숏폼 영상 소비의 문화적 흐름은 거스를 수가 없으며, 변화의 흐름은 영화뿐만 아니라 드라마 분야에서도 두드러지게 나타나고 있다.

짧고 신선한 숏폼 오리지널 드라마 한번 볼까

드라마 분야에서도 숏폼 드라마가 이슈다. "러브이터"는 틱톡 오리지널 숏폼 드라마이다. 기존 드라마를 짧게 편집하여 홍보 목적으로 선보였던 형식을 벗어났다. 가벼운 스낵콘텐츠가 아닌, 오리지널 드라마 형태의 신규 콘텐츠가 숏폼 형태로 제작되고 있다. 포맷 또한 기존 드라마와는 획기적으로 다른 포맷이다. 예를 들면 가로화면을 편집한 형태가 아닌, 처음부터 세로화면 형식이다. 또한 짧게 편집한 형태가 아니라, 처음부터 5분 이내 분량으로 제작하여 다소 길이는 짧지만 기승전결의 연출미를 이뤄낸다. 2023년 틱톡에서 방영된 중국 숏폼드라마 '대영박물관에서 살아남기'는 3부작이며 편당 10분 내외 분량으로 제작되었다. 전체 분량을 합쳐도 20분이 채 되지 않지만, 틱톡에서만 3억 뷰를 돌파하면서 기록을 세우기도 했다.

틱톡은 콘텐츠 다양성을 외치면서 종합플랫폼으로서의 미래 전략을 보여주고 있다. 짧고 신선한 숏폼 콘텐츠를 즐기는 사용자들로 인해 숏폼 드라마의 니즈가 커지고 있다. 또한 숏폼 드라마의 경우, 테스트베드 형식으로 시작되어 인기 흥행이 예측되면 기존 형태의 영화 및 드라마도 다시 제작해 나가는 신규 프로세스 문화도 만들어 가고 있다. 게다가 특정 작품의 오디션을 틱톡을 통해 진행함으로써 배우들의 오디션 참여율도 높이고, 작품의 사전 홍보까지 달성해 낸다.

웹툰 분야 또한 틱톡을 비롯한 숏폼 플랫폼에서 마케팅 활동을 활발하게 진행하고 있다. 국내 대표 웹툰서비스인 '네이버 웹툰'은 틱톡에 공식채널을 운영하며 다양한 작품들을 홍보하고 있다. 10~20대를 주요 타깃층으로 서비스하고 있는 틱톡과 웹툰의 타깃층이 서로 비슷하기 때문에 마케팅으로서의 유리한 장점들이 있다. 그리고 글로벌 소비자를 대상으로 하는 서비스이기 때문에 마케팅 및 홍보의 채널로서의 효과도 탁월하다. 웹툰이 틱톡과 절대 헤어질 수 없는 이유이기도 하다.

총선, 대선 선거공약도 숏폼과 만나면 슈퍼마케팅?!

국내는 물론, 해외에서도 선거 시즌이 찾아오면 각 후보자들의 선거 공약을 효율적으로 홍보하기 위해 모든 수단과 방법을 최대한 활용한다. 기존에 강력한 홍보 매체였던 TV와 라디오, 신문에서 SNS로의 변화가 두드러지고 있다. 선거에 당선되기 위해 후보자들은 강렬하고 위트 있는 선거공약을 숏폼이라는 콘텐츠로 제작하기 시작했다. 숏폼을 통해 보다 빠르고 정확하게, 그리고 폭넓은 세대를 대상으로 선거공약 메시지를 전달하고자 한다. 틱톡의 주요 사용자인 젊은 세대들과의 원활한 소통은 무엇보다 숏폼 선거공약의 탁월한 효과로 이어질 수 있다.

여기서 잠깐, 숏폼 콘텐츠를 활용한 SNS 선거운동은 합법적일까? 결론부터 말하자면, SNS를 통한 선거운동은 전반적으로 허용되며 합법적이다. 다만 비용이 들어가는 문자메시지, 전자메일, 인터넷광고에 대해서는 부분적으로 제한하고 있다.

2023년 서울대학교 공식 점퍼를 입고 '위글위글 챌린지'를 선보인 국민의 힘 나경원 의원과 탈모치료제에 건강보험을 적용하는 공약을 펼친 더불어민주당 이재명 후보는 숏폼을 이용한 선거공약의 대표적인 사례이다. 짧은 시간 안에 이목을 끌고 한 가지 메시지를 전달해야 한다는 점에서 숏폼과 정치적 속성은 서로 어울린다. 또한 효율적인 측면과 더불어 엄청난 속도의 전파력도 선거 시즌에 가장 유리한 마케팅 수단이 될 수밖에 없다.

다만 팩트 위주의 정확한 정보가 아닌, 가짜뉴스 전달도 많다는 점에서 문제점이 발생되기도 한다. 이런 부작용 속에서 보다 건전한 선거문화를 만들기 위해서는 사실 위주의 콘텐츠 제작에 힘을 싣고, 올바른 정보 전달 및 소통에 신경을 써야 한다. 이런 추세에 따라 틱톡은 커뮤니티 가이드라인을 개정하였다. '정부, 정치인 및 정당 계장에 대한 틱톡의 접근방식과 시민 및 선거 공정성을 보호하는 틱톡 활동의 세부 정보 등'의 내용으로 작성되었다.

이처럼 숏폼 영상은 단순히 스낵콘텐츠의 성격을 넘어서 영화 분야, 방송 분야, 정치 분야 및 스포츠 분야, 음악 분야, 게임 분야, 교육 분야, 커머스 분야에 이르기까지 모든 사용자 영역으로 확산되고, 큰 영향을 주고 있다. 최근 개인과 기업체 모두 최소한의 투자로 최대한의 효과를 보기 위해 최고의 마케팅 수단인 숏폼을 활용한다. 숏폼은 지난 몇 년간 마케팅 분야에서 슈퍼스타로 발돋움하였고, 계속해서 최고의 전성기를 누릴 것이다.

Q. 숏폼이 다른 분야와 만나면 슈퍼마케팅?

짧은 시간 안에 강력한 메시지를 전달하며 영화, 드라마, 웹툰, 정치 등 다양한 분야와 결합해 높은 접근성과 폭발적인 전파력으로 대중과 효과적으로 소통할 수 있기 때문이다. 새로운 형식의 콘텐츠와 참여형 캠페인을 창출하며, 최소의 비용으로 최대의 효과를 낼 수 있는 강력한 마케팅 도구로 자리 잡았기 때문이다.

7장

주간 공개 vs 전편 공개,
그리고 하이브리드 공개의 최종 승자는?

.

최근 몇 년간 저자가 시청한 최애 OTT 시리즈 세 편을 소개하려고 한다. "환승연애", "오징어 게임", 그리고 "더 글로리"다. 이 세 작품은 모두 OTT 플랫폼을 대표하는 메가 히트작이라는 공통점이 있는 반면, 서로 너무 다른 장르와 형식, 스토리, 등장인물 등이라는 차별점이 있다. 그중에서도 가장 큰 차별점은 바로 콘텐츠 공개 방식의 차이다.

OTT 플랫폼의 콘텐츠 공개 방식은 크게 3가지가 있다. "환승연애"처럼 매주 한 편씩 공개되는 '주간 공개 방식 Weekly Release', "오징어 게임"처럼 한 번에 모든 회차를 공개하는 '전편 공개 방식 Binge Viewing', 그리고 "더 글로리"처럼 전체 회차를 반으로 나눠 일정한 간격을 두고 공개하는 '하이브리드 방식 Hybrid'이 있다. OTT 플랫폼은 콘텐츠 공개 방식을 통해 사용자 경험을 설계한다. 이 세 가지 방식은 각각 다른 장단점을 가지고 있으며, 콘텐츠 특성과 시청자 행동에 따라 성과를 극대화할 수 있다. 각각의 특성들을 살펴보도록 하자.

기다림이 주는 즐거움, 주간 공개

'주간 공개 방식Weekly Release'은 전통적인 TV 방송의 방식이다. 매주 한 편씩 공개해 시청자들에게 적절한 긴장감과 기대감을 제공한다. 매주 새로운 에피소드가 공개되며 커뮤니티와 SNS에서 끊임없는 대화가 이어지는 등 지속적인 화제를 이끌어낸다. 시청자들은 한 주 동안 매회차의 스토리를 곱씹으며 다음 편 스토리에 더 깊이 빠져들 수 있다. 이 방식은 구독 유지 효과도 탁월하다. 시청자들은 시리즈가 완결되는 몇 달간 플랫폼에 머물게 되고, 구독을 계속해서 이어간다. 매주 한 편씩 공개되는 16부작 시리즈의 경우 최소 넉 달은 구독이 유지되는 셈이다.

물론 단점도 있다. 몰아보기에 익숙한 요즘 사용자들의 경우 한 번에 모든 에피소드를 볼 수 없어 다소 답답해하며, 스토리에 대한 몰입도 역시 상대적으로 낮다. 그렇기 때문에 관심이 분산될 위험성도 크다. 해당 시리즈를 보는 도중에 더 재밌는 화제작이 등장하면 관심이 분산되거나 이탈할 확률이 높아진다.

국내 작품 중에서는 디즈니+의 "카지노"가 대표적인 주간 공개 방식이다. 매주 한 편씩 공개하며 긴장감을 유지하고 시청자를 끌어들였다. 티빙의 오리지널 콘텐츠인 "환승연애" 역시 연애 리얼리티 프로그램의 특성을 활용했다. 매주 마지막 장면에 궁금증을 남기는 연출을 통해 티빙을 국내 OTT 선두자리까지 올려주었으며, 콘텐츠와 플랫폼의 충성도를 함께 높였다.

몰입의 힘, 전편 공개

'전편 공개 방식Binge Viewing'은 넷플릭스가 유행시킨 모델로, 시리즈물 전체 회차를 한 번에 공개함으로서 시청자가 원하는 속도로 스토리를 소비할 수 있도록 한다. 한 번에 모든 에피소드를 볼 수 있어 시청자는 스토리에 깊이 빠져들 수 있으며, 즉각적이고 엄청난 몰입도를 안겨준다. 또한 시청자가 스스로의 스케줄에 맞춰 콘텐츠를 볼 수 있어서 소비자에게 큰 행복과 자유를 가져다준다. 짧은 시간 안에 모든 시리즈 완주가 가능하기 때문에 해외에서도 동시다발적인 화제를 일으킬 수 있고, 글로벌 흥행으로도 종종 이어진다. '전 세계 동시 개봉' 같은 화제성을 이끌어내기에 충분한 공개 방식이다.

전편 공개 방식의 단점은 다음과 같다. 전편 공개된 콘텐츠는 소비 속도가 너무 빨라서, 아주 빠르게 화제가 되었다가도 금방 식을 수 있기 때문에 화제성 기간이 매우 짧은 편이다. 구독률이 중요한 OTT에서 구독 취소 가능성이 높아질 수도 있다. 시청자들이 하루 이틀 동안 콘텐츠를 몰아서 본 뒤 구독을 취소하는 경우가 늘어나기도 한다.

넷플릭스의 "오징어 게임"은 전편 공개를 통해 글로벌 대히트를 기록하며 몰입감을 주고 그 인기를 극대화한 작품이다. 국내 OTT 서비스 웨이브의 "약한 영웅 클래스 1"도 전편 공개 방식으로 빠르게 입소문을 타며 의미 있는 성공을 거뒀다.

전편 공개의 몰입 + 주간 공개의 화제성 = 하이브리드

최근 넷플릭스의 "더 글로리"는 하이브리드 공개 방식을 채택해 큰 성공을 거뒀다. 시즌을 두 파트로 나누어 파트 1(8부작)을 먼저 공개하고, 2개월 후에 파트 2(8부작)를 공개했다. 이는 전편 공개와 주간 공개의 장점만을 결합한 모델로 높은 평가를 받고 있다.

하이브리드 공개는 몰입과 기다림이 절묘하게 균형을 이루었다. 시청자들은 파트 1을 한 번에 몰아보며 스토리에 몰입할 수 있었고, 이후 파트 2를 기다리며 스토리를 곱씹고 다음 전개를 예측하며 기다리는 시간을 가졌다. 이 방식은 콘텐츠의 여운을 남기면서도 몰입감을 유지하게 했다.

전편 공개는 화제성이 빨리 소멸하는 단점이 있지만, 하이브리드 방식은 두 번에 걸쳐 화제를 일으켰다. "더 글로리"는 파트 1 공개 당시 강렬한 몰입감을 선사하며 전 세계적인 관심을 모았고, 2개월 뒤 파트 2가 공개되며 다시 한 번 주목을 받았다. 이로 인해 콘텐츠에 대한 관심과 인기가 더욱 길게 이어졌다. 또한 두 파트의 공개 간격이 2개월로 설정되었기 때문에 시청자들은 파트 2를 보기 위해 구독을 유지해야 했다. 이는 구독 취소율을 낮추는 효과를 가져왔으며, 콘텐츠 소비 패턴에 맞춰 유연성을 키워주었다.

대한민국 하이브리드 방식의 성공적 사례인 "더 글로리"는 파트 1이 공개되자마자 폭발적인 반응을 얻었고, 파트 2는 그보다 더 큰 화제를 일으키며 넷플릭스 기록을 경신했다.

세 가지 방식이 '완료율'에 미치는 영향

OTT 서비스에서 작품의 성공 여부를 따지는 여러 지표 중 '완료율'이라는 주요한 지표가 있다. 1회를 시청한 후 마지막 회까지 전편을 시청하는 비율을 뜻하는 지표이다. 일반적으로 전편 공개와 하이브리드 공개는 주간 공개보다 높은 완료율을 기록하는 경향이 있다. "더 글로리" 파트 1은 전 세계에서 90% 이상의 완료율을 기록했으며, 파트 2에 대한 기대감으로 이어졌다. 주간 공개는 긴 호흡으로 진행되기 때문에 중도 이탈 가능성이 높다. 하지만 궁금증을 유발하는 고퀄리티의 콘텐츠라면 높은 시청률과 동시에 높은 완료율을 유지할 수 있다.

OTT 플랫폼은 콘텐츠 특성과 시청자의 행동 패턴에 따라 다양한 공개 방식을 활용한다. 주간 공개는 긴장감과 화제성을, 전편 공개는 몰입감과 바이럴 효과를, 하이브리드 공개는 장기적인 관심 유지와 소비자 만족도를 극대화한다. 넷플릭스의 "더 글로리"는 두 가지 주요 공개 방식으로 고정되었던 콘텐츠 시장에 큰 파장을 일으켰다. 두 번의 공개 시점을 통해 콘텐츠의 생명력 연장과 플랫폼에 대한 충성도 강화라는 두 마리 토끼를 모두 잡았다. 향후에는 하이브리드 공개 방식이 더욱 개선되어 더 특별한 방식을 통해 멋진 작품들을 만날 수 있을 것 같다.

2025년 3월 공개된 박보검과 아이유의 넷플릭스 빅히트작 "폭싹 속았수다" 역시 총 16부작을 전편 공개 방식이 아닌 매주 4회씩 4주간 공개하며, 한층 더 진화된 하이브리드 공개 방식을 보여주었다. 이번 작품에서 독특한 점은 작품의 전체 스토리 구조와 어울리도록 봄, 여름, 가을, 겨울 4계절 4막 구조로 나누어 공개되었다는 점이다. 각 막에 어울리는 계절별 포스터와 4번의 공개 방식이 시너지가 나도록 기획되었고, 각 막의 예고편 역시 계절 컨셉으로 제작되어 소비자가 작품을 보다 더 몰입감 넘치게 감상할 수 있었다. 향후에는 또 어떤 특별한 방식으로 하이브리드 공개 방식이 진화될지 기대가 된다.

앞으로도 OTT 플랫폼은 콘텐츠와 사용자 경험에 맞는 최적의 공개 방식을 개발해낼 것이다. 이로 인해 콘텐츠 뒤에 숨겨진 비밀 같은 장치들이 소비자들이 한층 더 깊이 몰입하고 흥미를 유지할 수 있도록 경쟁력 있게 다가갈 것이다.

Q. 주간 공개 vs 전편 공개, 그리고 하이브리드 공개의 최종 승자는?

콘텐츠 특성과 시청자의 소비 패턴에 따라 달라지지만, 장기적인 화제성과 플랫폼 충성도를 강화하는 하이브리드 방식이 점점 더 각광받고 있다. 주간 공개는 지속적인 긴장감과 대화를, 전편 공개는 몰입감과 빠른 화제성을 주며 하이브리드 공개는 두 장점의 균형을 통해 최적의 효과를 발휘하기 때문이다.

8장

미친 영향력? 전 세계를 뒤흔든 대작들의 비밀

"오징어 게임" 시리즈가 전 세계를 뒤흔들면서 길거리에서 초록색 트레이닝복을 입은 사람들을 심심찮게 볼 수 있게 되었다. 저자도 유행이 지난 초록색 트레이닝복이 있었는데, 오징어 게임이 세상에 알려지기 직전에 이 트렌디한 트레이닝을 버린 일이 두고두고 후회로 남는다. 오징어 게임 흥행 이후로 각종 행사에서는 '무궁화 꽃이 피었습니다' 놀이를 재현하는 이벤트들이 나타났다. 심지어는 딱지치기, 구슬치기, 줄다리기 같은 한국의 전통놀이들이 세계 각지에서 다시 유행하고 있다.

단순한 드라마 한 편이 전 세계 사람들의 삶과 문화에 이처럼 미친 영향력을 행사할 수 있는 이유와 그 힘은 과연 어디에서 나오는 걸까? 이번 장에서는 글로벌 대작들이 세상과 문화에 어떻게 영향을 미쳤는지, 그리고 앞으로 이들이 사회적 문제들 앞에 서서 어떤 방향으로 접근하고, 또 어떤 방법으로 풀어나가는지 함께 살펴보자.

오징어 게임(Squid Game): K-콘텐츠 글로벌화

"오징어 게임"은 넷플릭스에서 방영된 후 전 세계적으로 폭발적인 인기를 끌었다. 이 드라마는 단순한 서바이벌 게임을 넘어 한국의 전통놀이를 중심으로 이야기를 풀어내며, 전 세계 사람들에게 한국 문화에 대한 관심을 높였다. '무궁화 꽃이 피었습니다', '달고나 뽑기'와 같은 게임은 한국의 일상적 놀이였지만 오징어 게임의 인기를 업고 글로벌 문화 코드가 되었다. 실제로 미국이나 유럽의 어린이들 사이에서 달고나 만들기 챌린지가 널리 유행하였고, 곳곳에서는 한국 전통놀이가 영어로 번역되어 소개되기도 했다.

출처: 연합뉴스

오징어 게임, 넷플릭스 역대 최단기간 최다시청 기록
시리즈별 첫 공개 후 28일 동안(최소 2분 스트리밍) 시청 계정 수 집계

순위	넷플릭스 시리즈	시청 계정수	공개일
1	오징어게임*	1억 1,100만 개	2021년 9월 17일
2	브리저튼: 시즌 1	8,200만 개	2020년 12월 25일
3	뤼팽: 파트 1	7,600만 개	2021년 1월 8일
4	위쳐: 시즌 1	7,600만 개	2019년 12월 20일
5	섹스/라이프: 시즌 1	6,700만 개	2021년 6월 25일

*공개 26일차 기준

오징어 게임, 역대 최단시간 최다시청

이와 같은 문화적 전파는 단순한 트렌드를 넘어 K-콘텐츠의 글로벌 영향력을 크게 확장시켰다. 넷플릭스의 통계에 따르면 "오징어 게임"은 2023년 기준 190여 개국에서 시청되었고, 넷플릭스 역사상 가장 많은 시청시간을 기록한 작품으로 영예로운 자리를 차지했다. 이로 인해 한국 콘텐츠 제작자들이 글로벌 시장에서 주목받게 되었으며, 다른 K-드라마와 영화, 배우들이 해외에서 더 많은 기회를 얻는 데 기여했다. 이로써 단순한 드라마가 아니라 한국 문화 대사로서 지대한 역할을 하며, 세계인들의 문화적 호기심을 자극한 것이다.

또한 이 드라마는 현대 사회를 향한 메시지를 전달하는 데에도 큰 역할을 했다. 자본주의의 부조리와 빈부격차, 생존 경쟁에 대한 메시지를 담고 있어 시청자들로 하여금 사회 문제에 대해 다시금 생각하게 만들었다. 이러한 점에서 "오징어 게임"은 단순한 오락물 드라마 이상의 의미를 가지며, 사람들에게 깊은 인상을 남겼다. 이런 강력한 사회적 메시지를 가진 콘텐츠는 세상을 변화시키는 중요한 역할을 할 수 있다.

기묘한 이야기(Stranger Things): 80년대 레트로 열풍

넷플릭스의 또 다른 대작, "기묘한 이야기"는 1980년대 미국을 배경으로 한 미스터리 드라마 시리즈다. 방영 이후 전 세계적으로 레트로 열풍을 일으켰다. 이 드라마는 80년대 특유의 음악, 패션, 기술 등을 충실하게 재현하며 시청자들에게 과거의 향수를 불러왔다. 그 결과 젊은 세대들 사이에서 레트로 스타일이 유행하고, 80년대의 패션과 음악이 재조명받게 되었다.

먼저, 드라마에서 사용된 케이트 부시Kate Bush의 노래 "Running Up That Hill"은 방영 이후 40여 년 만에 다시 차트 상위권에 올랐다. 이 곡은 젊은 세대들에게 신선한 충격을 주었고, 이것은 과거의 음악이 다시금 주목받는 계기가 되었다. 또한 드라마 속 등장인물들이 입고 나온 레트로 스타일의 의상도 패션 트렌드로 자리 잡으며 패션 브랜드들이 80년대 스타일의 의류를 다시 출시하기도 했다.

"기묘한 이야기"는 단순한 드라마가 아니라 '문화적 부활'을 이끌어낸 작품이다. 이 드라마를 통해 젊은 세대들은 과거의 문화를 새롭게 경험하고 이전 세대와의 연결고리를 찾게 되었다. 이는 단순히 옛것을 재현하는 데 그치지 않고, 새로운 트렌드로 재해석함으로써 과거와 현재를 연결하는 다리 역할을 한 것이다. OTT 콘텐츠가 과거의 문화를 현재로 가져와 재해석하는 이러한 방식은 앞으로도 계속해서 다양한 문화적 부활을 이끌어낼 가능성이 높다.

환경보호, 인권 등 사회적 문제해결사 다큐멘터리

OTT 플랫폼들은 사회적 메시지를 담은 다양한 작품들을 통해 긍정적인 변화를 이끌어 내기도 한다. 오랜 기간 공을 들여 제작된 다큐멘터리 작품들은 '명품'이라는 닉네임이 붙고, 수많은 소비자들에게 사회적 메시지를 전함과 동시에 콘텐츠를 통한 생각의 변화를 촉구한다. 환경보호 및 인종차별 문제, 현대사회의 부조리 등에 대한 인식의 중요성을 강조하며, 사회적 문제의 해결점에 대해서도 혜안의 필요성을 전달한다. 저자가 직접 시청한 후 깊은 심경의 변화를 느낀 명품 다큐멘터리 작품들을 몇 개 소개해보겠다.

우선, 환경 다큐멘터리다. "우리의 지구Our Planet"는 넷플릭스의 대표 환경 다큐멘터리 작품으로, 약 600여 명의 제작진들이 4년 동안 지구 60개국 200여 곳을 다니며 다양한 생명체를 만나기 위해 고군분투한 역작이다. 인간의 활동이 자연에 미치는 영향을 적나라하게 보여준다. 어린 자녀들과도 함께 볼 수 있는 가족 다큐멘터리로 우리가 자연을 왜 보호해야 하며, 어떻게 보존해야 하는지 필요성을 느끼게 해주는 작품이다. 저자가 강력 추천하고 싶은, 명품 중에서도 명품 다큐다.

다음은 HBO 작품인 "체르노빌"이다. "왕좌의 게임"으로도 이미 유명한

HBO에서 제작한 5부작 다큐 드라마로 1986년 4월 26일, 전 세계를 공포로 몰아넣은 구소련 체르노빌 원자력 발전소 사태를 드라마로 재구성한 작품이다. 실화를 바탕으로 제작되어 역대 인류 최악의 인재라는 체르노빌 원전사고를 실감나게 구현하였다. 원자력 발전소에서의 사고발생 과정과 사고수습까지 디테일하고 몰입감 넘치게 보여준다. 현재까지도 진행되고 있는 원자력 사고의 위험성과 경각심에 대해 다큐보다 더 강력한 사회적 메시지를 전하고 있다.

아직도 여전히 전 세계에 남아 있는 인종차별 문제를 다룬 명품 다큐도 소개해보겠다. "미국 수정헌법 제13조13th"는 자유의 나라로만 비춰지는 미국의 이면에 수많은 흑인들이 감옥에 갇힌 숨겨진 이유를 파헤친다. 여러 분야의 전문가들을 통해 미국 감옥의 현실과 해결되지 않는 인종차별을 곱씹어주는 시사 다큐멘터리다. 이 다큐는 미국 헌법 제13조와 관련된 대량 투옥 문제를 연결 지어 인종차별과 제도적 불평등을 명확하게 보여주고 있다.

끝으로, 이 책의 주제와도 연관성이 높은 미디어와 SNS의 중독에 관한 작품인 "소셜 딜레마The Social Dilemma"다. 글로벌 IT기업에서 중심적인 역할을 담당했던 실제 인물들의 솔직한 인터뷰와 재구성된 드라마 형식을 통해 사람들이 SNS에 중독되는 과정과 그로 인한 부작용을 세세하게 탐구하며 경각심을 일깨워준다. 소셜미디어가 우리 삶에 끼치는 긍정적, 부정적 영향을 각각 알려주며, 우리가 어떻게 해야 중독되지 않는지에 대한 소소한 해결책들도 알려준다. 저자 또한 이 다큐에서 알려준 해결책들을 하나하나 실천하고 적용해보면서 실제로 많은 도움을 받기도 했기 때문에 주변인들에게 강력히 추천하는 다큐다.

위에서 소개한 다큐멘터리들은 단순히 정보를 제공하는 것을 넘어 시청자들의 행동 변화를 촉구하는 역할을 한다. 이처럼 OTT 플랫폼들은 환경

문제에서부터 인권 문제, 미디어 관련 문제까지 다양한 사회적 문제를 다루면서 시청자들에게 긍정적 영향력을 미치고 있다.

단순한 재미와 정보를 넘어 더 나은 세상 만들기

"오징어 게임"과 "기묘한 이야기" 같은 대작들 뒤에는 숨겨진 비밀들이 있다. 콘텐츠 제작자들은 때때로 상업적 성공을 위해 자극적인 요소를 추가하거나, 글로벌 시장에서의 경쟁력을 높이기 위해 특정 문화 또는 사회적 메시지를 강조하는 전략을 사용한다. "오징어 게임"의 경우 자본주의의 부조리와 생존 경쟁이라는 주제를 강하게 부각시킴으로써 전 세계적으로 공감을 얻었다. 또한 넷플릭스는 각 지역의 문화적 특성을 반영한 콘텐츠를 적극적으로 제작하고 홍보함으로써, 지역별 맞춤 전략을 통해 글로벌 OTT 시장에서의 영향력을 확장해 나가고 있다. 이러한 비밀들은 단순히 콘텐츠를 만드는 것을 넘어서 전 세계 시청자들과 공감대를 형성하고 시장을 장악하기 위한 중요한 전략적 요소이다.

결론적으로 특정 미디어 대작 콘텐츠가 세상과 문화를 바꾸는 사례는 점점 더 많아지고 있고, 그 영향력은 엄청나다. "오징어 게임", "기묘한 이야기"은 물론 "우리의 지구", "소셜딜레마"와 같은 많은 작품들은 단순한 재미와 정보 전달을 넘어 사회적 메시지와 문화를 전파하며 세상을 변화시키고 있다. 앞으로 OTT 플랫폼들은 이러한 사회적 영향력에 조금 더 책임감을 느끼고, 더 나은 세상을 위해 양질의 콘텐츠를 만들어야 하는 사명감을 가져야 한다.

Q. 미친 영향력? 전 세계를 뒤흔든 대작들의 비밀

강렬한 사회적 메시지와 지역 문화를 반영한 독창적인 스토리에 있다. "오징어 게임" 은 자본주의의 부조리를, "기묘한 이야기"는 80년대 레트로 열풍을 전하며 전 세계 적 공감을 얻었다. 다큐멘터리 작품들은 환경, 인권, 미디어 중독 등 사회적 문제를 조명하며 변화를 촉구하고 있다. 이러한 대작들은 단순한 재미를 넘어 문화를 전파하 고 세상을 변화시키는 강력한 힘을 가진다.

9장

넷플릭스와 유튜브,
둘 다 자체 폰트가 있다고?
타이포 브랜딩!

중학생 시절, 아무 무늬가 없는 흰색 반팔 티셔츠에 매직으로 나이키 로고를 그린 적이 있다. 비록 싸구려 티셔츠였지만, 나이키 티셔츠처럼 보이고 싶다는 순수한 바람이 담겨 있었다. 그 이후로도 가방과 책상, 학용품 여기저기에 나이키 로고를 그려 넣곤 했다. 생각해보면 그때부터 디자이너가 되고 싶었나 보다.

'타이포 브랜딩'이란 브랜드의 고유한 정체성을 글꼴을 통해 시각적으로 표현하는 것을 말한다. 단순히 글자의 모양을 결정하는 것이 아니라 브랜드의 메시지와 가치를 시각적으로 전달하는 중요한 역할을 한다. 특정 서체를 봤을 때 바로 그 브랜드가 떠올랐던 경험이 있다면, 그것이 바로 타이포 브랜딩의 힘이다. 저자는 최근에는 배민체만 봐도 '배달의 민족'이 떠오르는데, 그만큼 타이포 브랜딩이 잘된 좋은 사례로 볼 수 있다. 그렇다면 글로벌 미디어 대표 기업인 넷플릭스와 유튜브는 왜 타이포 브랜딩에 진심일까? 그 배경과 숨겨진 비밀들을 살펴보자.

넷플릭스(Netflix Sans), 브랜드 정체성&비용 절감

넷플릭스 Netflix Sans 폰트

넷플릭스[Netflix]는 2018년에 자체 서체인 'Netflix Sans'를 개발했다. 넷플릭스는 왜 굳이 새로운 서체를 만들었을까? 그 이유는 두 가지로 나눌 수 있다.

첫째, 브랜드 정체성의 강화이다. 넷플릭스는 전 세계적으로 다양한 콘텐츠를 제공하는 글로벌 플랫폼이기 때문에 브랜드의 일관된 이미지를 전달하는 것이 매우 중요하다. 'Netflix Sans'는 넷플릭스의 모던하고 혁신적인 이미지를 반영하여 시청자들이 넷플릭스를 떠올릴 때 자연스럽게 이 서체가 함께 떠오르도록 설계되었다. 이를 통해 넷플릭스는 브랜드의 정체성을 더욱 강화하고, 소비자들에게 일관된 이미지를 전달하고 있다.

둘째, 비용 절감이다. 넷플릭스는 이전까지 외부 서체 라이선스를 사용해 왔는데, 그 비용이 만만치 않았다. 전 세계적으로 다양한 광고와 콘텐츠를 제작하면서 서체 사용료가 계속 증가하자 이를 줄이기 위해 자체 서체를 개발하게 된 것이다.

이렇게 함으로써 넷플릭스는 서체 사용에 대한 비용을 절감하고 브랜드의 시각적 품질을 유지하는 데 성공했다. 'Netflix Sans'는 단순히 비용을 줄이기 위한 것이 아니라 넷플릭스의 브랜드 가치를 더 잘 반영하고, 소비자들에게 통일된 시각적 경험을 제공하기 위한 중요한 전략이었다.

유튜브(YouTube Sans), 일관된 사용자 경험 제공

출처: 유튜브

Youtube Sans Bold · Basic Character Set

abcdefghijklmn
opqrstuvwxyz
ABCDEFGHIJKLMN
OPQRSTUVWXYZ
1234567890 ▶

유튜브 YouTube Sans 폰트

유튜브 YouTube 역시 자체 서체인 'YouTube Sans'를 도입했다. 유튜브는 전 세계 사람들이 다양한 기기를 통해 접근하는 플랫폼이기 때문에, 일관된 사용자 경험을 제공하는 것이 매우 중요하다. 'YouTube Sans'는 웹, 모바일 앱, TV 등 모든 플랫폼에서 동일한 브랜드 경험을 제공하기 위해 설계되었다. 이를 통해 유튜브는 사용자들이 어느 기기에서든지 동일한 느낌을 받을 수 있도록 일관된 시각적 커뮤니케이션을 제공한다.

또한 'YouTube Sans'는 직관성과 간결함을 강조한 서체로, 유튜브의 철학인 "모든 사람이 쉽게 콘텐츠를 즐길 수 있는 플랫폼"이라는 가치를 반영하고 있다. 유튜브는 복잡한 디자인보다 간단하고 명료한 디자인을 지향하며, 서체를 통해 이러한 가치를 시각적으로 전달하고 있다. 유튜브는 이 서체로 사용자들에게 편안하고 친근한 느낌을 주고 브랜드와의 연결고리를 강화하는 데 성공했다.

타이포 브랜딩 뒤에 숨겨진 비밀들

넷플릭스와 유튜브가 타이포 브랜딩에 이토록 공을 들이는 데는 숨겨진 비밀이 있다. 그 첫 번째 비밀은 '무의식적 각인'이다. 넷플릭스나 유튜브의 서체를 반복해서 보게 되면 그 서체가 무의식적으로 브랜드와 연결되게 된다. 이는 마치 특정한 멜로디만 들어도 특정 브랜드의 광고가 떠오르는 것과 같은 원리이다. 넷플릭스와 유튜브는 각각 'Netflix Sans'와 'YouTube Sans'를 통해 사용자들의 무의식에 브랜드를 각인시키고, 브랜드와의 연결성을 더욱 강화하고 있다.

두 번째 비밀은 '디지털 최적화'이다. 넷플릭스와 유튜브는 전 세계 수많은 디지털 기기에서 소비자들과 만난다. 따라서 어떤 기기에서 보더라도 동일한 가독성과 시각적 일관성을 유지하는 것이 중요하다. 'Netflix Sans'와 'YouTube Sans'는 다양한 해상도와 크기에서도 일관된 품질을 유지하도록 설계되었으며, 이를 통해 모든 플랫폼에서 브랜드의 이미지를 일관되게 전달하고 있다. 이러한 디지털 최적화는 광고 제작비용을 절감하고 브랜드의 시각적 품질을 유지하는 데 큰 도움이 된다.

결국 글로벌 미디어 대표 기업인 넷플릭스와 유튜브가 타이포 브랜딩에 집중하는 이유는 브랜드 정체성 강화, 일관된 사용자 경험 제공, 그리고

<u>비용 절감을 위해서다.</u> 그리고 그 뒤에는 무의식적 각인과 디지털 최적화라는 숨겨진 비밀들이 존재한다. 타이포그래피는 단순히 글자의 모양을 결정하는 것이 아니라 브랜드가 소비자와 소통하는 중요한 도구로 작용한다. 서체 하나에도 브랜드의 철학과 정체성이 담겨 있으며, 이를 통해 소비자들에게 강렬하고 일관된 인상을 남길 수 있는 것이다. 타이포 브랜딩은 이제 대기업들에게 선택이 아닌 필수 전략 요소로 자리 잡았다.

Q. 넷플릭스와 유튜브, 둘 다 자체 폰트가 있다고? 타이포 브랜딩!

자체 폰트는 브랜드 정체성을 강화하고, 디지털 최적화를 통해 모든 기기에서 일관된 사용자 경험을 제공하며, 비용 절감까지 이루는 고급 전략이다. 'Netflix Sans'와 'YouTube Sans'는 브랜드 철학과 가치를 시각적으로 표현해 소비자들에게 강렬한 인상을 남기는 중요한 도구다.

10장

OTT가 스포츠에 진심인 이유?

미루고 미루던 티빙을 한방에 결제한 사건

저자가 유료로 사용 중인 서비스는 넷플릭스와 유튜브 프리미엄이다. "환승연애" 시리즈 애청자였지만, "환승연애 3"는 정주행할 시간적 여유가 없어서 티빙 결제를 미루고 미루던 차였다. 평소 무척 과묵하신 장인어른께서 오랜만에 우리집에 방문하셨다. 처가집이 화장실 공사를 하게 되어 일주일 정도 우리집에 머물게 된 것이다. 그날 저녁, 야구 마니아이신 장인어른께서 물으셨다. "오늘 KIA 경기 어디서 볼 수 있냐?"

케이블TV는 해지한지 오래고, 무료 방송 채널과 무료 라이브 서비스인 KBS 홈페이지와 KBS＋ 앱은 스포츠중계권이 없어서 야구 생중계를 볼 방법이 없었다. 너무 따분하고 불만 가득 찬 두 눈과 마주쳤을 때, 곧바로 스마트폰을 꺼내 '티빙TVING'을 결제할 수밖에 없었다. 그것도 베이직이 아닌,

화질 좋은 최상급 프리미엄 요금제로… 결제 직후 티빙을 통해 KIA와 두산의 야구 생중계를 볼 수 있었고, 그때 본 장인어른의 밝은 미소는 아직도 잊을 수가 없다. OTT 서비스의 스포츠 서비스는 이미 이렇게나 생활 속 깊이 들어와 있었다.

OTT가 스포츠에 진심인 이유는 단순하다. 스포츠는 실시간 콘텐츠의 황금광맥이기 때문이다. 스포츠 경기는 매회 새롭게 진행되며, 라이브로 시청할 때 그 가치가 가장 크다. 이는 스포츠 마니아인 OTT 소비자들의 구독을 유지시켜 주고, 신규 가입자까지 끌어들이는 강력한 무기가 된다.

OTT 스포츠의 국내외 현황

스포츠를 다루는 OTT의 진출 배경에는 전통 미디어의 한계와 시청자 습관의 변화가 있다. TV와 같은 전통 미디어는 고정된 시간에 맞춰 경기를 시청해야 한다. 그러나 현대 시청자들은 언제 어디서나 자신의 스케줄에 맞춰 경기를 보고 싶어 한다. 이 틈새를 OTT가 파고들었다.

먼저 글로벌 현황을 살펴보자. 아마존의 '프라임 비디오'는 NFL(미식축구 리그)의 독점 중계권을 확보하며 미국 스포츠팬들을 끌어들였다. 'DAZN(다존)'은 유럽 축구 리그와 복싱 등 인기 스포츠 콘텐츠를 집중적으로 제공하며 "스포츠계의 넷플릭스"라는 별명을 얻었다. 디즈니+의 'ESPN+'는 골프, 테니스 같은 니치스포츠와 함께 UFC 등의 폭넓은 종목을 제공하며 다양한 팬층을 확보했다. 여기서 '니치스포츠'란 대중스포츠가 아닌, 관심사를 가진 사람들 사이에서만 인기를 끄는 스포츠를 말한다.

한국에서는 OTT 스포츠가 비교적 늦게 시작되었지만 빠르게 성장하고 있다. 티빙TVING은 KBL 농구와 KBO 야구 경기를 생중계하며 스포츠팬들을 급속도로 유인했다. 웨이브^{Wavve}도 축구 국가대표 경기와 해외 주요 리그 중계로 스포츠 영역을 확장 중이다. 쿠팡플레이^{Coupang Play}는 손흥민 선수가 활약하는 프리미어리그 경기를 독점적으로 제공하며 화제를 모으기도 했다. 이러한 움직임은 OTT가 단순히 드라마와 영화에 국한되지 않고, 라이브 스포츠와 같은 실시간 콘텐츠로도 점점 더 영역을 넓히고 있음을 보여준다.

OTT 스포츠에 대해 더 알려줘(장점, 단점, 미래)

OTT 스포츠 서비스는 기존 TV와는 달리 장점과 단점을 동시에 가지고 있다.

우선, 접근성이 뛰어나다. 언제 어디서나 스마트폰, 태블릿, TV 등 다양한 기기에서 경기를 시청할 수 있다. 또한 사용자가 선호하는 스포츠 종목, 팀, 선수에 맞춰 개인화된 추천과 알림 서비스를 제공하는 맞춤형 서비스에 강하다. 주요 경기뿐만 아니라 하이라이트, 경기 분석, 인터뷰 등 다양한 시청 옵션을 통해 보다 다양한 콘텐츠를 제공한다.

물론 단점도 있다. OTT 스포츠 서비스를 이용하려면 기존의 OTT 구독료에 더해 추가 요금이 부과되는 경우가 많다. 스포츠 중계의 라이선스 문제가 항상 있기 때문에 스포츠 리그의 중계권 비용이 상승하며, 모든 플랫폼이 다양한 콘텐츠를 제공하기 어려워질 때가 있다. OTT 서비스인 만큼 안정적인 인터넷 연결이 없으면 생중계 도중에 끊기거나 실시간 스트리밍 품질이 떨어질 수 있다.

그럼에도 OTT 플랫폼에서의 스포츠 서비스는 미래가 매우 밝다. 가상현실^{VR} 기술로 경기장에 있는 듯한 몰입감을 제공하거나, 증강현실^{AR}을 통해 실시간으로 선수 통계를 확인할 수 있는 새로운 기능이 추가될 가능성이 크다. 유명한 대형 리그뿐만 아니라 지역 스포츠나 아마추어 리그도 OTT 플랫폼을 통해 널리 서비스되거나 홍보될 수 있기 때문에 윈윈 전략을 펼칠 수 있다. 스포츠 중계와 관련하여 실시간 투표 및 채팅, 경기 중 해설을 선택할 수 있는 인터랙티브 기능이 더욱 강화될 것이다. 이처럼 OTT 스포츠 서비스는 앞으로 더 혁신적인 방식으로 진화할 것이다.

OTT의 스포츠 서비스는 단순히 경기만 생중계하는 수준을 넘어선다. 이는 실시간성과 개인화된 경험이라는 강점을 통해 전통 미디어와 차별화되고, 더 많은 사용자를 끌어들이는 전략으로 자리 잡았다. 그러나 비용 문제와 라이선스 경쟁이라는 과제도 함께 존재한다. OTT 스포츠 서비스는 더 몰입감 있는 기술과 다양성을 갖춘 콘텐츠로 발전하며, 앞으로도 시청자들의 일상을 바꾸는 중요한 매개체로 자리할 것이다.

우리가 매일 만나는 스포츠 뒤에는 항상 OTT가 우두커니 서 있을 것이다. "OTT는 스포츠에 진심"이라는 말이 이제는 과장이 아니다.

Q. OTT가 스포츠에 진심인 이유?

실시간성이 강점인 스포츠가 구독자 유지와 신규 가입을 이끄는 황금 콘텐츠이기 때문이다. OTT는 개인화된 시청 경험과 다양한 기기로의 접근성을 제공하며, 라이선스 경쟁과 비용 문제를 넘어 몰입감과 혁신을 더한 미래형 스포츠 서비스를 지향하고 있다.

소비자 뒤에 숨겨진
비밀들

PART 5. The Hidden Secrets Behind Consumers

5부. 소비자 뒤에 숨겨진 비밀들

1장

왜 사람들은 빨리감기로 돌려보는가?

넷플릭스와 유튜브 플레이어의 차이점과 공통점?

2019년, 넷플릭스에 새로운 기능이 추가되었다. 바로 '1.5배속' 기능이다. 좀 더 정확하게 말하자면 평균 재생속도인 1배속을 기준으로 좀 더 빨리 볼 수 있는 '1.25배속', '1.5배속' 재생 기능이 새로 생겼다. 넷플릭스와 더불어 유튜브의 재생속도 기능도 함께 살펴보자. 유튜브 플레이어에서는 넷플릭스보다 좀 더 확대된 '1.75배속', '2배속'의 속도로 더 빨리 볼 수 있다. 자막서비스 또한 설정한 재생속도에 맞춰서 싱크를 맞추기 때문에, 좀 더 빠른 속도로 영상을 재생하더라도 자막 기능이 영상의 전체 흐름을 이해하도록 도와준다. 새로운 영상 소비 문화에 있어서 재생속도 기능과 자막 기능의 상호보완적인 관계가 형성되는 이유이다.

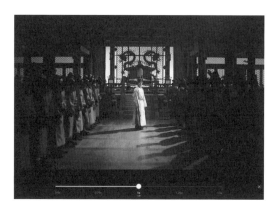

넷플릭스 속도(1x)

재생속도 기능과 더불어 많이 사용되는 기능이 '10초 앞으로', '10초 뒤로' 기능이다. 이 기능은 영상화면의 우측과 좌측의 더블터치(빠르게 두 번 터치)를 통해 10초 간격으로 빨리감기가 가능해서 '스킵 버튼'이라고도 불린다. 최근 영상을 소비하는 사용자들이 가장 많이 사용하는 기능이기도 하다.

1.5배속과 스킵을 하며 보는 이유는 뭘까?

영상은 장르에 따라 정보성 콘텐츠인 뉴스와 시사프로그램이 있고, 스토리와 재미 중심의 콘텐츠인 드라마, 예능의 콘텐츠로 구분할 수가 있다. 장르별로 빨리감기를 하며 보는 성향에는 차이가 있겠지만, 최근에는 위 장르뿐만 아니라 영화 장르까지도 빨리감기로 보는 추세이다. 그렇다면 장르를 불문하고 빨리감기를 하며 보는 이유가 뭘까?

일본의 유명 칼럼리스트 이나다 도요시는 저서 『영화를 빨리 감기로 보는 사람들』에서 요즘 소비자들이 영상을 빨리 감기로 보는 이유에 대해 아래와 같이 이야기하고 있다.

유튜브 재생속도(2x)

<u>우선, 작품이나 콘텐츠가 너무 많다.</u> 국내 방송사와 해외 방송사, 영상스튜디오, 수많은 OTT 서비스를 시작으로 유튜브와 틱톡까지. 길고 짧은 수많은 영상들이 최고 인기작이라는 타이틀로 쏟아지고 있다. 플랫폼별로 그날의 인기 순위도 매일매일 바뀌고, 그 경쟁이 너무나 치열하다. 그리고 무엇보다, 정액제 요금제를 통한 기간 내 무한제공이라는 영상 소비 문화가 빨리감기를 하게 만드는 주된 요인이 되었다. 시간과 인터넷 환경만 제공된다면 한 편이라도 더 많이 보고 싶게 만드는 정액제 요금제가 문화적으로 큰 변화를 가져왔다.

빨리감기를 하는 <u>두 번째 이유는 시간에 대한 가성비이다.</u> 우리는 돈보다 시간이 더 소중한 시대를 살아가고 있다. 오랜 시간을 투자하며 몇 십 권의 전집을 읽던 문화가 사라지고 있다. 정보성 콘텐츠뿐만 아니라 스토리를 탄탄하게 쌓아가는 시리즈물 드라마의 경우도 시간이 아깝게 느껴진다면 기꺼이 빨리감기를 통해 가성비 높은 소비를 선호한다. 전체적인 스토리를 파악하고 중요한 장면만 집중해서 본다거나, 결론을 먼저 확인하고 돌려보는 경우도 많다.

그렇다고 모든 영상들을 빨리감기로 보지는 않는다. '작품'이라고 여겨지는 영상은 '감상' 모드로 보게 되며, '콘텐츠'라고 여겨지는 영상은 '소비' 모드로 보게 된다. 즉 작품이냐, 콘텐츠냐에 대한 구분이 집중해서 볼지 빨리감기로 볼지에 대한 기준이 된다. 흔히 '인생 영화', '인생 드라마'라고 불리는 작품들은 소비 모드가 아닌 감상 모드로, 1.5배속이 아닌 1배속으로, 한 번이 아닌 반복해서 보는 사용자의 소비 문화도 주목할 만하다.

끝으로, 빨리감기를 하는 세 번째 이유는 쉽게 만들어진 영상 제작 형태이다. 드라마나 영화를 예로 들어보자. 배우들의 대사와 독백들이 모두 자막으로 처리되고, 그 자막만 읽어도 전체적인 스토리를 이해하는 작품들이 많아졌다. 흔히 영화를 볼 때 소비자 입장에서 쉬운 작품, 어려운 작품이라는 평가기준은 대사만으로 이해하기 힘든 감독, 연출가의 숨은 의도와 배경, 상황 등이 많을 때와 그렇지 않을 때로 구분되곤 한다. 작품성이 높은 어려운 영화일수록 영화를 분석하고 평가하며, 숨은 의도를 알려주는 2차 영상이 많다. 그러나 최근의 많은 작품들은 자막만으로도 충분히 작품을 이해하고 평가할 수 있는 평이한 수준으로 제작되고 있다. 배우의 눈빛이나 내면 연기가 아니라 대사로 거의 모든 장면들이 처리된다는 것이다.

이러한 배경에는 자막에 대한 소비자들의 니즈와 의존도가 커지면서 생긴 제작 환경의 변화가 있다. 빨리 이해하고 결론짓기 위해서 자막서비스는 더욱 더 대중화를 추구했고, 그런 대중화로 인해 제작 난이도 또한 더욱 이해하기 쉬운 수준으로 변하고 있다. 결국 영상의 패스트푸드화가 발빠르게 진행된 것이다.

재미가 없는데도 본다고?

물론, 위에서 언급한 세 가지 이유만으로 빨리감기 문화의 타당성을 완전히 증명하기란 턱없이 부족하다. 이러한 콘텐츠 소비 문화를 설명하기 위해 동료들과 이야기를 나누었으며, 사내 스터디 모임에서도 이것을 주제로 선정해서 토론을 했었다. 빨리감기로 돌려보는 소비자들의 새로운 소비 형태에 대한 저자의 몇 가지 생각을 정리하면 아래와 같다.

일단 사회적으로 패스트 문화가 높은 비중을 차지하고 있다. 한 작품 안에서도 개인의 성향에 따라 중요하다고 여겨지는 장면은 집중해서 보지만, 주인공이 아닌 배우들의 장면이나 전체 스토리에 큰 영향을 주지 않는 장면이라면 과감하게 스킵하거나 1.5배속, 2배속으로 넘어간다. 10회가 넘어가는 드라마의 경우, 한두 회차를 통으로 건너뛰면서 생략한 채로 이어보기도 한다. 이는 음식의 맛을 즐기거나 영양가를 고려하기보다는 그저 배를 채우거나 빠른 시간 안에 식사를 해결하려는 패스트푸드의 소비 방식과 닮아 있다. 지나친 패스트푸드 습관이 건강을 해친다는 것은 누구나 알고 있는 상식이지만, 알면서도 식습관을 쉽게 바꾸지 못한다는 중독성까지도 닮았다.

빨리감기로 돌려보는 소비자들의 새로운 소비 형태에 대한 두 번째 생각은 타인과의 공감을 최우선으로 여기는 공감 지상주의이다. 영상 콘텐츠를 보는 목적과 이유에 있어서 주변인과의 공감이 최우선시된다. 내가 얼마나 즐거웠고, 감동을 받았으며, 슬피 울었는지, 또는 필요한 정보를 정확히 이해했는지는 그리 중요하지 않다. 그저 대부분의 주변 사람들이 알고 있는 내용을 나도 알고 있어야 한다는 강제적인 공감 지상주의, 그리고 그렇지 않으면 다수와의 커뮤니티에서 소외될지도 모른다는 불안감이 반영된 것이 아닐까 생각한다. 이런 사회적 불안감이 빨리감기를 통해서라도 많은 내용을 손쉽게 이해하려는 미디어 소비 형태로 이어진 것이다.

이들은 결말을 빨리 알고 싶어서 스포일러가 있는 리뷰글을 찾아 미리 읽기도 한다. 유행에 뒤처지지 않기 위해서, 동료들과의 대화에서 소외되지 않기 위해서 공부하듯이 영상을 보는 사람들도 적지 않다고 한다. 이러한 영상 소비로 인해 1인당 OTT 시청 편수는 점점 늘어가고 있다. 시청하는 영상 작품 수는 점점 많아지지만 오히려 깊이는 없어진다는 얘기가 여기서 나오는 것이다.

빨리감기를 하는 마지막 주요한 이유는 TV에서 스마트 기기로의 디바이스 변화이다. 모든 영상을 TV로 보던 시대가 있었다. 지금도 연령대 높은 소비자들은 PC, 스마트폰, 태블릿PC보다는 TV 디바이스를 통한 영상 소비량이 월등히 높다. TV의 경우 소리를 들으면서 1.5배속이나 2배속으로 시청하는 빨리감기 기능이 없다. 10초 앞으로 또는 10초 뒤로 이동하는 스킵 기능도 제공되지 않는다. 스마트기기를 주로 사용하는 젊은 세대들의 영상 소비 니즈가 기능으로 반영되고, 또 디바이스의 발전으로 이어지면서 너무나도 자연스러운 변화가 일어난 것이다.

이전 세대들은 1.5배속을 "정신이 없다"고 느낄지도 모르겠지만, 1.5배속을 즐겨보는 세대들에게 1배속은 뭔가 답답하거나 지루한 영상 속도로 느껴질 수 있다. 그들에게는 오히려 1.5배속이 더 편하고 자연스러울 수도 있다. 젊은 세대들의 영상 점유율이 점점 더 높아지고 보편화되어 가면서 빨리감기 문화는 지금보다 더 자연스럽게 정착될 것이다. 또는 새로운 니즈를 반영한 영상 소비 형태가 생길지도 모르겠다.

"왜 빨리감기로 돌려보는가?"에 대한 원인이 생각보다 매우 다양하고 복잡하다는 것을 이번 장을 통해 조금은 엿볼 수 있었다. 정리하면 보고 싶은 작품이나 콘텐츠가 너무 많고, 시간적 가성비가 너무 중요한 시대를 살고 있으며, 깊이를 중시하지 않고 다소 쉽게 만들어진 영상 작품들이 빨리감기의 주된 이유가 될 수 있다는 것이다. 또한 사회적인 패스트문화,

타인과의 공감 지상주의, TV가 아닌 디지털기기로의 기술혁신, 그리고 그 혁신으로 인한 영상 소비의 작은 변화들이 모여 빨리감기의 소비 형태를 재촉한다. AI시대가 도래하면서 한 사람의 수준 높은 상상력이 중요한 시대가 되었다. 빨리, 많이보다는 깊고, 폭넓게 바라보며 이해하고 사고하는 문화가 필요하다.

Q. 왜 사람들은 빨리감기로 돌려보는가?

그 이유는 콘텐츠 과잉 시대에 더 많은 것을 짧은 시간 내에 소비하려는 시간 가성비 추구, 타인과의 공감을 중시하는 사회적 압박, 그리고 스마트 기기를 통한 시청 편의성 때문이며, 이는 빠르게 변화하는 소비 문화와 기술적 발전이 만들어낸 현상이다.

2장

왜 몰아보는가?

어느덧 월말이 찾아와 지난 한 달간 업무보고서 정리와 더불어 다음 달 사업보고서를 정리하고 작성하느라, 일에 쫓기고 쫓겨 집에 와서는 아무것도 하고 싶지 않았다. 머리도 식힐 겸 잠깐 쇼파에 누워 리모컨을 만지작거리다가 동료 팀장이 너무 재밌다고 침까지 튀기며 소개한 "브리저튼" 1화를 틀었다.

"브리저튼"은 19세기 런던 사교계를 배경으로 한 로맨스 드라마로 빠른 전개와 화려한 비주얼, 흥미진진한 등장인물들의 연기까지 매력이 넘치는 작품이다. 아무튼, 분명 전체 분위기만 잠깐 훑어보려고 했는데… 결국 총 8편의 시즌 1 전체를 다음날 아침까지 보게 되었다. 처음엔 한두 편만 보려고 했지만, 회차가 끝날 때마다 나타나는 "다음 에피소드가 곧 재생됩니다"라는 문구에 결국 리모컨과 마음을 내려놓고 말았다. 대체 어쩌다 이렇게 몰아보게 된 걸까?

이번 장에서는 소비자들이 왜 OTT 콘텐츠를 '몰아보게Binge-Viewing, Binge-Watch' 되는지 그 배경과 이유, 그리고 몰아보기를 부추기는 숨겨진 제작 이슈와 마케팅 전략에 대해 알아보자.

몰아보는 이유: 편리함과 심리적 만족

OTT 서비스에서 몰아보기를 하는 가장 큰 이유는 편리함과 심리적 만족이다. 과거 TV 드라마는 일주일에 한 번 방영되었기 때문에 한 회차가 끝나면 다음 회차를 기다려야 했다. 하지만 넷플릭스, 디즈니＋, 아마존 프라임 등 OTT 서비스는 드라마의 모든 회차를 한 번에 공개하는 경우가 많기 때문에 시청자들은 기다림 없이 원하는 만큼 콘텐츠를 소비할 수 있다. 예를 들어 "기묘한 이야기Stranger Things"의 새로운 시즌이 공개되면, 많은 사람들이 초반 몇 주 동안 시리즈 전체를 몰아보며 빠르게 소비해 버린다.

심리적인 만족도 중요한 이유다. 몰아보기를 통해 시청자들은 이야기의 흐름에 끊김 없이 몰입할 수 있으며 다음 에피소드의 궁금증을 바로 해결할 수 있다. 이때 도파민이라는 신경 전달 물질이 분비되는데, 이는 몰입감과 즐거움을 주는 주요 원인이다. 즉 몰아보기를 하면서 우리는 일종의 보상 심리를 느끼게 되고, 드라마 속의 인물과 이야기에 더 깊이 빠져들게 되는 것이다.

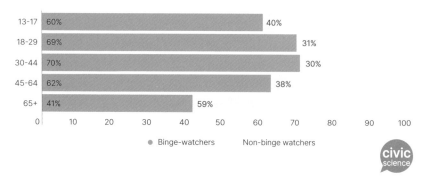

Binge-watching by **Age**

More Than Half of Americans 13+ Binge-Watch

2020년 4월 CivicScience에서 실시한 설문조사에 따르면 OTT 이용자의 약 70%가 최소 한 번 이상 몰아보기를 경험한 적이 있다고 한다. 이처럼 몰아보기는 현대인들에게 매우 흔한 콘텐츠 소비 방식이 되었고, 그 편리함과 심리적 만족 덕분에 점점 더 많은 사람들이 빠져들고 있다.

몰아보게 만드는 콘텐츠 제작기법, 마케팅

OTT 서비스들은 소비자들이 몰아보기를 하도록 의도적으로 콘텐츠를 설계한다. 가장 대표적인 방법 중 하나는 '클리프행어cliffhanger' 기법이다. 각 에피소드의 끝에 극적인 상황을 남겨둠으로써 시청자가 다음 에피소드를 시청하지 않을 수 없도록 만드는 것이다. 예를 들어 "기묘한 이야기"나 "오징어 게임" 같은 드라마는 각 에피소드의 마지막에 강렬한 반전을 남겨두어, 시청자가 다음 이야기를 궁금해 하도록 유도한다.

넷플릭스 다음 화 자동재생

자동재생 기능도 몰아보기를 부추기는 주요 요소 중 하나이다. 한 에피소드가 끝나면 5초 후에 다음 에피소드가 자동으로 재생되기 때문에, 시청자는 별다른 행동 없이 자연스럽게 다음 회차로 넘어가게 된다. 이 과정에서 리모컨을 다시 잡고 수동으로 멈추지 않는 한 몰아보기를 자제하기란 쉽지 않다. 이러한 편집 및 UI/UX 요소들은 몰아보기를 촉진하며, 소비자들이 더 많은 시간을 OTT 플랫폼에서 보내도록 만든다.

마케팅 전략 또한 몰아보기를 유도하는 데 큰 역할을 한다. OTT 서비스들은 새로운 시즌이 공개될 때마다 강력한 홍보를 통해 시청자들이 한 번에 몰아보도록 유도한다. 넷플릭스는 "한 주말에 끝내보세요!"; 아마존 프라임 비디오는 "이번 주말은 몰아보기로! 준비된 모든 에피소드를 한 번에!"; 디즈니＋는 "다음 회차를 기다릴 필요 없이, 모든 이야기를 한 번에!"라는 식의 광고 카피들을 사용하여 소비자들에게 몰아보기를 장려한다. 몰입감 넘치는 시청을 유도하는 이러한 광고 전략은 소비자들이 시간의 흐름을 잠시 잊고 더 오랜 시간 동안 플랫폼에 몰입하여 콘텐츠를 소비하도록 만드는 중요한 요소다.

양날의 검으로 다가오는 몰아보기

몰아보기는 장점과 단점을 동시에 가지고 있다. 장점으로는 몰아보기를 통해 시청자는 콘텐츠에 깊이 몰입할 수 있으며, 이야기의 흐름을 끊김 없이 따라갈 수 있다는 점이다. 몰입감 있는 시청 경험은 콘텐츠의 감동을 배가시키고 이야기의 복잡한 전개를 이해하는 데 도움을 준다. 특히 "왕좌의 게임 Game of Thrones" 같은 서사적 드라마는 몰아보기를 통해 더 큰 몰입감을 제공한다.

그러나 단점도 분명히 존재한다. 몰아보기를 통해 많은 시간을 한 번에 소비하게 되면서 시간 관리에 어려움을 겪을 수 있다. "이번 에피소드만 더 보고 자야지"라고 생각하다 밤을 새웠던 경험은 누구나 한 번쯤 있을 것이다. 이러한 과도한 몰아보기는 수면부족과 같은 건강 문제를 야기할 수 있으며, 일상생활의 리듬을 깨트리는 결과를 초래할 수 있다.

또한 몰아보기는 콘텐츠의 여운을 즐길 수 있는 기회를 줄인다. 전통적인 방식의 드라마 시청은 한 주에 한 번씩 에피소드를 보면서 그 사이에 이야기의 여운을 느끼고, 다른 사람들과 이야기를 나눌 수 있는 시간이 주어진다. 하지만 몰아보기는 이런 여유를 없애 버린다. 모든 이야기를 한 번에 소비해 버리기 때문에 콘텐츠에 대한 감상을 곱씹을 기회를 잃게 된다.

몰아보기 소비 문화는 어떻게 진화될까?

몰아보기는 이제 단순한 트렌드가 아니라 OTT 소비의 주요한 방식으로 자리 잡았다. 앞으로 OTT 서비스들은 몰아보기를 더욱 개인화된 경험으로 만들기 위해 노력할 것이다. 예를 들어, 넷플릭스나 디즈니+는 시청자의 취향과 시청 패턴을 분석하여 몰아보기에 최적화된 추천 콘텐츠를 제공할 것이다. 또한 시청자가 피로감을 느끼지 않도록 에피소드 길이를 조정하거나 몰아보기를 도와주는 다양한 기능들을 추가할 가능성도 크다.

앞으로의 OTT 플랫폼은 단순히 콘텐츠를 제공하는 것을 넘어 시청자의 몰입 경험을 극대화하고, 그들의 시간 관리를 도와주는 역할을 하게 될 것이다. 시청자가 원하는 시간에 몰아보기를 할 수 있도록 에피소드의 길이를 유연하게 조정하거나 몰아보기를 하면서 건강을 챙길 수 있도록 알림을 제공하는 기능이 도입될 수 있겠다. 이러한 변화는 몰아보기를 단순히 과도한 소비가 아닌, 더 건강하고 즐거운 경험이 되도록 만드는 데 기여할 것이다.

이렇듯 몰아보기는 OTT 콘텐츠 소비의 큰 흐름으로 자리 잡았으며 그 편리함과 심리적 만족으로 많은 사람들이 매료되고 있다. 앞으로 OTT 서비스들은 몰아보기를 더욱 개인화하고, 소비자들이 더 나은 시청 경험을 할 수 있도록 다양한 전략을 도입할 것이다. 몰아보기의 장점과 단점을 잘 이해하고 이를 어떻게 활용할지 고민하는 것이 현대의 미디어 소비자들에게 중요한 과제가 될 것이다.

Q. 왜 몰아보는가?

그 이유는 기다림 없이 편리하게 몰입할 수 있는 심리적 만족감과 OTT 플랫폼이 설계한 클리프행어와 자동재생 기능 등 몰입감을 극대화하는 제작 및 마케팅 전략 때문이며, 이는 현대 콘텐츠 소비 문화의 새로운 흐름이다.

3장

왜 다크모드인가?

요즘엔 다크모드가 대세지

"하얀 바탕에 검정 글자? 아니야, 요즘엔 검정 바탕에 흰 글자가 더 유행이잖아."

아빠 스마트폰으로 유튜브를 훔쳐보던 초등학교 아들 녀석이 다크모드를 빗대어 툭 던진 말이다. '다크모드'는 말 그대로 어두운 바탕에 밝은 글씨로 구성된 화면을 의미한다.

화이트 컬러 바탕에 블랙 컬러 텍스트로 디자인된 화면이 너무나도 당연하고 평범했던 시절이 있었다. 너나 할 것 없이 기본 중의 기본적인 설정이었다. 그러나 텍스트와 이미지로 구성된 콘텐츠보다 영상 콘텐츠가 대세가 된 이후로는 PC, 스마트폰, 웹, 앱을 막론하고 대부분 다크모드가 기본 설정이 되었다. 그렇지 않은 경우에도 다크모드로 손쉽게 변경할 수 있는 기능이 탑재되면서, 이제 다크모드는 미디어 사용자들에게 너무나도 친숙한 화면 구성이 되었다.

온에어, VOD, Clip영상을 주로 서비스하는 페이지일수록 다크모드는 필수다. 이렇게 영상서비스의 필수 요소가 되어버린 다크모드의 장점과 더불어 어둠 속에 숨겨진 밝은 의미를 알아보도록 하자.

다크모드의 강력한 세 가지 장점

다크모드가 이렇게 빠른 시간 안에 사용자들에게 친숙하게 자리 잡게 된 장점 세 가지를 알아보자.

첫 번째, 영상콘텐츠의 집중력 및 주목도를 높여준다.
영화를 볼 때 가장 쉽게 떠오르는 장소인 극장을 떠올려 보자. 상영관에 입장할 때는 좌석을 확인할 수 있을 정도의 희미한 불빛만 있다. 그마저도 영화 상영이 시작되면 모두 소등되고, 오직 영화에만 몰입할 수 있는 진정한 다크모드가 설정된다. 다크모드는 영상콘텐츠에 집중하고 주목할 수 있도록 도와주는 최상의 UI^User Interface, 화면디자인이다.

두 번째, 배터리 사용시간을 늘려준다.
스마트폰을 비롯한 스마트기기를 오랜 시간 사용하게 되는 일상에서 배터리 수명은 누구에게나 민감하고 중요한 문제이다. 배터리를 조금이라도 아끼려고 절전모드를 사용하는 사용자들에게, 다크모드가 배터리 사용시간을 더 길게 확보해 준다는 사실은 희소식이 아닐 수 없다. 이것은 다크모드를 사랑할 수밖에 없는 강력한 장점이다.

셋째, 눈의 피로를 줄여 준다.

잦은 스마트폰 사용으로 인한 시력 저하 문제는 어느덧 사회적 이슈로 떠올랐다. 기존의 화이트모드에 비해 다크모드가 시력 저하를 방지하는 데 크게 도움이 된다는 보고가 있다. 물론 그렇다고 다크모드가 시력에 좋다는 얘기는 아니다. 오랜 시간 스마트기기를 사용할 경우 화이트모드에 비해 다크모드가 시력 저하 문제를 조금 완화시켜 줄 뿐, 과다한 스마트폰 사용은 시력 저하를 가져올 수밖에 없다. 또한 다크모드라고 할지라도 너무 오랜 시간 스마트기기를 사용한다면 시력뿐만 아니라 몸과 마음도 소진되어 건강에 나쁜 영향을 미친다는 사실은 모두 잘 알고 있으리라 믿는다.

다크모드의 숨겨진 의미까지 알아볼까?!

배리어프리Barrie-Free[1], 웹접근성Web Accessbility[2], 유니버셜 디자인Universal Design[3]

요즘 메스컴이나 뉴스에서 종종 들어 봤을 용어들이다. 다크모드는 단순히 영상콘텐츠의 집중력을 높여주고 배터리를 절약해주거나 눈의 피로를 줄여준다는 장점뿐만 아니라, 위에 언급했던 사회적 문제의 해결 방안으로도 의미 있는 이슈를 던져주고 있다.

다크모드는 사회적 약자인 저시력자들에게 사용성과 접근성을 높여줄 수 있다. 단순히 텍스트를 크게 보여주고 명도 차이를 크게 설정하여 사용할 수 있게 만든 저시력 모드나 고대비 모드 수준이 아니라, 일반인과 더불

---

1 장애인, 고령자, 임산부 등 사회적 약자들의 물리적 · 심리적 장애물을 없애기 위한 사회적 개념
2 장애의 여부와 상관없이 모든 사람이 동등하게 웹사이트를 이용할 수 있도록 설계하고 개발하는 방법론
3 모든 서비스 및 제품에 대해 성별, 나이, 장애, 언어적 차이로 인한 사용의 제약을 받지 않도록 설계해야 한다는 개념

어 저시력자들도 같은 화면에서 서비스를 누릴 수 있다는 점에서 포용적 디자인 개념으로 봐야 한다. 장애인 모드가 있는 서비스 디자인보다 일반 모드에서도 장애인들이 사용할 수 있도록 배려된 서비스 디자인은 훨씬 더 수준이 높고, 배려가 깊은 서비스라고 평가 받아야 한다.

끝으로 다크모드에서 엿볼 수 있는 철학적 메시지도 독자들에게 살짝 전하고 싶다. 세계적 글로벌 테크기업들이 연구하고 개발 중인 접근성 모드나 텍스트를 직접 읽어주는 TTS기술, 그리고 지금의 다양한 다크모드까지. 우리는 사회적 약자인 시각장애인들이 불편함을 느끼지 않고 동등한 수준의 서비스를 누릴 수 있도록 함께 배려하고 고민해야 한다. 설계자뿐만 아니라 모든 사용자들까지도 섬세한 관심과 노력을 갖는다면, 우리 사회는 '다크하지 않은 화이트 모드'가 될 수 있다. 다크모드가 가져다주는 반전의 매력처럼 말이다.

Q. 왜 다크모드인가?

그 이유는 영상 콘텐츠에 몰입감을 높이고, 배터리 절약과 눈의 피로를 줄이는 실용적 장점과 함께, 저시력자를 포함한 모든 사용자에게 포용적 접근성을 제공하는 유니버설 디자인 철학을 담고 있기 때문이다.

4장

유튜브, 왜 계속 보게 되나?
반복재생, 자동재생, 연관 콘텐츠

자녀 둘을 키우는 워킹파파에게 아이들이 모두 잠든 밤 시간은 꿀같이 소중한 시간이다. 이 시간에는 주로 조용한 음악을 틀어놓고, 밀린 독서를 하곤 한다. 저자가 주로 애용하는 "essential;l[4]"이라는 음악 전문 채널에서 "독서의 계절│편안한 분위기의 힐링 재즈 연주"라는 음악을 재생했다.

다소 피곤한 하루였는지 독서보다는 편안한 음악에 심취해 쇼파에 누워 잠깐 눈을 감았을 뿐인데 그만 깊이 잠들어 버렸고, 아침이 되어서야 일어났다. 그때까지 음악은 끊임없이 흘러나오고 있었다. 유튜브의 반복재생, 자동재생, 연관 콘텐츠 기능 덕분에 음악은 멈추지 않았고, 어느새 나의 유튜브 시청 기록은 수십 개의 "essential;l" 콘텐츠와 다양한 음악들로 가득 차 있었다.

---

4 이 채널은 벅스뮤직에서 운영하는 감성적인 음악 플레이 리스트 서비스다.

이렇듯 유튜브는 우리와 오랜 시간을 함께하며 끝없이 콘텐츠를 제공해 준다. 이번 장에서는 유튜브에 한번 접속하면 나도 모르게 왜 계속해서 보게 되는지, 숨겨진 비밀들에 대해 알아보도록 하자.

반복재생: 끝없는 루프의 매력

반복재생은 간단하면서도 강력한 기능이다. 특정 콘텐츠를 계속 반복해서 즐기고 싶을 때, 이 기능은 별다른 조작 없이도 시청자가 원하는 콘텐츠를 끝없이 제공한다. 특히 운동 중에 마음에 드는 음악을 듣거나 ASMR 영상을 반복해서 듣고 싶을 때 매우 유용하다.

출처: 유튜브

반복재생 옵션 설정

반복재생은 기본으로 설정된 기능이 아니기 때문에 재생 중인 콘텐츠의 플레이어 설정으로 들어가야 한다. ① 플레이어 설정메뉴 → ② 추가설정 → ③ 동영상 연속재생 활성화를 하게 되면 해당 콘텐츠는 계속해서 재생이 된다.

반복재생의 장점은 사용자에게 편리함과 만족감을 제공한다는 점이다. 특히 음악이나 학습자료와 같은 콘텐츠의 경우 반복적인 청취나 시청이 더 큰 몰입감과 학습효과를 줄 수 있다. '유튜브 뮤직'의 활용도를 높이거나, 특정 팬덤이 좋아하는 콘텐츠를 무한 반복하며 커뮤니티 안에서의 재미를 제공하는 사례도 있다. 예를 들어, BTS 팬들이 좋아하는 뮤직비디오를 반복재생하며 스트리밍 기록을 늘리는 현상이 바로 반복재생 기능을 잘 활용하는 대표적인 예시다.

반복재생 역시 단점이 있다. 반복재생은 시청자의 자율성을 제한하고, 일정 콘텐츠에 과도하게 몰입하게 만들어 다른 선택지를 탐구할 기회를 줄이기도 한다. 반복재생을 제어하기 위해서는 영상 플레이어 하단의 '반복재생' 아이콘을 클릭해 기능을 끄는 것이 좋다.

자동재생: 다음 영상으로의 유혹

반복재생 기능에 이어 자동재생 역시 유튜브가 사용자를 오랫동안 붙잡아 두기 위해 설계한 강력한 도구다. 영상이 끝나면 다음 영상이 자동으로 재생되는 이 기능은 시청자의 행동을 최소화하고, 콘텐츠 소비를 계속 이어가도록 만든다. '5부 2장 왜 몰아보는가?'에서 언급한 넷플릭스의 시리즈의 '다음 화 자동재생'과 유사한 기능이다. 심리적인 유인이 이 기능의 핵심이다. 한 영상이 끝난 후에 자동으로 다음 영상이 재생되면 시청자는 "멈춰야 한다"는 생각보다 "그냥 좀 더 볼까?"라는 심리적 상태에 빠지게 된다. 이 과정에서 도파민이 분비되어 몰입감이 증가하며 콘텐츠 소비 시간이 길어진다.

최근 통계에 따르면, 유튜브 사용자 중 70% 이상이 자동재생을 통해 연속적인 콘텐츠를 소비한다고 한다. 예를 들어 요리 영상을 보던 사용자가 비슷한 레시피 영상으로 넘어가거나, 다큐멘터리를 보던 사용자가 관련 주제의 영상으로 자연스럽게 이동하는 등의 방식이다.

자동재생의 단점은 사용자가 의도치 않게 시간을 낭비할 수 있다는 점이다. 끊임없이 이어지는 콘텐츠는 소비자에게 즐거움을 주는 동시에 "내가 이렇게 오래 유튜브를 봤다고?"하는 죄책감을 남길 수 있다. 자동재생을 끄려면 설정 메뉴에서 "자동재생" 스위치를 비활성화하면 된다.

출처: 유튜브

← **설정**

가족 센터

일반

계정

데이터 절약

자동재생

동영상 화질 환경설정

← **자동재생**

다음 동영상 자동재생
동영상이 끝나면 다른 동영상이 자동으로 재생됩니다.

휴대전화/태블릿 　　　　　　　　　　●

자동재생 옵션 설정

자동재생은 보통 기본으로 설정된 기능이기 때문에 사용자가 의식하지 못한 채 계속해서 콘텐츠가 재생되는 경우가 많다. 해당 설정을 변경하기 위해서는 유튜브앱 하단의 개인프로필로 들어가서 ① (우측 상단) 설정 → ② 자동재생 → ③ 다음 동영상 자동재생: 휴대폰/태블릿 설정을 켜거나 끄면 된다.

연관 콘텐츠: 알고리즘이 당신을 아는 척할 때

연관 콘텐츠는 유튜브의 추천 알고리즘이 가장 빛을 발하는 부분이다. 사용자가 시청한 영상과 유사한 주제, 스타일 또는 관련된 정보를 가진 콘텐츠를 제공한다. 이때 사용자는 마치 알고리즘이 자신의 취향을 알고 있는 듯한 기분을 느낀다. 예를 들어 거북목 운동 영상을 시청한 후에는 비슷한 운동 루틴 영상이나 건강 관련 정보가 추천된다.

이러한 추천은 사용자에게 유용한 정보를 제공하기도 하지만, 동시에 플랫폼에 머무는 시간을 늘리는 데 기여한다. 넷플릭스와 유튜브의 공통점은 이 추천 알고리즘이 시청자의 참여를 높이고, 광고 노출 기회를 극대화한다는 것이다. 특히 연관 콘텐츠와 자동재생의 기능이 결합하게 되면 엄청난 시너지를 발휘한다. 나의 성향과 현재 재생 중인 콘텐츠의 성향에 맞춰 비슷한 연관 콘텐츠들이 계속해서 재생되는 것이다.

연관 콘텐츠 기능에도 그림자는 있다. 먼저 '필터버블(확증편향)' 현상을 야기할 수 있다. 이 현상은 사용자가 특정 주제에만 몰입하게 되어 정보의 다양성을 잃어버리는 현상을 뜻한다. 예를 들어, 정치 성향이 유사한 언론사의 콘텐츠들만 계속 보게 되어서 생각과 판단이 일정한 틀에 갇혀버리는 현상을 뜻하기도 한다. 또한 가끔 알고리즘이 잘못된 정보를 추천할 경우 소비자는 왜곡된 인식을 가질 위험이 있다.

이러한 한계를 극복하려면 사용자는 연관 콘텐츠를 맹목적으로 수용하기보다는 비판적인 시각으로 소비하는 태도를 가져야 한다. 그리고 가끔은 나의 성향과 조금 다른 콘텐츠들을 보면서 다양한 학습을 시켜주는 것도 필터버블을 방지하는 방법이다. 평소 보수언론만 보는 사람이라면 가끔 진보언론의 콘텐츠도 검색하거나 추천하면서, 한쪽으로 쏠리지 않도록 의식적으로 다양한 행동을 하는 것이 방지책이 될 수 있다. 또한 콘텐츠별로 '좋아요', '싫어요' 기능으로 나의 의견을 전달하는 것도 유튜브 알고리즘을 주도적으로 학습시켜 나가는 좋은 방법이 된다.

미래의 유튜브: 더 똑똑해지고, 더 자율적인 시청 경험

앞서 알게 된 유튜브 오래보기 삼총사—반복재생, 자동재생, 연관 콘텐츠—는 유튜브가 소비자를 붙잡아 두기 위해 만든 효과적인 도구다. 하지만 이러한 기능들이 사용자들에게 무한한 콘텐츠 소비를 유도하면서 개인의 선택권과 시간을 잠식하는 결과를 낳기도 한다.

미래의 유튜브는 더 개인화된 경험을 제공할 가능성이 크다. 예를 들어 사용자가 '오늘은 30분만 시청하기' 같은 제한 설정을 하면 그에 맞춘 콘텐츠를 제공하거나, 시청 시간을 초과했을 때 알림을 보내주는 기능이 추가될 수 있다. 또한 알고리즘의 투명성을 높여 사용자가 추천 시스템의 작동 방식을 이해하고, 더 나은 콘텐츠를 선택할 수 있도록 돕는 변화도 기대된다.

결론적으로 유튜브의 반복재생, 자동재생, 연관 콘텐츠 기능은 우리의 콘텐츠 소비 방식을 혁신적으로 바꾸었지만, 사용자가 이를 어떻게 활용하느냐에 따라 그 가치가 달라질 것이다. 우리는 이 기능들을 잘 활용하면서도 스스로의 시간과 주의력을 지키는 방법을 고민해야 할 때다.

Q. 유튜브, 왜 계속 보게 되나? 반복재생, 자동재생, 연관 콘텐츠

그 이유는 사용자가 특정 콘텐츠를 끊임없이 즐길 수 있도록 반복재생 기능을 통해 편리함과 몰입감을 제공하고, 자동재생으로 다음 영상을 자연스럽게 이어 시청시간을 늘리며, 연관 콘텐츠 추천을 통해 개인화된 시청 경험을 제공하기 때문이다.

5장

볼 수 없거나 시력이 나쁜 사용자는
영상을 어떻게 볼까?

휠체어를 위한 최소한의 경사가 미디어에도 필요해?!

이웃동네의 작은 관공서에 간 적이 있다. 건물 입구에는 흔히 볼 수 있는 휠체어 경사로가 있었다. 얼핏 봐도 경사가 너무 심해서 "휠체어가 오를 수 있을까?"하는 걱정이 먼저 들었다. 아니나 다를까, 휠체어를 타고 온 사람이 있어서 우연히 그 상황을 먼발치에서 지켜보게 되었다. 이미 경험이 있는 듯 곧바로 주변인에게 도움을 요청하여 경사로를 오르는 모습을 보았다. 베리어프리 기본법에 따르면, 장애인 스스로 이동할 수 있는 최소한의 경사 각도는 5도라고 한다. 그 이상이 되면 스스로 이동하기 어렵고, 15도가 넘으면 전동휠체어도 오르기 어렵다고 한다.

갑자기 왜 이런 얘기를 꺼내냐고? 우리가 흔히 사용하는 미디어에도 이렇게 오르기 힘든, 때론 오를 수 없는 경사로가 존재한다. 볼 수 없거나 시력이 매우 나쁜 경우, 청각장애로 들을 수 없는 경우, 색을 구별하기 힘든 경우, 지체장애로 인해 마우스나 키보드 사용도 힘든 경우 등이 여기에 해당된다. 이런 사용자들도 웹사이트에서 차별과 제한 없이 동등하게 서비스와 정보를 이용할 수 있도록 보장하는 것이 '웹접근성'이다.

방송통신표준화지침에 따라 개정된 「한국형 웹 콘텐츠 접근성 지침」에는 다음의 네 가지 대원칙과 세부 지침을 정하여 웹접근성을 지키도록 권고하고 있다.

1. 인식의 용이성
2. 운용의 용이성
3. 이해의 용이성
4. 견고성

그럼 웹접근성을 어떻게 준수해야 하는지 좀 더 쉽게 알아볼까? 국민의 방송 KBS의 '웹접근성 안내[5]' 서비스에서는 다양한 사용자들을 위한 웹접근성 준수 내용을 보다 쉽게 설명해주고 있다. 예시를 통해 좀 더 구체적으로 알아보자.

대체 텍스트 및 화면 낭독 안내

이미지에 대체 텍스트를 제공하여 화면을 보지 못하는 사용자들도 이미지에 대한 정보를 인식할 수 있도록 지원한다. 화면을 보지 못해도 이미지 등 텍스트가 아닌 콘텐츠를 이용할 경우, 그 의미나 용도를 동등하게 인식할 수 있도록 적절한 대체 텍스트를 제공한다. "동백꽃 필 무렵"의

---

5   KBS 웹접근성 안내 https://www.kbs.co.kr/accessibility

포스터 섬네일 이미지에 알트값alt을 추가로 입력해두면, 화면을 보지 못하더라도 이미지에 대한 정보를 동일하게 인식할 수 있다.

대체 텍스트 예시

위에서 언급한 이미지에 대한 대체 텍스트 값을 '알트값alt'이라고 한다. 웹상에서 우리가 보는 모든 이미지들은 이미지 주소를 갖고 있다. 이미지 주소에 이어 알트값alt을 입력해 주면, 시각장애인을 위해 이미지를 글자로 대신 표현해 줄 수 있다. 수많은 검색 엔진이 이미지에 대한 정보를 보통 알트값alt에서 얻는다고 한다.

< img src = "주소" alt = "그림" / >

또한 표를 이해할 수 있도록 요약문을 제공하여 이해를 돕는다. 표를 쉽게 이해할 수 있도록 표의 제목과 요약문을 제공하고, 제목 셀과 내용 셀을 구분하여 제공한다.

키보드 이용 안내

출처: KBS 웹접근성 안내

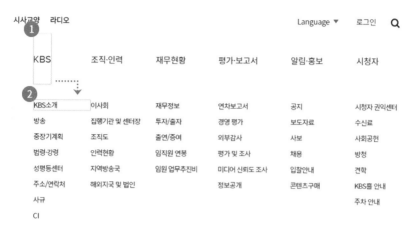

키보드 이용 안내 예시

마우스 사용이 불편한 사용자들을 위해 키보드만으로도 사이트 이용이 가능하도록 사용 편의를 제공해야 한다. 모든 요소에 초점을 적용하여 Tab키를 통해 이동하고, Shift＋Tab키로 뒤로 이동할 수 있다. 반복 영역의 순차적인 내비게이션을 생략하고 웹페이지의 핵심 영역으로 이동할 수 있는 수단을 제공한다.

멀티미디어 제어 및 자막 안내

출처: KBS 웹접근성 안내

멀티미디어 제어 예시

동영상 등 멀티미디어 정보에는 영상 제어 및 자막 제공을 통해 정보 취득이 용이하도록 제공해야 한다. Tab키로 동영상 플레이어에 접근하면 동영상 컨트롤러가 화면에 나타난다. 컨트롤러의 항목 이동은 Tab, 뒤로 가기는 Shift+Tab으로 이동하며 원하는 기능 실행을 Enter로 실행할 수 있다. 재생과 정지 버튼 역시 Tab키로 이동하여 컨트롤할 수 있다. 일반적으로 한가운데 위치한 재생 버튼이지만, Tab키를 이용하여 컨트롤하는 사용자에게는 꼭 가운데 있을 필요는 없다. 그리고 동영상, 음성 등 멀티미디어 콘텐츠를 이해할 수 있도록 대체 수단인 자막, 대본 또는 수화를 제공하기도 한다.

색상 대비 안내

색맹, 색약 등 특정한 색상을 구별할 수 없는 사용자들과 흑백 디스플레이 사용자들도 정확한 정보에 접근할 수 있도록 색상 대비를 준수하여야 한다. 해당 정보에 마우스 오버할 경우 각 항목에 대한 정보를 제공 받을 수 있어야 한다. 또한 하단에 항목별 세부 값을 제공하여 색상을 배제하더라도 인지할 수 있도록 구성해야 한다.

출처: KBS 웹접근성 안내

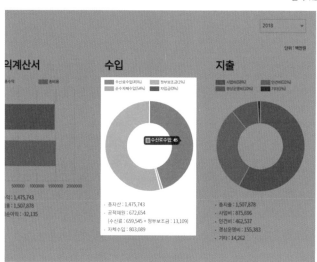

색상 대비 안내 예시

사용자가 구별하기 쉽게 웹페이지가 제공하는 텍스트 콘텐츠(텍스트, 텍스트 이미지)와 배경 간의 적절한 명도 대비를 제공해야 한다. 모든 텍스트 콘텐츠는 전경색과 배경색이 최소 3:1 이상 대비하도록 제공해야 한다.

웹접근성에 대해 좀 더 알고 싶다면, 아래 관련기관 웹사이트를 통해 추가로 자세히 알아볼 수 있다.

- 한국지능정보사회진흥원(https://www.nia.or.kr)
- 국가인권위원회(https://www.humanrights.go.kr/)
- W3C 대한민국 사무국(https://w3c.or.kr)
- 보건복지부(https://www.mohw.go.kr)
- NULI(널리-네이버접근성서비스)(https://nuli.navercorp.com/)
- WebAIM(https://webaim.org/)
- AbilityNet(https://abilitynet.org.uk/)

웹접근성, 이렇게까지 지켜야 하나요?

소수 사용자를 위해 이렇게까지 복잡한 운영방법을 지켜야만 할까? 결론부터 말하면, 꼭 지켜야 한다. 웹접근성이란 "웹에 접근하는 누구나(신체적, 환경적 제한 없이) 불편 없이 웹을 사용할 수 있도록 해야 한다"고 정의하고 있다. 웹접근성 준수와 관련하여 '장애인차별금지법'을 잠깐 알아보자.

장애인차별금지법은 장애인들도 장애가 없는 사람과 동등하게 서비스에 접근하고 이용할 수 있도록 법적으로 규정되어 있다. 2008년부터 시행된 장애인차별금지법 제21조 제1항 및 시행령 제14조에 의거하여 공공 및 민간 웹사이트의 웹접근성 준수가 의무화되었다.

웹접근성을 올바르게 준수하고 심사받은 웹사이트에는 웹접근성 인증마크(WA인증마크)를 부여하기도 한다. 강제사항은 아니지만 웹접근성 준수에 따른 품질을 인정받고, 신뢰를 높이고 싶다면 웹접근성 인증마크를 획득할 수 있다. 국가공인 인증마크이기 때문에 세 곳의 품질인증기관(한국웹접근성인증평가원, 웹와치, 한국웹접근성평가센터)에서만 심사 및 관리가 가능하다.

이렇게 법률적인 이유 때문에 강제적으로 웹접근성을 준수해야 된다는 생각에서는 벗어나야 한다. 웹접근성에 대한 보다 넓은 의미와 개념을 보다 많은 사람들이 이해하고, 나와 나의 가족을 포함한 수많은 사람들의 권리와 행복을 위해 함께 지켜나가야 할 도덕적인 수준의 기본 문화로 성숙하게 자리 잡아야 한다.

> "웹의 힘은 그것의 보편성에 있다. 장애에 구애 없이 모든 사람이 접근할 수 있는 것이 필수적인 요소이다."
>
> — 팀 버너스 리(웹 창시자)
>
> "The power of the Web is in its universality, Access by everyone regardless of disability is an essential aspect."
>
> —Tim Berners Lee(W3C Director and inventor of the World Wide Web)

Q. 볼 수 없거나 시력이 나쁜 사용자는 영상을 어떻게 볼까?

그 해답은 웹접근성을 통해 제공되는 대체 텍스트와 자막과 대본, 색상 대비, 키보드 네비게이션, 화면 낭독 기능 등의 다양한 기능의 활용에 있다. 이러한 접근성은 단순히 기술적 편의성을 넘어, 모두가 평등하게 디지털 콘텐츠를 경험할 수 있도록 보장하는 필수적인 요소로 자리 잡았다.

6장

UX 디자인뿐 아니라,
이제는 UX Writing(사용자 글쓰기)이라고?

저자가 사용하는 수많은 금융 앱 중에서 최근 토스 앱의 사용 빈도가 점점 늘고 있다. 간편한 사용성과 수준 높은 디자인 퀄리티 등 여러 가지 이유가 있지만, 주요한 이유는 "토스에서 사용하는 메뉴명이나 버튼명, 설명 등이 매우 이해하기 쉽고 편하다"는 것이다. 주거래 은행이 아닌데도 토스 신용카드까지 만들게 되었고, 사용량도 자연스레 조금씩 늘고 있다.

클릭 한 번만으로 필요한 정보가 깔끔하게 정리될 뿐만 아니라 "이해했어요"나 "다음 단계로 이동" 같은 문구는 마치 누군가 나에게 직접 말을 걸어주는 듯 친근한 느낌까지 준다. 이것이 바로 'UX Writing(사용자 글쓰기)'의 힘이다. 이 글에서는 UX Writing이 무엇이고, 왜 최근 중요한 이슈로 떠오르게 되었는지, 그리고 현재 어디에, 어떻게 잘 활용되고 있는지 살펴보자.

토스앱 UX Writing(사용자 글쓰기)

> UX Writing(사용자 글쓰기)이란?
> 사용자와 직접적으로 상호작용 할 수 있는 인터페이스를 만드는 일, 복잡하고 어려운 용어를 사용자 친화적으로 바꾸고 행동을 이끌어내는 글쓰기 방식

왜 UX Writing인가?

디지털 시대가 도래하면서 사용자 경험은 단순히 디자인과 기능의 문제가 아니라 단어 하나하나의 의미와 전달력으로 확장되었다. UX Writing은 서비스와 사용자가 만나는 모든 지점에서 단순하고 명확하며 친근한 문구를 통해 사용자 경험을 개선하는 데 초점이 맞춰져 있다.

이러한 변화는 사용자 중심 사고에서 비롯되었다. 예전에는 제품을 설계하는 사람들이 "이렇게 만들었으니 사람들이 따라오겠지"라는 태도를

가졌다면, 이제는 "사용자가 어떻게 느끼고 이해할까?"라는 질문이 중심이 되었다. 특히 복잡한 서비스를 사용하는 사람들이 혼란을 느끼지 않고 자연스럽게 흐름을 이해할 수 있도록 돕는 글쓰기가 필요하게 되었다.

앱에서 발생하는 오류 메시지를 예시로 생각해보자. "에러 404: 파일을 찾을 수 없습니다"보다는 "앗! 뭔가 잘못된 것 같아요. 다시 접속을 시도해 주세요!"라는 문구가 사용자에게 훨씬 덜 위협적으로 다가온다. 이런 세심한 문구 하나가 사용자 만족도를 높이고, 서비스 충성도를 강화한다.

UX Writing 적용사례 좀 알려줘: 토스, 넷플릭스

토스는 UX Writing의 대표적인 성공 사례 중 하나다. "돈을 보낼게요"와 같은 단순한 문구는 사용자가 행동을 직관적으로 이해하도록 돕는다. 버튼 하나, 설명 문구 하나에까지 사용자 친화적인 언어를 녹여냈다. 금융 서비스라는 딱딱한 분야를 친근하게 느끼게 만든 것이 바로 토스의 UX Writing의 힘이다.

토스의 UX Writing에는 여덟 가지 원칙들이 숨겨져 있다. 우리가 토스를 사용하면서 만나게 되는 모든 글과 문구들은 아래 여덟 가지 라이팅 원칙들을 통과하여 합격한 글이라고 보면 된다.

토스의 여덟 가지 라이팅 원칙
1. 다음 화면을 예상할 수 있는 힌트가 있는가?
2. 의미 없는 단어를 모두 제거했는가?
3. 없는 문장을 모두 제거했는가?
4. 정말 중요한 메시지만 전달하고 있는가?
5. 이해하기 어려운 용어나 표현을 사용하지 않았는가?

이번에는 UX Writing의 대표적인 해외 사례를 살펴보자. 넷플릭스는 사용자가 서비스를 탐색하면서 혼란스럽지 않도록 "시청 중인 콘텐츠 이어 보기"나 "지금 인기 있는 콘텐츠" 같은 문구를 통해 행동을 자연스레 유도한다. 특히 "멤버십 해지가 아쉬워요" 같은 취소 단계의 문구는 단순한 정보 전달을 넘어 감정을 자극하는 방식으로 설계되었다.

구글의 서비스들도 UX Writing의 교과서적인 사례로 꼽힌다. 예를 들어, 구글 독스에서는 문서를 저장하지 않고 나갈 때 "저장하시겠습니까?" 대신 "저장하지 않으면 변경사항이 사라질 수 있어요. 나가시겠어요?"라는 문구를 통해 선택지를 명확히 제시하며 사용자 경험을 확고히 높여준다. 이처럼 친근하면서도 책임감을 느끼게 하는 문구는 UX Writing의 강력한 힘을 잘 보여준다.

UX Writing, 이런 장점도 있지만 한계가...

UX Writing의 가장 큰 장점은 사용자의 스트레스를 줄여준다는 점이다. 복잡한 기능도 쉽게 이해하게 만들어 사용자가 불편함을 느끼지 않고, 자연스럽게 서비스를 이용하도록 돕는다. 예를 들어, 여행 예약 앱에서 "이 항공권은 취소가 불가능합니다" 대신 "구매 후 변경이나 취소가 어려운 상품입니다"라고 알려 준다면 사용자에게 더 부드럽게 다가올 것이다.

또한 UX Writing(사용자 글쓰기)은 브랜드 이미지를 더 강화시켜준다. 예를 들어, Z세대가 선호하는 톤앤매너를 가진 모바일 앱에서는 단순한 "완료" 보다는 "좋아요! 다 됐어요" 같은 문구가 사용자에게 친근감을 준다. 이는 단순한 정보 전달에서 벗어나 브랜드와 사용자 간의 감정적인 연결을 형성해 준다.

그러나 한계도 존재한다. 모든 사용자가 동일한 톤을 좋아하지 않으며, 과도하게 친근한 문구는 오히려 전문성을 떨어뜨릴 수 있다. 예를 들어 금융 서비스에서 너무 캐주얼한 문구는 신뢰를 주지 못할 수도 있다. 또한 모든 문구를 사용자 맞춤형으로 설계하려면 시간과 자원이 많이 들기 때문에 소규모 기업에게는 UX Writing(사용자 글쓰기)을 시도하는 것 자체가 큰 부담이 될 수 있다.

UX Writing: 질적인 개인화로 진화

앞으로의 UX Writing은 더욱 개인화되고 포괄적으로 발전할 것이다. 인공지능 기술의 발전으로 사용자의 취향과 행동 패턴을 학습하여, 각 사용자에게 최적화된 문구를 제공할 수 있는 시대가 올 것이다. 예를 들어, 이메일 서비스에서 "받은 편지함 정리가 필요해요"라는 문구가 아닌, "[사용자 이름]님, 중요한 메일을 놓치지 않도록 도와드릴게요!" 같은 맞춤형 문구가 나타날 수 있다.

또한 다양한 사용자 계층을 포괄하는 문구 설계도 중요해질 것이다. 시각 장애인이나 고령층 사용자도 쉽게 이해할 수 있는 문구를 제공하거나, 문화적으로 민감한 표현을 배제하는 방식으로 UX Writing이 더욱 정교해질 것이다.

정리하자면, UX Writing(사용자 글쓰기)은 단순히 문구를 작성하는 것을 넘어 사용자와 서비스 간의 소통의 다리 역할을 한다. 친절하고 명확한 글쓰기가 사용자 경험을 얼마나 크게 바꿀 수 있는지 보여주는 사례는 앞으로 점점 더 많아질 것이다. 이제 UX Writing은 선택이 아니라 필수이며, 사용자 중심 시대에 더욱 빛을 발할 것이다.

[참고] UX Writing 쉽게 따라해보기

많은 협조 있으시길 바랍니다 → 많이 협조해 주시기 바랍니다	정보를 제공해 드립니다 → 정보를 받아볼 수 있습니다
내점/내방 → 방문	통보/통지 → 알림/공지
수령 → 받음	경주하다 → 기울이다
고지 → 안내	기탄없이 → 거리낌 없이
연동되어 있는 → 연동된	당일 → 그날
불가하다 → 할 수 없다	도처에 → 가는 곳마다
미지참하시면 → 지참해야	보전했다 → 메웠다
기 발급된 → 이미 발급된	부지 → 터, 대지
최근 한 달 동안의 → 최근 한 달 동안	익월/익일 → 다음달/다음날
통보하여 드립니다 → 안내해 드립니다	이용이 가능합니다 → 이용할 수 있습니다
~를 통해 → ~에서	가급적 → 되도록
간헐적으로 → 이따금	저렴하다 → 싸다
여파 → 영향	~에 입각해 → ~ 기준으로
상승세 → 올라갔다	도래하다 → 다가왔다
시연했다 → 발표했다	상충하다 → 엇갈리다
준하여 → 관련하여	신년 → 새해
작금 → 현재	잠적하다 → 사라지다

저촉되다 → 법에 걸리다	~들과의 → ~의
사용됐다 → 들었다	~내에서 → ~안에
제동을 걸었다 → 방해했다	라이프스타일에 맞춰 → 생애주기에 맞춰
현찰 → 현금	내점하여 → 방문하여
앱, 어플리케이션, 어플, 애플리케이션 → 앱	내려받기, 다운로드 → 내려받기

Q. UX 디자인뿐 아니라, 이제는 UX Writing(사용자 글쓰기)이라고?

UX Writing(사용자 글쓰기)은 사용자 친화적인 문구로 서비스를 쉽게 이해하고 행동하도록 돕는 방식이다. 토스와 넷플릭스 같은 사례는 명확하고 친근한 언어로 사용자 경험을 향상시키며, 앞으로 개인화와 포괄성을 통해 더욱 진화할 것이다.

7장

슬로건에는 마침표를 쓰지 않는다고?

내 인생에 가장 큰 영향을 준 광고 카피를 하나 뽑는다면 단연코 애플의 "Think Different"이다. 2000년대 초 신입 디자이너 시절, 스티브잡스의 이 메시지는 당시 "내가 디자인을 계속 해야 하나?"라고 수없이 고민하던 저자에게 엄청난 격려와 더불어 새로운 영감을 주었다.

비단 저자뿐이겠는가? 그 당시 수많은 사람들과 기업들에게 새로운 가능성을 불어넣어주며 무한한 도전을 하게 만들어준, 짧지만 강력한 슈퍼급 슬로건이었다. 애플은 이 슬로건 하나로 혁신을 선도하는 기업문화와 더불어 창의적인 브랜드 정체성을 확고하게 정립하였다. 오늘날까지 역대 최고의 슬로건으로 평가받으며 애플과 아이폰 제품 및 관련 서비스 철학의 핵심을 이루고 있다.

그런데 잠깐, 이 슬로건을 보며 혹시 떠오르는 특징이 있다면 무엇일까?

그렇다. 마침표가 없다. 그렇기 때문에 그냥 끝내지 않고 열려 있는 느낌을 준다. 왜 슬로건에는 마침표를 쓰지 않는 것일까? 이 장에서는 슬로건이 가진 힘과 그 뒤에 숨겨진 비밀, 그리고 마침표를 생략한 유명 슬로건들의 예시와 이유를 함께 살펴보자.

마침표 없는 슬로건의 힘: 제한 없는 메시지

마침표는 문장을 끝내는 표시다. 하지만 슬로건에서 마침표를 쓰지 않으면 어떤 일이 벌어질까? 슬로건은 그 자체로 열린 메시지가 되어, 무한한 가능성과 확장성을 담는 큰 그릇이 된다.

Nike의 에버그린 슬로건인 "Just Do It"을 떠올려보자. 만약 이 문구 끝에 마침표가 있었다면, 그 에너지는 '끝났다'는 느낌으로 제한될 수 있었을 것이다. 하지만 마침표가 없었기 때문에 독자가 이 문구를 자신만의 해석으로 확장할 여지가 생기는 것이다. 이는 심리학적으로도 흥미로운 이유가 있다. 마침표 없는 문장은 더 큰 자유로움을 주고, 독자가 스스로의 경험과 연결하도록 만든다. 즉 슬로건은 단순히 읽히는 것이 아니라, 독자의 머릿속에 남아서 살아 움직인다.

또 다른 예로, 앞서 언급한 애플의 "Think Different"를 다시 들어보자. 마침표가 있었다면 이 혁신적인 메시지가 한정적으로 느껴졌을지도 모른다. 하지만 지금은 "다르게 생각하라, 그리고 그 다음은 네가 결정하라"라는 열린 해석으로 확장될 수 있다.

이외에도 세계적인 기업들의 슬로건을 보면 마침표를 생략한 경우가 대부분이다. 이들은 의도적으로 마침표를 뺌으로써 메시지를 더 강력하고, 기억에 남게 만들었다.

넷플릭스^{Netflix} "See What's Next"
사용자가 앞으로 즐길 새로운 콘텐츠를 끊임없이 기대하도록 만드는 열린 슬로건 메시지다.

디즈니플러스^{Disney+} "The Best Stories in the World"
전 세계 최고의 이야기들을 제공하겠다는 약속을 통해 품질을 강조한다.

유튜브^{YouTube} "Broadcast Yourself"
유저들이 직접 콘텐츠를 만들고 공유하는 플랫폼의 본질을 잘 나타낸 슬로건이다.

코카콜라^{Coca-Cola} "Open Happiness"
코카콜라의 이 문구는 마침표가 없어 행복을 무한히 상상할 수 있게 한다. 단순히 음료를 마시는 순간의 즐거움을 넘어, 삶의 다양한 순간과 연결된다.

구글^{Google} "Don't Be Evil"
간결하면서도 철학적인 이 문구는 구글의 초기 비전을 상징하며, 사용자가 신뢰할 수 있는 서비스를 제공하겠다는 약속을 담고 있다.

해외뿐만 아니라 국내에서도 마침표 없는 슬로건은 흔하다.

배달의 민족 "먹고 싶을 땐 배달의 민족"
이 슬로건은 마침표 없이 읽히며, 사용자가 자신의 필요에 따라 언제든 활용할 수 있는 메시지로 느껴진다.

카카오뱅크 "오늘부터 간편하게"
마침표가 있었다면 다소 명령적으로 느껴졌을지도 모른다. 하지만 지금은 사용자에게 부담 없이 다가온다.

동대문디자인플라자DDP "어메이징 투모로우Amazing Tomorrow"
2024년 DDP 개관 10주년을 맞아 새롭게 발표된 슬로건으로, 미래지향적 경험을 제공하겠다는 의지를 담고 있다.

카카오페이 "Yes, 카카오페이"
사용자에게 긍정적이고 간편한 금융 서비스를 제공하겠다는 메시지를 전달하며, 마침표 없이 친근함을 강조하고 있다.

야놀자 "여행의 모든 것, 한 번에 쉽게"
여행 관련 모든 서비스를 간편하게 제공하겠다는 의지를 나타내며, 마침표를 생략해 열린 느낌을 준다.

마침표 없는 슬로건 마무리

마침표를 생략한 슬로건은 독자로 하여금 열린 메시지를 던져준다. 독자가 스스로 해석하고, 자신의 경험에 맞게 확장할 수 있다. 또한 간결한 문구가 더 기억에 남는다. 마침표 없이 깔끔한 디자인은 시각적으로도 더 매력적이다. 마침표가 없는 문장은 명령어보다 제안어처럼 느껴지기 때문에, 사용자와의 정서적 거리를 줄이는 데 큰 장점이 된다.

추가적으로, 슬로건에 마침표를 쓰지 않는 이유는 단순한 디자인 선택이 아니다. 이는 메시지의 본질과도 깊이 연결된다. 슬로건은 브랜드와 사용자가 교감하는 첫 번째 접점이다. 따라서 열린 메시지는 사용자들에게 브랜드의 철학을 더 쉽게 전달할 수 있다.

향후 슬로건은 더 개인화되고 포괄적인 방향으로 나아갈 것이다. 환경을 강조하는 브랜드라면 "더 나은 지구를 만들자" 같은 열린 문구를 통해 독자들이 각자의 방식으로 행동에 나서도록 유도할 수 있다. 다시 말해, 슬로건은 단순한 마케팅 문구를 넘어 사람들에게 행동을 촉구하고, 영감을 주는 메시지이다. 마침표를 생략한 슬로건은 끝없는 가능성을 제공하며 우리를 브랜드와 더 깊게 연결한다. 이제 슬로건을 볼 때마다 마침표가 없는 이유를 한 번 더 생각해보자. 그것이야말로 브랜드가 당신에게 말을 거는 그들만의 방식이기 때문이다.

Q. 슬로건에는 마침표를 쓰지 않는다고?

그 이유는 마침표 없는 문구가 무한한 가능성과 확장성을 전달하며, 독자가 자유롭게 해석하고 브랜드와 더 깊게 연결될 수 있기 때문이다. 이는 간결하고 열린 메시지를 통해 사용자와 정서적으로 소통하고 영감을 주려는 브랜드 전략이다.

8장

오리지널 드라마 vs 압축 드라마,
과연 소비자의 선택은?

압축 드라마의 매력: 짧은 시간, 빠른 재미

얼마 전 인기토크쇼인 "유퀴즈 온 더 블록"에 출연한 서현진 편을 봤다. "또 오해영"이라는 로맨틱 드라마로 이미 팬이었던 저자는 서현진이 비슷한 시기 "낭만닥터 김사부 시즌 1"에도 출연했었다는 얘기를 듣고, 유튜브에서 바로 찾아보았다.

역시나. 60분 분량의 20부작을 회차별로 15~20분 정도로 짧고 굵게 편집한 압축 드라마를 쉽게 찾아 볼 수 있었다. 아무리 서현진 팬이라지만 십여 년 전 드라마를 1회부터 20회까지 정주행하면서 볼 자신이 없었다. 하지만 자투리 시간을 활용해 압축 드라마로 보게 되니 일주일 만에 흥미롭게 볼 수 있었다. 전체적인 스토리를 살리면서 주요한 장면은 놓치지 않고 편집되어 있으니 전개가 빠르고, 불필요한 감정선은 생략되어 오히려 가성비 높은 시청을 할 수 있었다.

압축 드라마는 유튜브 플랫폼을 기반으로 발전하며 시청자들의 시간을 절약하는 데 초점을 맞추고 있다. 긴 러닝타임의 드라마를 짧고 간결하게 요약해 주는 압축 드라마는 한 편을 몰입해서 보기보다 여러 편을 맛보듯 즐기고 싶어 하는 현대인의 니즈를 충족시킨다. 예를 들어, 인기 드라마 "스위트홈" 시리즈는 넷플릭스 오리지널로 긴장감 넘치는 전개를 자랑했지만, 유튜브에서는 그 긴 시즌을 한두 시간으로 편집한 압축 드라마로 큰 인기를 끌었다.

2024년 기준으로 조사한 통계에 따르면, 한국인의 약 65%가 유튜브에서 제공하는 압축 드라마 또는 요약 콘텐츠를 자주 소비한다고 답했다. 이는 유튜브의 알고리즘과 짧은 형식의 영상 소비가 시청자에게 얼마나 익숙해졌는지를 보여준다. 압축 드라마의 장점은 단연코 시간 절약과 효율성이다. 16부작의 한국 드라마가 단 3시간짜리 압축본으로 제공될 때, 시청자는 핵심만 보고 빠르게 결론에 도달할 수 있다.

그러나 단점도 많다. 캐릭터의 세부적인 성장 과정이나 서사가 생략되기 때문에 드라마의 원작 의도가 훼손될 가능성이 높다. 감정선에 중점을 두고 설계된 서사는 빠르게 전개되는 압축 드라마에서 그 진면목을 느끼기 어렵고, 무엇보다 감독과 제작진들의 깊은 메시지를 모두 다 이해하면서 감상하기에는 턱없이 부족하다.

오리지널 드라마의 매력: 깊은 감동, 여운을 남기는 이야기

반면 오리지널 드라마는 다르다. 감정의 디테일과 캐릭터의 서사, 고퀄리티의 제작 환경은 압축 드라마가 따라갈 수 없는 오리지널 드라마의 장점이다. 넷플릭스의 대표작 "더 글로리"는 복잡한 감정선과 치밀한 스토리 전개로 몰입감을 극대화했다. 단순히 사건을 나열하는 데 그치지 않고, 캐릭터의 심리 변화와 감정선을 하나씩 풀어내며 시청자와 깊은 교감을 이룬다. 이러한 장점 덕분에 오리지널 드라마는 단순한 콘텐츠를 넘어 예술적인 경험까지 제공한다는 평가를 받는다.

하지만 오리지널 드라마에도 단점은 존재한다. 긴 러닝타임과 다소 느린 느낌의 전개는 분초사회를 살아가는 바쁜 현대인들에게 부담이 될 수 있다. 특히 1.5배속이나 빨리감기, 돌려보기가 트렌드로 자리 잡으면서, 많은 시청자들이 긴 시청시간을 소화하기 어렵다고 느낀다. 통계에 따르면, 2024년 기준 넷플릭스 사용자 중 약 30%는 "드라마를 빠른 배속으로 시청한다"고 답했다.

그럼에도 오리지널 드라마의 진정한 가치는 서사의 몰입도와 감동에서 나온다. 단순히 정보를 소비하는 것이 아닌, 감정을 경험하는 데 중점을 둔 콘텐츠로서 오리지널 드라마는 여전히 강력한 입지를 유지하고 있다. 저자 역시 압축 드라마처럼 동일한 시간에 많은 작품을 보지는 못하더라도, 감독과 제작진의 깊은 의도와 침묵의 메시지까지도 이해하고 감동을 전해주는 오리지널 드라마를 정주행하는 것을 선호한다.

OTT와 유튜브: 경쟁과 상생의 묘한 관계

결국 오리지널 드라마와 압축 드라마의 대결은 넷플릭스와 유튜브라는 두 플랫폼의 경쟁 구도로 귀결된다. 넷플릭스는 독점 콘텐츠와 고품질 제작환경을 무기로 삼아 깊이 있는 콘텐츠를 제공한다. 반면 유튜브는 트렌디한 콘텐츠와 짧은 형식, 알고리즘 기반의 맞춤 콘텐츠로 시청자의 시간을 장악하고 있다.

하지만 이 둘을 단순한 경쟁 관계로만 볼 수는 없다. 넷플릭스의 오리지 널 콘텐츠는 유튜브를 통해 압축 드라마로 2차 가공되며 수많은 소비자 들에게 넷플릭스로의 구독과 인기를 끌어올리는 중간자 역할을 한다. 예 를 들어 "오징어 게임"의 요약본은 유튜브에서 폭발적인 조회수를 기록 하며 넷플릭스 구독자가 대거 유입되는 촉매제가 된 사례다.

오징어 게임 시즌2 | 공개일 발표 | 넷플릭스

Netflix Korea 넷플릭스 ...
구독자 179만명

구독

오징어 게임 시즌 2 공개일 예고편

또한 유튜브는 넷플릭스 오리지널 콘텐츠의 예고편, 리뷰, 분석 영상, 인 터뷰 영상 등 부가콘텐츠를 통해 시청자의 관심을 증폭시키는 역할을 한 다. 2024년 최고의 기대작인 "오징어 게임 2"는 유튜브를 통해 "시즌 2: 12월 26일 공개"라는 공개일과 더불어 여러 가지 예고편으로 소비자들 에게 홍보하였다. 넷플릭스의 최고 인기작을 가장 많은 소비자들에게 홍 보하고 알리는 플랫폼은 바로 유튜브이다.

이는 두 플랫폼이 경쟁하면서도 상호보완적인 관계에 있다는 점을 잘 보 여준다. 유튜브는 넷플릭스 콘텐츠의 중요한 홍보 창구로 활용되고, 넷플릭스는 유튜브를 통해 새로운 구독자를 이끌어 내는 선순환 구조를 만들어가고 있다.

뿐만 아니라 유튜브 크리에이터들은 넷플릭스 콘텐츠를 기반으로 다양한 2차 콘텐츠를 제작하면서 창의적인 활용 사례를 만들어낸다. 예를 들어, "더 글로리"와 같은 드라마는 유튜브에서 '장면 분석', '복선 정리', '캐릭터 심리 분석' 등의 콘텐츠로 확장되며 팬덤을 더욱 강력하게 형성한다.

또한 유튜브의 인기 채널들은 넷플릭스 작품의 '리뷰 챌린지'를 통해 시청자와 상호작용하면서 특정 작품의 인지도와 구독률을 높이는 데 기여한다. 이는 넷플릭스가 단순한 OTT를 넘어 하나의 문화적 현상이 되게 하는 데 유튜브가 주요한 역할을 담당하고 있음을 의미한다.

당신의 선택: 넷플릭스 또는 유튜브

넷플릭스와 유튜브는 성격이 다른 두 거대한 플랫폼이다. 둘 중 하나를 선택해야 한다면, 당신은 무엇을 고를 것인가?

넷플릭스는 깊이 있는 스토리 전개와 전달을 통해 고품질 서비스를 제공하며, 몰입감을 원하는 시청자들에게 최적의 선택이 된다. 특히 긴 시간 동안 여운을 남기는 드라마를 좋아한다면 넷플릭스가 최고의 플랫폼이다. 반대로, 시간을 절약하고 간결한 스토리에 초점을 맞추는 사람들에게 유튜브는 훌륭한 대안이 된다. 압축 드라마와 같은 콘텐츠는 짧은 시간 안에 재미를 느끼고 싶어 하는 현대인의 라이프스타일에 완벽히 부합한다.

결론적으로 넷플릭스 vs 유튜브, 이 두 가지 플랫폼은 대립적인 성격을 띠면서도 서로 보완적인 관계를 유지하고 있다. 사용자는 자신의 니즈와 라이프스타일에 따라 두 플랫폼을 적절히 활용할 수 있다. 선택의 기준은 단 하나, 시청자가 원하는 '경험의 방향성'에 달려 있다. 당신은 긴 여운을 남기는 드라마를 택할 것인가, 아니면 빠른 전개와 효율성을 추구할 것인가? OTT와 유튜브는 결국 시청자가 원하는 경험을 중심으로 계속해서 진화해 나갈 것이다.

Q. 오리지널 드라마 vs 압축 드라마, 과연 소비자의 선택은?

긴 여운과 감동을 원한다면 오리지널 드라마를, 시간 절약과 효율성을 추구한다면 압축 드라마를 선택하는 것으로, 시청자의 라이프스타일과 취향에 따라 달라진다.

9장

OTT 요금제,
가장 현명한 소비 방법은?

월 4,900원인 '네이버 멤버십'은 이미 대국민 멤버십 서비스가 되었다. 저자도 몇 년째 네이버 멤버십을 통해 다양한 혜택을 누리고 있는데, 특히 국내 OTT '티빙' 이용권은 최고의 빅딜이었다. 그런 네이버 멤버십에 또 다른 빅딜이 생겼으니, 2024년 12월부터 티빙뿐만 아니라 넷플릭스 광고요금제로 선택의 폭이 넓어진 것이다. 이 요금제는 연간 구독 시 월 3,900원 수준이다. 아! 고민이다. 티빙으로 정해야 할지, 넷플릭스로 정해야 할지… 하지만 매월 번들 요금제를 바꿀 수도 있으니, OTT별 선호하는 작품과 연관 지어서 요금제를 정하되 너무 고민할 필요는 없다.

저자뿐만 아니라 요즘 많은 사람들이 나의 미디어 소비 패턴과 가장 잘 맞고, 최대한 가성비 높은 요금제를 선택하기 위해 다양한 방법으로 고민하고 있다. 최소 2개에서 많게는 4~5개까지 OTT를 중복 구독하는 소비자들이 많아지면서, 최근 네이버 멤버십 사례는 OTT 번들 상품의 현주소를 잘 보여주는 듯하다. 판매 촉진을 위해 다양한 상품을 하나로 묶어 할인된 가격에 판매하는 상품이나 서비스를 '번들 상품'이라고 하는데, 번들로 묶어서 판매되면 가장 좋은 서비스로 넷플릭스가 당당히 1위를 차지했다.

출처: 파이낸셜뉴스

한국인이 가장 많이 사용하는 OTT앱

또한, 국내 다양한 OTT앱 사용자 통계 중 사용자 수가 가장 많은 앱인 동시에 하나만 구독 중인 단독 사용자의 비율이 46%로 가장 높은 서비스 역시 넷플릭스였다. 이번 장에서는 넷플릭스를 중심으로 현재 OTT 요금제의 종류와 최근 변화, 그리고 현명한 소비 방법에 대해 알아보자.

넷플릭스 요금제: 광고형, 스탠다드, 프리미엄

넷플릭스 서비스의 요금제는 다양한 사용자 니즈에 맞추어 광고형, 스탠다드, 프리미엄 요금제로 나뉜다. 특히 넷플릭스는 최근 추가한 광고형 요금제로 사용자의 선택 폭을 넓혔다.

출처: 넷플릭스

넷플릭스 멤버십	특징
광고형 스탠다드	• 광고형, 모든 모바일 게임 및 대부분의 영화 및 시리즈 이용 가능. 이용이 불가능한 콘텐츠에는 자물쇠 아이콘이 표시됨 • 2대의 지원되는 디바이스에서 동시 스트리밍 가능 • 1080p(풀 HD)로 시청 • 한 번에 2대의 지원되는 디바이스에서 콘텐츠 저장 가능
스탠다드	• 광고 없이 영화, 시리즈, 모바일 게임 무제한 이용 • 2대의 지원되는 디바이스에서 동시 스트리밍 가능 • 1080p(풀 HD)로 시청 • 한 번에 2대의 지원되는 디바이스에서 콘텐츠 저장 가능 • 함께 살지 않는 사람 1명을 추가 회원으로 등록할 수 있는 옵션 제공
프리미엄	• 광고 없이 영화, 시리즈, 모바일 게임 무제한 이용 • 4대의 지원되는 디바이스에서 동시 스트리밍 가능 • 4K(UHD) 및 HDR로 시청 • 한 번에 6대의 지원되는 디바이스에서 콘텐츠 저장 가능 • 함께 살지 않는 사람을 최대 2명 추가 회원으로 등록할 수 있는 옵션 제공 • 넷플릭스 공간 음향
요금(한국 원화) • 광고형 스탠다드: 월 5,500원 • 스탠다드: 월 13,500원(월 5,000원 추가 지불 시 추가 회원 자리 등록 가능) • 프리미엄: 월 17,000원(월 5,000원 추가 지불 시 추가 회원 자리 등록 가능)	

넷플릭스 멤버십 및 요금

'광고형' 요금제는 광고를 시청하는 조건으로 저렴한 비용에 서비스를 제공하는 형태이다. 한국 기준으로 월 5,500원으로, 가장 저렴한 옵션이다. 광고는 주로 회당 약 4~5분 정도 삽입되며, 콘텐츠가 중단되는 순간마다 광고를 시청해야 한다. 플레이어의 재생바를 살펴보면 중간 중간에 재생바 라인이 끊긴 부분을 확인할 수 있는데, 이 부분이 광고 재생 영역이다.

건너뛰기를 할 수 없기 때문에 1시간당 4~5분 정도의 광고를 반드시 봐야 한다. 또한 일부 인기 콘텐츠는 광고형 요금제에서 제외되어 볼 수 없는 경우도 있다. 특정 오리지널 시리즈나 최신 영화 등이 광고형 요금제에서 제한될 수 있지만, 가볍게 콘텐츠를 즐기고자 하는 사용자에게 유리한 요금제이다.

넷플릭스 광고형 요금제는 미국과 한국에서 초기 도입 6개월 만에 전체 사용자 중 약 10% 이상이 구독할 정도로 빠르게 확산되고 있다. 또한 광고형 요금제는 학생, 저소득층, 비정기 시청자에게 특히 매력적인 선택으로 자리 잡고 있다.

'스탠다드' 요금제는 광고 없이 콘텐츠를 즐길 수 있으며, 동시 접속 가능 디바이스 수는 2대로 제한된다. 월 13,500원으로, 가성비를 중시하는 사용자에게 적합하다. 특히 몰아보기Binge-watching를 선호하거나 가족 단위가 아닌 개인 사용자들이 가장 많이 선택하는 요금제로 꼽힌다.

'프리미엄' 요금제는 4K 화질과 최대 4개의 동시 접속 디바이스를 제공한다. 가족 단위 사용자가 선호하며 월 17,000원이다. 대가족이나 친구들과 계정을 공유하여 사용하는 경우 가장 효율적인 옵션으로 꼽힌다. 한 집에서 여러 명이 넷플릭스를 동시에 시청하는 경우 화질 저하 없이 모든 디바이스에서 시청할 수 있다는 큰 장점이 있다.

이처럼, 사용자층의 선호도와 미디어 소비 취향에 따라 요금제 선택이 어떻게 다를 수 있는지를 잘 보여준다.

번들링 전략과 제휴: 새로운 소비 패턴

앞서 언급한대로, 2024년 12월부터 네이버 멤버십과 넷플릭스의 제휴가 시작되었다. 이로써 네이버 멤버십 가입자는 추가 요금을 내지 않고도 넷플릭스 광고형 요금제를 사용할 수 있게 되었다. 이는 사용자들에게 큰 혜택으로 다가오며, 번들링 전략이 OTT 시장에서 얼마나 중요한지를 보여주는 사례로 평가받는다. 이외에도 다양한 번들링 사례들이 존재하며 국내 통신사 및 해외에서도 이 전략을 효과적으로 활용하고 있다.

국내 통신사의 번들링 사례를 보자. SKT는 특정 요금제를 사용하는 고객에게 넷플릭스 스탠다드 요금제를 무료로 제공하고 있다. 이는 넷플릭스를 중심으로 가족 단위 고객을 유치하려는 전략이다. KT는 인터넷 요금제와 디즈니＋를 번들링하여 특정 인터넷상품 사용 시 디즈니＋를 무료로 제공한다. LG유플러스는 웨이브와 제휴하여 OTT 사용 빈도가 높은 고객을 타깃으로 하고 있다.

해외 번들링 사례로는 T-Mobile이 미국에서 디즈니＋, 훌루, ESPN＋를 통신 요금제에 포함시켜 소비자에게 큰 비용 절감 효과를 제공하는 사례가 있다. AT&T는 MAX를 포함한 요금제를 통해 프리미엄 콘텐츠를 원하는 고객을 대상으로 마케팅을 진행하고 있다.

OTT끼리의 번들링 사례 또한 인기를 얻고 있다. 디즈니＋는 훌루, ESPN＋와 함께 번들 요금제를 제공하여 스포츠와 영화, TV 시리즈를 한번에 즐길 수 있는 선택지를 제공한다. 국내에서는 티빙과 시즌의 합병 후 번들링 효과가 극대화되었다.

OTT 서비스들이 번들링을 선호하는 이유는 고객 유지율 향상과 시장 점유율 확대 때문이다. 번들링은 여러 서비스에 대한 접근성을 한 번에 제공하여 고객 이탈을 줄이고, 통신사와 협력해 더 넓은 고객층에 도달할 수 있게 한다. 또한 번들링은 경쟁 플랫폼과의 차별화를 도모할 수 있는 중요한 수단이기도 하다. 소비자는 비용 절감과 다양한 콘텐츠를 동시에 얻을 수 있으며, OTT는 신규 사용자 유입과 기존 사용자 유지에 효과적인 전략으로 활용하고 있다. 단점으로는 소비자가 사용하지 않는 서비스가 포함될 가능성이 있고, 특정 OTT를 선택하지 못하고 제한적인 선택지에 묶일 수 있다는 점이 있다.

현명한 소비를 위한 월결제 vs 연간결제

넷플릭스와 같은 OTT 서비스는 월결제와 연간결제 옵션을 제공한다. 연간결제를 선택하면 약 10~15%의 비용 절감 효과를 얻을 수 있지만, 단기적으로 서비스를 이용할 경우 월결제가 더 유리할 수 있다. 연간결제는 미국, 일본, 독일 등 주요 국가에서는 일반적으로 제공되고 있다. 하지만 한국은 2022년 이후 연간결제 옵션이 사라졌다. 이는 시장 특성과 사용자 패턴에 따른 결정으로, 국내 사용자는 단기적으로 특정 콘텐츠만 소비하는 경향이 강하다는 분석 때문이다. 한국과 유사하게 연간결제가 없는 나라는 인도와 동남아시아 일부 국가들로, 이들 지역 역시 월결제 선호도가 높다.

OTT 요금제 비교	동시접속 수 및 요금제			
	동시접속 1명	동시접속 2명	-	동시접속 4명
	베이직	광고형 스탠다드	스탠다드	프리미엄
넷플릭스	-	5,500원	13,500원	17,000원
디즈니+	-	-	9,900원	13,900원
왓챠	7,900원	-	-	12,900원

5부 | 소비자 뒤에 숨겨진 비밀들

라프텔	9,900원	-	-	14,900원
티빙	9,500원	5,500원	13,500원	17,000원
웨이브	7,900원	-	10,900원	13,900원

국내 주요 OTT 요금제 비교

국내 OTT의 연간결제 사례를 보자. 웨이브는 연간결제 시 약 15% 할인 된 요금으로 제공하며, 가족 단위 사용자들에게 인기가 많다. 티빙은 연 간결제를 통해 월결제 대비 약 12% 저렴한 요금제를 제공하며, 콘텐츠를 정기적으로 소비하는 사용자들에게 적합하다. 쿠팡플레이는 쿠팡과 결합 된 멤버십으로 연간결제 옵션을 선택할 수 있으며, 쇼핑 할인 혜택과 함 께 제공된다.

월결제는 유연한 옵션으로, 단기적으로 OTT를 이용하거나 특정 시즌만 시청하려는 사용자에게 적합하다. 만약 인기 드라마 한 시즌을 몰아보기 위해 1~2개월만 가입하는 경우라면 월결제가 효율적이다. 연간결제는 장 기적으로 서비스를 이용할 계획이라면 추천된다. 연간결제를 통해 비용 을 절감할 수 있으며, 사용자 입장에서 번거롭게 갱신할 필요가 없다.

앞으로 OTT 서비스들은 더 개인화된 요금제를 도입할 가능성이 크다. 예 를 들어 특정 장르만 시청하는 사용자에게는 그에 맞는 저가 요금제가 제 공되거나, 사용자의 콘텐츠 시청량에 따라 요금을 지불하는 방식이 도입 될 수 있다.

요금제 선택 이전에 자신의 소비패턴을 이해하라

다양한 요금제와 선택 기준에 대해 다시 정리해보자. OTT 요금제를 선택할 때는 자신의 시청 패턴과 우선순위를 명확히 분석해야 한다. 광고형 요금제는 비용을 절감하고 가볍게 콘텐츠를 즐기고자 하는 사용자에게 적합하며, 프리미엄 요금제는 고화질과 가족 사용에 최적화되어 있다. 네이버 멤버십과의 제휴는 OTT 번들링 전략의 대표적인 사례로, 소비자들에게 더 많은 선택권과 혜택을 제공한다.

OTT 서비스를 몇 개나 중복해서 사용하는지에 따라 선택 방법도 달라질 수 있다. 특정한 서비스 1개만 이용할 경우, 가장 저렴한 광고형 요금제를 선택하거나 네이버 멤버십과 같은 번들링 혜택을 적극 활용하는 것이 좋다. 예를 들어 넷플릭스 광고형 요금제는 월 5,500원으로 저렴하면서도 주요 콘텐츠를 즐길 수 있다.

2개 이상의 OTT 서비스를 이용할 경우, 통신사 번들링을 고려하거나 특정 시즌에 맞춰 유연하게 가입과 해지를 반복하는 것이 경제적이다. 예를 들어 SKT를 통해 넷플릭스와 티빙을 함께 이용하면 요금을 최대한으로 절약할 수 있다.

만약 3개 이상의 다양한 OTT 서비스를 이용한다고 가정해보자. 넷플릭스, 웨이브, 디즈니＋와 같은 서비스를 정기적으로 시청한다면 연간결제를 활용해 할인 혜택을 받는 것이 적합하다. 가족 단위로 모두 함께 사용한다면, 프리미엄 요금제로 적절하게 공유하는 방식이 가장 효율적이다.

끝으로 정리해 보자면, 가장 현명한 OTT 요금제 선택 방법은 자신의 사용량과 필요에 맞는 요금제를 잘 선택하는 것이다. OTT 시장이 계속 진화하는 만큼 요금제 또한 새롭게 변화하며 진화한다. 소비자는 이 세밀한 변화에 발맞춰 스마트한 소비 방식을 찾아야 한다. OTT 서비스는 단순한 콘텐츠 소비 플랫폼이 아니라, 우리의 일상을 더욱 풍성하고 즐겁게 만들어주는 도구가 될 수 있기 때문이다. OTT 서비스와 요금제 선택 역시 조금만 더 관심을 가지고 살펴보고 결정한다면 나에게 가장 안성맞춤인 OTT 서비스와 요금제를 선택할 수 있다.

Q. OTT 요금제, 가장 현명한 소비 방법은?

자신의 시청 패턴에 맞춰 요금제를 선택하고 번들링 및 연간결제 혜택을 최대한 활용하는 것이다. 광고형 요금제는 가성비를, 프리미엄 요금제는 가족 공유와 고화질을 중시하는 사용자에게 적합하며, 통신사 번들링과 네이버 멤버십 같은 제휴 서비스를 적극 이용하는 것이 현명한 선택이다.

6부

숨겨진 비밀들을 풀기
위한 황금열쇠

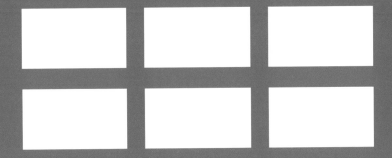

PART 6. The Golden Key to Unlock Hidden Secrets
6부. 숨겨진 비밀들을 풀기 위한 황금열쇠

1장

첫 번째 황금열쇠 '미디어 리터러시'

미디어와 동행하는 첫걸음 - 미디어 리터러시

앞선 장에서 넷플릭스와 유튜브, 그리고 미디어와 소비자 뒤에 숨겨진 비밀들을 알게 되었다. 미디어들은 소비자들이 더 많은 소비를 하도록 수많은 장치들을 만들어 두었으며, 소비자들 역시 미디어를 더 효과적으로 사용하는 방식과 그 뒤에 숨겨져 있던 크고 작은 비밀들이 있다는 것을 알게 되었다. 미디어와 소비자는 상호보완적으로 성장해 왔으며 지금도 서로 간의 밀접한 커뮤니케이션을 통해 계속해서 진화하고 있다.

이제 중요한 질문을 해보겠다. 이런 비밀들을 알게 된 지금, 우리는 이제 미디어를 어떻게 대해야 할까? 단순히 소비자로서 더 많은 콘텐츠를 수동적으로 즐기기만 할 것인가, 아니면 미디어의 힘을 제대로 이해하고, 우리의 삶에서 능동적으로 활용할 나만의 현명한 방법들을 고민하고 적용해 볼 것인가?

미디어 뒤에 숨겨진 비밀들을 풀기 위한 첫 번째 황금열쇠는 '미디어 리터러시^{Media Literacy}'의 중요성을 인식하는 것이다. 미디어 리터러시는 미디어 콘텐츠를 단순히 소비하는 것이 아니라 이를 비판적으로 분석하고 평가하며, 적절히 활용할 수 있는 능력을 말한다. 최근 교육의 장인 초·중·고등학교에서도 미디어 리터러시 교육의 필요성을 크게 느끼고 있다. 이것은 단지 교육 현장에서만 적용되는 이야기가 아니다. 저자와 같은 성인들도 디지털 환경에서 스스로를 보호하고, 올바르게 미디어를 활용하기 위해서 미디어 리터러시를 갖춰야 한다.

미디어 리터러시는 마치 지도와 같다. 길을 잃지 않기 위해서는 현재 위치를 정확히 파악하고, 찾아갈 목적지를 설정해야 한다. 넷플릭스와 유튜브라는 거대한 디지털 공간에서 우리는 어떤 방향으로 나아갈지 선택할 수 있어야 한다. 단지 눈앞에 보이는 추천 영상에 의존하지 않고 스스로 탐색하는 힘이 필요하다. 예를 들어, 특정 장르에 국한되지 않고 다큐멘터리와 드라마, 시사, 교육, 독립영화에 이르기까지 폭넓게 탐구해 보는 것은 건강한 미디어 소비를 위한 첫걸음이 될 수 있다. 이 장에서는 넷플릭스와 유튜브를 중심으로 미디어 리터러시를 갖추기 위한 다섯 가지 실천사항을 제안해 보고자 한다.

미디어 리터러시를 위한 다섯 가지 핵심 제안

하나. 알고리즘의 작동 방식을 이해하라

넷플릭스와 유튜브는 알고리즘을 통해 사용자가 좋아할 만한 콘텐츠만 추천한다. 이는 매우 편리한 기능이지만, 알고리즘은 사용자의 기존 취향을 바탕으로 한정된 선택지만 제시한다는 한계가 있다. 추천되는 콘텐츠가 전부가 아니라는 사실을 알고 의도적으로 추천되지 않은 콘텐츠를 탐색하는 것이 중요하다. 마치 익숙한 길만 걷는 대신, 가끔은 새로운 골목을 탐험하는 즐거움도 스스로 느껴야 하는 것과 같다. 이런 알고리즘을 이해하고 앞으로의 나의 미디어 생활에 적용해 본다면 미디어 소비의 주도권을 스스로 쥘 수 있다.

둘. 시간 관리의 중요성을 깨달아라

미디어는 종종 우리의 시간을 잠식한다. 한 콘텐츠를 보다가 다음 콘텐츠로 넘어가는 일이 반복되면 하루가 끝나버리기도 한다. 시간을 효율적으로 사용하기 위해서는 하루 미디어 소비 시간을 정하거나, 특정 시간 이후에는 앱 사용을 제한하는 습관을 들여야 한다.

출처: 유튜브

YouTube 시간 관리 도구

시청 중단 시간 알림
1시간마다

취침 시간 알림
오후 11:00~오전 5:00

모바일/태블릿에서 자동 재생
동영상이 끝나면 다른 동영상이 자동으로
재생됩니다.

유튜브 시간 관리 도구

예를 들어, 유튜브는 시청 시간을 알려주는 리마인더 기능과 취침 시간 알림 기능, 그리고 자동재생 옵션 기능이 있다. 해당 기능을 활용하는 것만으로도 미디어가 시간을 지배하는 것이 아니라 우리가 미디어를 적절히 활용하는 주인이 될 수 있다. 또한 목적 없는 미디어 소비보다는 명확한 목적성을 가지고 미디어 소비를 해야 한다. 피드에 추천된 동영상을 보기보다는 목적에 맞는 검색어를 통해 목적을 달성하고, 목적에 맞는 콘텐츠 위주로 소비를 하는 것이다. 넷플릭스의 경우 내가 평소에 찜해둔 작품 위주로 보되, 다음 화 자동재생이라는 옵션 기능을 디폴트 설정에서 해지로 바꿔놓자.

셋. 콘텐츠를 비판적으로 분석하라

미디어에서 제공하는 모든 정보가 진실하거나 유익한 것은 아니다. 제공된 콘텐츠가 어떤 의도를 가지고 제작되었는지, 어떤 메시지를 전달하려 하는지를 생각해야 한다. 예를 들어, 광고가 포함된 콘텐츠는 특정 상품을 구매하도록 유도할 수 있고, 다큐멘터리조차도 제작자의 특정한 관점이 반영될 수 있다. 콘텐츠의 출처와 신뢰도를 항상 확인하고 여러 관점을 비교하며 자신만의 결론을 내리는 것이 중요하다. 비판적으로 분석하는 태도는 미디어의 소극적인 소비자가 아닌 능동적인 주체로서 설 수 있는 시작점이다.

특히 시사나 역사, 정치 관련 콘텐츠의 경우 한쪽으로 치우치지 않도록 다양한 언론사의 콘텐츠를 함께 찾아볼 필요가 있다. 중요한 이슈를 다루는 뉴스의 경우, 누락된 정보나 누락된 필수 이해관계자는 없는지 꼼꼼히 살펴보면서 입체적인 이해와 접근을 하는 것이 미디어 리터러시의 기본이자 필수 조건이다.

넷. 다양한 콘텐츠를 소비하라

한 가지 플랫폼이나 장르에만 국한되지 않고 다양한 미디어를 경험해 볼 필요가 있다. 넷플릭스에서 사극 드라마를 즐겼다면 유튜브에서는 관련 다큐멘터리를 찾아보고, 독립 플랫폼에서는 다른 언론사의 관련 콘텐츠를 탐색해보는 것도 좋은 방법이다. 또한 평소에 관심이 없던 채널이나 다른 분야의 콘텐츠를 다양하게 터치하며 피드의 넓이와 높이를 확장시킬 필요가 있다. 이는 마치 한 가지 음식만 먹는 대신 다양한 요리를 경험하는 것과 같다. 폭넓은 콘텐츠 소비는 사고의 유연성을 키우고, 삶의 시야를 넓히는 데 큰 도움을 준다.

다섯. 창의적으로 미디어를 활용하라

미디어는 단순히 콘텐츠를 소비하는 도구가 아니라 창조의 장이 될 수 있다. 유튜브 크리에이터들은 자신의 이야기나 생각을 담은 콘텐츠를 제작하고, 넷플릭스는 독립영화 제작자들에게 글로벌 관객과 만날 기회를 제공한다. 창의적으로 미디어를 활용하면 자신만의 가치를 표현하는 플랫폼으로 발전시킬 수 있다. 예를 들어, 간단한 취미 영상을 만들어 공유하거나 자신의 관심사를 블로그로 기록하며 사람들과 소통하는 것도 훌륭한 방법이다.

소비자의 입장에서만 미디어를 바라보지 말고, 가끔은 창작자의 입장도 되어보자. 예상하지 못할 만큼 엄청나게 많은 것들을 얻게 될 것이다. 콘텐츠 제작이 어렵다면 인상 깊었던 콘텐츠에 정성껏 댓글이라도 달아보자. 댓글을 통해 제법 의미 있는 커뮤니케이션을 이루어낼 수도 있기 때문이다. 이렇듯 미디어는 수동적으로 보기만 할 때보다 창조적인 제작과 참여의 도구로 활용할 때 비로소 그 진정한 가치를 발휘한다.

자! 이제 첫 번째 황금열쇠를 정리해보자. 위에서 언급한 다섯 가지 제안을 한 가지씩 실천해 본다면 미디어는 단순한 오락의 도구를 넘어 정보와 교육, 창의성의 도구로 변모할 것이다. 결국 미디어를 잘 활용하는 방법은 그것을 단순히 소비하는 데 머무르지 않고, 삶에 긍정적인 영향을 미치는 방향으로 능동적으로 사용하는 것이다. 미디어 리터러시는 이를 위한 첫걸음이다.

"미디어를 잘 알고 현명하게 활용하면, 그것은 우리 삶을 풍요롭게 만드는 강력한 무기가 될 수 있다."

Q. '미디어 리터러시'를 위한 다섯 가지 핵심 제안

1. 알고리즘의 작동 방식을 이해하라

2. 시간 관리의 중요성을 깨달아라

3. 콘텐츠를 비판적으로 분석하라

4. 다양한 콘텐츠를 소비하라

5. 창의적으로 미디어를 활용하라

2장

두 번째 황금열쇠 '디지털 디톡스'

균형 잡힌 미디어 소비를 위한 실천: 디지털 디톡스

앞서 살펴본 첫 번째 황금열쇠인 '미디어 리터러시$^{Media Literacy}$'가 미디어의 작동 방식을 이해하고 주도적으로 사용하는 방법이었다면, 두 번째 황금열쇠는 건강하고 균형 잡힌 미디어 생활을 유지하기 위한 실천 방안인 '디지털 디톡스$^{Digital Detox}$'다.

옥스퍼드 사전에서는 디지털 디톡스를 다음과 같이 정의하고 있다. "디지털^{digital}과 해독^{detox} 합성어로 '스마트폰이나 컴퓨터와 같은 미디어 전자기기 사용을 하지 않는 기간'을 뜻하며, 이는 현실 세상에서의 사회적 교류로 인한 스트레스와 주목을 줄일 수 있는 기회이다."

이것은 우리가 매일 만나는 유튜브, 넷플릭스와 같은 미디어를 최대한 보지 말고 완전히 끊어야 한다는 극단적인 방향성의 제안이 절대 아니다. 디지털 디톡스는 우리가 지나친 미디어 소비에서 벗어나, 디지털과 아날로그 사이에서 건강한 균형을 찾는 것을 목표로 한다.

미디어는 적절하게 잘 사용하면 삶을 따뜻하고 풍요롭게 하지만, 잘못된 방법으로 소비해 버리면 우리의 시간과 에너지를 모두 태워서 없애 버린다. 주변 지인들이 종종 농담처럼 꺼내는 얘기가 있다. "로또에 당첨되면 일하지 않고 평생 넷플릭스나 실컷 보면서 살고 싶다"는 얘기다. 가벼운 농담에 가깝지만, 우리 삶의 소중한 대부분의 시간을 미디어와 견줘서 언급하는 것만으로도 가끔 씁쓸하고 안타깝게 들릴 때가 있다. 디지털 디톡스는 이런 생각들과 실제적인 생활 속에서의 부작용을 최소화하고, 미디어의 긍정적인 측면만을 극대화하기 위한 생활 방식이다.

디지털 디톡스를 위한 다섯 가지 핵심 제안

<u>하나. 하루에 30분은 디지털 기기와 거리를 두라</u>
아침에 일어나자마자 휴대폰을 확인하고, 밤늦게까지 넷플릭스를 시청하는 생활은 우리를 피로하게 만들고 집중력까지 훔쳐가 버린다. 지구인 집중력 회복 프로젝트였던 요한 하리의 유명 저서 『도둑맞은 집중력』은 현대인의 집중력을 훔쳐가는 주요 이유들로 미디어 멀티태스킹과 SNS와 숏클립의 무한스크롤, 광고 및 유튜브 알고리즘을 언급했다. 이런 상황에서 회복하기 위해서는 매일 사용하는 디지털 기기에서 잠깐 벗어나 자연에 머물고, 가족들과 시간을 보내고, 충분한 수면을 취하라고 강조하고 있다.

하루 중 단 30분이라도 디지털 기기에서 벗어나 보자. 이 시간에는 산책, 운동, 독서, 반신욕 혹은 명상을 통해 나만의 시간을 가져보는 것이다. 예를 들어 저녁식사 후 스마트폰을 집에 두고 산책을 다녀온다거나, 자기 전 30분 동안은 침대 옆에 디지털 기기를 두지 않는 습관을 들이는 것이 좋다. 미디어 대신 가벼운 독서나 음악 감상, 가족이나 배우자와 하루의 일상을 가볍게 나누는 습관을 추천한다. 이러한 작은 변화가 쌓이면 디지털 소비와의 건강한 거리감을 만들어 균형적인 삶을 이루어낼 수 있다.

둘. 미디어 소비 계획을 세워라
계획 없는 미디어 소비는 시간을 갉아먹는 주범이다. 유튜브를 켜고 연관 콘텐츠나 쇼츠를 클릭하다 보면 어느새 몇 시간이 흘러가 버린다. 미디어 소비 시간을 정하고, 하루에 몇 시간씩 사용할지 계획을 세워보자.

넷플릭스를 시청할 때는 보고 싶은 작품을 미리 정하고, 하루에 몇 회차까지만 시청할지 앞서 정하는 것도 좋은 방법이다. 유튜브에서는 첫 번째 황금열쇠였던 미디어 리터러시에서 언급한 시간 관리 기능—알림기능, 취침시간 등—들을 통해 미디어 소비 시간의 예산을 미리 정하는 것이 좋다. 목적 없는 무분별한 미디어 소비 대신, 보고 싶은 콘텐츠를 선택적으로 소비하는 습관이 필요하다.

셋. 디지털과 아날로그의 균형을 찾아라
디지털 콘텐츠는 유익하지만, 아날로그 활동이 주는 감각적인 경험도 필요하다. 주말마다 일정 시간 디지털 기기에서 벗어나 책을 읽거나, 야외에서 운동을 하거나, 손으로 무언가를 만들어보는 시간을 가져보자. 이는 디지털에 지친 두뇌를 회복시키고 새로운 영감을 줄 수 있다.

친구들과의 만남에서 스마트폰을 잠시 내려놓고 대화에 집중하거나 OTT, 영화 대신 연극, 공연을 관람하는 것도 추천해주고 싶은 방법이다. 디지털과 아날로그의 균형을 찾는 것은 단순한 일상이 아니라 삶의 행복과 질을 높이는 중요한 열쇠이다.

넷. 소셜미디어 사용을 제한하라

소셜미디어는 우리의 시간을 쉽게 빼앗아 간다. 하루에 소셜미디어를 사용할 시간을 정하고, 특정 시간 이후에는 알림을 끄는 것이 좋다. 넷플릭스 다큐 "소셜 딜레마"에서는 소셜미디어 중독을 방지하기 위한 구체적인 실천방안을 제시해 주고 있다.

- 스마트폰 SNS 앱을 지우고 데스크톱에서만 사용하기
- 정한 요일, 정한 시간에만 선택적으로 사용하기
- SNS 앱은 스마트폰 첫 페이지가 아닌, 뒤쪽에 배치하기
- 모든 SNS 알림기능 끄기
- 일정한 팔로우 수를 정한 후, 매월 리스트 정리하기

또한, 무작정 추천된 피드에서 스크롤링하기보다는 의미 있는 소셜미디어 활동을 찾아보는 것도 중요하다. 소셜미디어에서 인사이트를 얻거나 새로운 취미를 발견하는 데 시간을 좀 더 의미 있게 활용할 수 있다.

다섯. 나만의 디지털 휴식 시간을 만들어라

디지털 디톡스를 실천하는 가장 쉬운 방법은 자신만의 '디지털 휴식 시간'을 만드는 것이다. 주말 저녁 한 끼는 디지털 기기를 멀리하고 가족이나 친구와 시간을 보내는 방법이 있다. 또한 업무 중에는 특정 시간 동안 휴대폰을 비행기 모드로 설정해 디지털 방해를 차단하거나, 한 달에 한 번 디지털 안식일을 지정하여 하루 정도 미디어 소비를 쉬는 것도 좋은 방법이다.

이러한 디지털 휴식 시간은 단순히 디지털로부터 벗어나는 것 이상으로 나 자신을 돌아보는 기회를 제공한다. 디지털 기기에서 벗어나 생각을 정리하고, 앞으로의 방향성을 고민하는 시간이 될 수 있다.

에필로그: 진정한 황금열쇠

결국 미디어는 불과 같다. 잘 사용하면 삶을 풍요롭게 하지만, 잘못 사용하면 수많은 부작용을 낳게 된다. 중요한 것은 미디어의 본질을 이해하고, 이를 활용하는 방식이다. 우리가 매일 만나는 넷플릭스와 유튜브를 포함한 다양한 미디어의 비밀들을 제대로 알고 이를 올바르게 활용할 때, 미디어는 단순한 오락의 수단을 넘어 삶을 긍정적으로 변화시키는 강력한 도구가 될 것이다. 지피지기면 백전백승. 미디어를 알고 활용하라. 그것이 미디어 시대를 살아가는 우리의 황금열쇠이다.

> "미디어는 우리 삶을 풍요롭게 만들 수 있는 열쇠다. 그 열쇠를 어떻게 사용할지는 당신의 손에 달려 있다."

Q. '디지털 디톡스'를 위한 다섯 가지 핵심 제안

1. 하루에 30분은 디지털 기기와 거리를 두라
2. 미디어 소비 계획을 세워라
3. 디지털과 아날로그의 균형을 찾아라
4. 소셜미디어 사용을 제한하라
5. 나만의 디지털 휴식 시간을 만들어라

통계로 알아보는 미디어의
비밀스런 랭킹

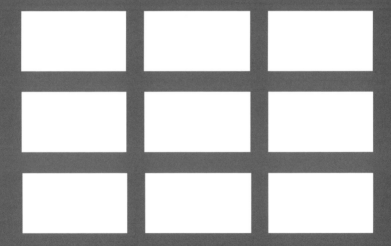

Appendix: Secret Media Rankings Revealed by Statistics

부록: 통계로 알아보는 미디어의 비밀스런 랭킹

1. [넷플릭스] 글로벌 오리지널 드라마 랭킹 Top.10

순위	작품명	국가	연도	시청수
1	오징어게임 시즌 1	한국	2021	2.65억
2	웬즈데이 시즌 1	미국	2022	2.52억
3	오징어게임 시즌 2	한국	2024	1.78억
4	기묘한 이야기 4	미국	2022	1.4억
5	다머	미국	2022	1.15억
6	브리저튼 시즌 1	미국	2020	1.13억
7	퀸스 갬빗	미국	2020	1.12억
8	브리저튼 시즌 3	미국	2022	1.06억
9	종이의 집 파트 4	스페인	2020	1.06억
10	뤼팽 파트 1	프랑스	2021	0.99억

- 작품 공개 후 91일간 시청수 집계(출처: 넷플릭스)

2. [넷플릭스] 글로벌 오리지널 영화 랭킹 Top.10

순위	작품명	장르	국가	연도	시청수
1	레드 노티스	액션	미국	2021	2.3억
2	돈룩업	코미디	미국	2021	1.7억
3	캐리온	스릴러	미국	2024	1.6억
4	애덤 프로젝트	액션	미국	2022	1.57억
5	버드 박스	드라마	미국	2018	1.57억
6	리브 더 월드 비하인드	드라마	미국	2023	1.43억
7	그레이 맨	액션	미국	2022	1.39억
8	댐즐	액션	미국	2024	1.38억
9	오늘부터 히어로	코미디	미국	2020	1.37억
10	내 이름은 마더	액션	미국	2023	1.36억

- 작품 공개 후 91일간 시청수 집계(출처: 넷플릭스)

3. [넷플릭스] 국내 오리지널 드라마 랭킹 Top.10

순위	작품명	연도	회차	누적시청시간
1	오징어게임 시즌1	2021	9회	23억
2	오징어게임 시즌2	2024	7회	10.9억
3	지금 우리 학교는 시즌1	2022	12회	6.59억
4	더 글로리	2022	16회	5.6억
5	마이 네임	2021	8회	1.94억
6	사냥개들 시즌1	2023	8회	1.64억
7	지옥 시즌1	2021	6회	1.42억
8	경성크리처 시즌1	2023	10회	1.41억
9	소년심판	2022	10회	1.34억
10	종이의 집: 공동경제구역	2022	12회	1.33억

- 출처: 넷플릭스 Top10 공식 자료 기준(2021.6.28.~2025.1.31.)

4. [넷플릭스] 국내 오리지널 영화 랭킹 Top.10

순위	작품명	연도	시간	누적시청시간
1	황야	2024	108분	7,460만
2	카터	2022	132분	6,539만
3	길복순	2023	137분	6,338만
4	무도실무관	2024	108분	5,700만
5	승리호	2021	136분	5,334만
6	발레리나	2023	93분	5,060만
7	정이	2023	98분	3,980만
8	야차	2022	125분	3,652만
9	20세기 소녀	2022	119분	3,451만
10	스마트폰을 떨어뜨렸을 뿐인데	2023	117분	3,309만

- 출처: 넷플릭스 Top10 공식 자료 기준(2021.6.28.~2025.1.31.)

부록 | 통계로 알아보는 미디어의 비밀스런 랭킹

5. [넷플릭스] 국내 TV 동시 방영 드라마 랭킹 Top.10

순위	작품명	방송사	연도	누적시청시간
1	눈물의 여왕	tvN	2024	6.82억
2	이상한 변호사 우영우	ENA	2022	6.62억
3	킹더랜드	JTBC	2023	4.46억
4	엄마친구아들	tvN	2024	3.40억
5	마이 데몬	SBS	2023	3.31억
6	환혼	tvN	2022	3.03억
7	갯마을 차차차	tvN	2021	3억
8	지금 거신 전화는	MBC	2024	2.82억
9	사내맞선	SBS	2022	2.79억
10	일타스캔들	tvN	2023	1.83억

- 출처: 넷플릭스(2021.6.28.~2025.1.31.)

6. [유튜브] 글로벌 채널 구독자 랭킹 Top.10

순위	채널명	카테고리	국가	구독자	조회수
1	MrBeast	엔터/Vlog	미국	3.56억	717억
2	T-Series	음악	인도	2.85억	2839억
3	Cocomelon	키즈/푸드	미국	1.89억	1963억
4	SET India	엔터/음악	인도	1.81억	1743억
5	Vlad and Niki	키즈	미국	1.33억	1019억
6	Kids Diana Show	키즈	미국	1.3억	1108억
7	Like Nastya	키즈/엔터	미국	1.25억	1096억
8	Zee Music Company	음악/영화	인도	1.14억	741억
9	Stokes Twins	엔터	미국	1.11억	1815억
10	PewDiePie	게임/엔터	일본	1.1억	294억
14	BLACKPINK	음악	한국	0.95억	378억

- 출처: 유튜브(YouTube)/2025.2.7. 기준

7. [유튜브] 국내 구독 채널 랭킹 Top.10

순위	채널명	카테고리	구독자	조회수
1	BLACKPINK	음악	9,580만	378억
2	김프로KIMPRO	Vlog	8,460만	532억
3	BANGTANTV	음악	7,970만	244억
4	HYBE LABELS	음악	7,650만	379억
5	BeatboxJCOP	엔터	3,970만	187억
6	SMTOWN	음악	3,290만	309억
7	JYP Entertainment	음악	3,020만	239억
8	ToyPuddingTV	엔터/키즈	2,740만	164억
9	CuRe 구래	엔터	2,720만	180억
10	승비니 Seungbini	먹방	2,690만	207억
15	KBS WORLD TV	엔터	2,010만	170억

- 출처: 유튜브(YouTube)/2025.2.7. 기준

참고자료

1부. 우리가 미처 몰랐던 미디어 현실

1장. 우리는 왜 이렇게 OTT 바다에 빠져 버렸는가?

[앱스플라이어] OTT (Over-The-Top / 오티티)
https://www.appsflyer.com/ko/glossary/ott-over-the-top

[나무위키] OTT
https://namu.wiki/w/OTT

[brunch] 알아두면 쓸모있는 VOD, IPTV, OTT 뜻
https://brunch.co.kr/@businessinsight/42

2장. 그건 우리 잘못이 아니다.

[NordVPN] 한국인이 온라인에서 보내는 시간은 일주일 평균 69시간
https://nordvpn.com/ko/blog/research-lifetime-online/

3장. 영상으로 시작해 영상으로 끝나는 하루, 롱폼? 숏폼?

[도민일보] 성인남녀 10명 중 4명, 나는 스마트폰 중독
https://www.dmilbo.com/news/articleView.html?idxno=276181

[SBS] "요즘 다들 폰으로 이것만 봐요"...TV 대신 OTT
https://biz.sbs.co.kr/article/20000150523

4장. 콘텐츠도 결국 소비이다.

[와이즈앱] 유튜브, 숏폼, OTT : 한국인은 어떤 플랫폼을 어떻게 보고 있을까?
https://www.wiseapp.co.kr/insight/detail/647

[전자신문] 전 세계 인구 60% 이상이 하는 SNS...하루 평균 2시간 30분 사용
https://www.etnews.com/20230726000231

[연합뉴스] 젊은 층은 인스타, 50·60대는 밴드 선호...전 연령 1위는 카톡
https://n.news.naver.com/mnews/article/001/0015195201

[Electro IQ] Average Time Spent On TikTok Statistics and Facts (2025)
https://electroiq.com/stats/average-time-spent-on-tiktok-statistics/

[Linkedin] Netflix Algorithm: How Netflix Uses AI to Improve Personalization
https://www.linkedin.com/pulse/netflix-algorithm-how-uses-ai-improve-personalization-
5mbgf

[영남일보] 디지털기기에 중독된 현대인들, 77% "디지털 디톡스 시도 경험"
https://www.yeongnam.com/web/view.php?key=20180719.010210751530001

5장. 손님 모셔오기 전쟁

[Statista] 2020년 1분기부터 2024년 3분기까지 전 세계 Disney Plus 구독자
https://www.statista.com/statistics/1095372/disney-plus-number-of-subscribers-us/

[서울경제] 티빙, 月이용자 최다...넉 달 연속 토종 OTT 1위
https://www.sedaily.com/NewsView/2DCWU7Q68I

[PD JOURNAL] 4단계 변천 겪은 OTT 시장 또 '출렁'
https://www.pdjournal.com/news/articleView.html?idxno=80214

[지디넷코리아] 디즈니, OTT 꼴찌 탈출 '빨간불'
https://zdnet.co.kr/view/?no=20250322025324

2부. 넷플릭스 뒤에 숨겨진 비밀들

1장. 한 작품에 섬네일이 여러 개라고?

[KBS] <고려거란전쟁> KBS 공식홈페이지 - 포스터 다운로드
https://program.kbs.co.kr/2tv/drama/korea_khitan/pc/detail.html?smenu=cac6b1

5장. 넷플릭스에 '태거'라는 직군이 있다고? 그게 뭐하는 건데?

[조선비즈] 넷플릭스 콘텐츠 추천의 비결 '태거(Tagger)'
https://biz.chosun.com/site/data/html_dir/2019/05/09/2019050901303.html

[넷플릭스] 넷플릭스 태그 매트릭스
https://docs.google.com/spreadsheets/d/1TViTrnhRXq6Gmx5gWrITvUodroq2-
o6zArKlo2YFqOw/edit?usp=sharing

[요즘IT] 돈 받고 넷플릭스 보는 사람들
https://yozm.wishket.com/magazine/detail/989/

[brunch] 빅데이터 분석으로 전 세계를 장악한 리드 헤이스팅스
https://brunch.co.kr/@hvnpoet/125

[brunch] 넷플릭스가 남자친구보다 나를 더 잘 아는 이유
https://brunch.co.kr/@liferary/7

[네이버블로그] 인간의 온도 휴먼 터치(human touch)
https://blog.naver.com/gnckl/222541814121

[조선비즈] 넷플릭스 콘텐츠 추천의 비결 '태거(Tagger)'
https://biz.chosun.com/site/data/html_dir/2019/05/09/2019050901303.html

6장. 넷플릭스 최애 장면을 친구에게 바로 보낼 수 있다고?

[넷플릭스 고객센터] 다시 보고 싶은 넷플릭스 장면을 저장, 재시청 및 공유
https://help.netflix.com/ko/node/210664027435620

[넷플릭스] Moments Allows You to Save, Relive, and Share Your Favorite Netflix Scenes
https://www.netflix.com/tudum/articles/netflix-moments

[디자인나침반] 넷플릭스 Moments: 최애 장면 소장하기
https://designcompass.org/en/2024/11/04/netflix-moments/

7장. 넷플릭스에는 왜 댓글이 없을까?

[brunch] 넷플릭스에는 왜 댓글 기능이 없을까?
https://brunch.co.kr/@eyesofjs/24

[brunch] 넷플릭스는 왜 별점이 아니라 좋아요일까?
https://brunch.co.kr/@thinkaboutlove/269

[KoBiz] 넷플릭스, 이용자 리뷰 기능 삭제
https://www.kobiz.or.kr/new/kor/commBoard/news/commNewsView.jsp?blbd
ComCd=601001&seq=2595

[클리앙] 넷플릭스에 댓글기능을 안 넣은 건
https://www.clien.net/service/board/park/14984581

3부. 유튜브 뒤에 숨겨진 비밀들

2장. 유튜브 조회수가 높아지는 비밀이 있다고?

[네이버블로그] 채널의 생애주기
https://blog.naver.com/thequestbook/223735158692

[Bloter] 조회수를 늘리는 알고리즘의 비밀
https://www.bloter.net/news/articleView.html?idxno=39463

[네이버블로그] 조회수를 늘리는 섬네일과 시청지속시간
https://blog.naver.com/david7716/223114942742

[네이버블로그] 조회수를 늘리는 업로드 시간, 요일
https://blog.naver.com/lovecarve/223242700538

[brunch] 동영상 분석 : 노출수 항목 / 노출 클릭율 / 시청지속시간
https://brunch.co.kr/@3b6c03cb7526444/56

3장. 유튜브 채널 홈화면도 콘텐츠만큼이나 중요하다고?

[워크맨] 유튜브 채널
https://www.youtube.com/@workman/videos

[딩고뮤직] 유튜브 채널
https://www.youtube.com/@DingoMusic

[피지컬갤러리] 유튜브 채널
https://www.youtube.com/@%ED%94%BC%EC%A7%80%EC%BB%AC%EA%B0%A4%E
B%9F%AC%EB%A6%AC

[KBS K-POP] 유튜브 채널
https://www.youtube.com/@KBSKpop

4장. 클릭률이 높은 섬네일의 비밀이 있다고?

[크큭티비] 유튜브 채널
https://www.youtube.com/@KBSCOMEDY

[슈카월드 코믹스] 유튜브 채널
https://www.youtube.com/@syukaworld-comics

[흔한남매] 유튜브 채널
https://www.youtube.com/@hhnm

[빠더너스 BDNS] 유튜브 채널
https://www.youtube.com/@bdns/featured

[햄지] 유튜브 채널
https://www.youtube.com/@hamzymukbang

[비긴어게인] 유튜브 채널
https://www.youtube.com/@begin_again

5장. 영화 리뷰 채널 지무비, 고몽, 김시선은 왜 저작권 이슈가 없는가?

[메일리] 영화 유튜버 저작권 문제 없을까?
https://maily.so/visionmkt.lucas/posts/xyow6qj2r28

[데일리안] "홍보와 스포 사이"…저작권 경계 무시하는 영화 유튜버들
https://www.dailian.co.kr/news/view/970453

6장. 유튜브 업로드를 하면 안 되는 요일이 있다고?

[네이버블로그] 유튜브 조회수 올리기, 업로드 시간 6시 15분의 비밀
https://blog.naver.com/lovecarve/223242700538

7장. 댓글이 많이 달리는 채널에는 이유가 따로 있다고?

[비디터] 유튜브 채널 "브레이브걸스_롤린_댓글모음"
https://www.youtube.com/watch?v=cfHWIqJkEf4

[워크맨] 유튜브 채널
https://www.youtube.com/watch?v=UQYCWLrCUy4

[짤툰] 유튜브 채널
https://www.youtube.com/@jjaltoon

[피식대학] 유튜브 채널
https://www.youtube.com/@%ED%94%BC%EC%8B%9D%EB%8C%80%ED%95%99

8장. 유튜브 프리미엄, 진짜 돈값을 하는 걸까?

[디지털인사이트] 구독자 1억명 돌파한 유튜브 프리미엄, 꾸준한 성장의 비결은?
https://ditoday.com/%ea%b5%ac%eb%8f%85%ec%9e%90-1%ec%96%b5%eb%aa%85-
%eb%8f%8c%ed%8c%8c%ed%95%9c-%ec%9c%a0%ed%8a%9c%eb%b8%8c-%ed%9
4%84%eb%a6%ac%eb%af%b8%ec%97%84-%ea%be%b8%ec%a4%80%ed%95%9c-
%ec%84%b1%ec%9e%a5%ec%9d%98/

[유튜브] 유튜브 프리미엄 전용페이지
https://www.youtube.com/premium?ybp=Sg0IBhIJdW5saW1pdGVk4AEB

[매일경제] 구독플레이션...유튜브, 한 번에 요금 42.5% '쑥'
https://www.mk.co.kr/news/economy/11162021

[techradar] Prime Video might steal YouTube TV's best sports streaming feature
https://www.techradar.com/streaming/amazon-prime-video/prime-video-might-steal-
youtube-tvs-best-sports-streaming-feature

9장. 알고리즘, 나에 대해 어디서부터 어디까지 알고 있을까?

[KBS K-POP] 유튜브 채널 "나라는 가수 5회"
https://www.youtube.com/watch?v=fdAEcm7rvKE&list=PLK8rVA0_KzOfwfxitHrVe6xNR-
RujwmPW

[JISOO(블랙핑크 지수)] 유튜브 채널
https://www.youtube.com/@sooyaaa__

[JENNIE(블랙핑크 제니)] 유튜브 채널
https://www.youtube.com/channel/UCNYi_zGmR519r5gYdOKLTjQ

4부. 미디어 뒤에 숨겨진 비밀들

1장. "오징어 게임"보다 "이상한 변호사 우영우"가 더 많이 벌었다고?

[네이버블로그] 오징어게임 vs 이상한 변호사 우영우 누가 잘 한 계약일까?
https://blog.naver.com/stonelee2000/222931158310

[뉴시스] '우영우' 경제효과 1조..오징어게임 이상의 가치
https://v.daum.net/v/20220815103831808

3장. 이번 주 극장 개봉작, 얼마나 기다리면 OTT에서 볼 수 있을까?

[매일경제] [단독] 한국영화 OTT로 보려면 ... 극장 개봉 후 6개월 기다려야
https://www.mk.co.kr/news/culture/10924451

[인사이트] 정부, 극장 개봉한 한국 영화 OTT에 6개월 뒤 공개하도록 규제한다
https://www.insight.co.kr/news/460254

[Jeremyletter] 한국영화 극장 후 6개월 뒤 OTT 도착 : 정책의 실효성
https://jeremyletter.com/korea-movie-support-policy-after-theater-6-montth-releases-ott-but-this-policy-not-good/

[brunch] 극장 VOD 동시 개봉이 정착될까? 극장과OTT서비스(2020)
https://brunch.co.kr/@cmin4411/611

[brunch] 갈수록 커지고 치열해지는 OTT 서비스
https://brunch.co.kr/@cmin4411/649

[네이버블로그] 영화산업 밸류체인 및 수익구조 분석
https://blog.naver.com/alsqudtn01/222882588171

4장. 스마트폰 vs TV vs PC, 콘텐츠를 즐기는 최고의 선택은?

[Robosoft Technologies] Building cross-platform OTT apps: important guidelines for design & development
https://www.robosoftin.com/blog/cross-platform-ott-apps-design-development

[digitaltrends] How to log out of Netflix on a smart TV
https://www.digitaltrends.com/home-theater/how-to-sign-out-of-netflix-on-a-smart-tv/#dt-heading-how-to-log-out-of-netflix-on-a-smart-tv

[연합뉴스] "4명 중 3명은 OTT 본다...유튜브·넷플릭스·티빙 순"
https://www.yna.co.kr/view/AKR20231228037900017

5장. 숏폼 콘텐츠, 왜 이렇게 잘 나가니?

[테넌트 뉴스] 유통업계, 소비자 참여형 '숏폼 챌린지 마케팅' 봇물!
http://tnnews.co.kr/archives/142279

[Robosoft Technologies] Building cross-platform OTT apps: important guidelines for design & development
https://www.robosoftin.com/blog/cross-platform-ott-apps-design-development

[digitaltrends] How to log out of Netflix on a smart TV
https://www.digitaltrends.com/home-theater/how-to-sign-out-of-netflix-on-a-smart-tv/#dt-heading-how-to-log-out-of-netflix-on-a-smart-tv

---

6장. 숏폼이 다른 분야와 만나면 슈퍼마케팅?

[EBN] 숏폼 열풍에...틱톡, 영화·TV 유통에서 유튜브 지위 위협
https://www.ebn.co.kr/news/view/1613100/?sc=Naver

[테크월드뉴스] [생활TECH] 30초 짧고 강렬하게… 업계 '숏폼'을 잡아라
https://www.epnc.co.kr/news/articleView.html?idxno=240772

[MBN뉴스] 틱톡·유튜브 쇼츠로 선거운동 해도 될까 [4·10 총선]
https://www.mbn.co.kr/news/politics/5002850

7장. 주간 공개 vs 전편 공개, 그리고 하이브리드 공개의 최종 승자는?

[Jeremyletter] 더 글로리, 카지노, 아일랜드 : 전편 vs 주간 공개. 더 좋은 방식은?
https://jeremyletter.com/ott-bingeviewing-weekly-realease-netflix-disneyplus-tving-original-series-strategy/

[DAILY NEXUS] Binge vs. week-by-week: How streaming release models can influence success
https://dailynexus.com/2024-08-11/binge-vs-week-by-week-how-streaming-release-models-can-influence-success/

[메일리] [2025 응답하라 마케팅]/이-마트] <폭싹 속았수다>로 보는 '넷플릭스'의 감성 마케팅
https://maily.so/marsinmarine/posts/2qzplyyyr4x?from=email&mid=l1zqg1m6lr5

출처

8장. 미친 영향력? 전 세계를 뒤흔든 대작들의 비밀

[재외동포신문] 태국 한국문화원 "오징어게임 속 한국놀이 체험해보세요"
https://www.dongponews.net/news/articleView.html?idxno=44930

[연합뉴스/그래픽] '오징어게임' 넷플릭스 역대 최단기간 최다시청 기록
https://m.entertain.naver.com/article/001/0012720068

9장. 넷플릭스와 유튜브, 둘 다 자체 폰트가 있다고? 타이포 브랜딩!

[tenshi] Nike logo: The emblem of the brand explained
https://tenshi-streetwear.com/blogs/streetculture/nike-logo-the-emblem-of-the-brand-explained

[It's Nice That] Netflix unveils Netflix Sans, a new custom typeface developed with Dalton Maag
https://www.itsnicethat.com/news/netflix-sans-typeface-dalton-maag-graphic-design-210318

[It's Nice That] YouTube releases its first own-brand font, YouTube Sans, inspired by the play button
https://www.itsnicethat.com/news/youtube-sans-typeface-by-saffron-190517

10장. OTT가 스포츠에 진심인 이유?

[Amazon] Amazon Prime Video will be home to NFL's Thursday Night Football
https://www.aboutamazon.com/news/entertainment/amazon-prime-video-will-be-home-to-nfls-thursday-night-football

[dish] Thursday Night Football: Schedule + How to Watch with DISH
https://www.dish.com/dig/how-to-watch-thursday-night-football-with-dish/

[accedo] Next-gen Streaming: What Do Users Expect from XR Experience?
https://www.accedo.tv/insights-and-news/next-gen-streaming-what-do-users-expect-from-xr-experience

5부. 소비자 뒤에 숨겨진 비밀들

1장. 왜 사람들은 빨리감기로 돌려보는가?

[네이버블로그] 영화를 빨리감기로 보는 사람들/이나다 도요시, 감상에서 소비로
https://blog.naver.com/mspark77/223153111232

2장. 왜 몰아보는가?

[Civic Science] More Than Half of Americans 13+ Binge-Watch
https://civicscience.com/more-than-half-of-americans-13-binge-watch/

[digitaltrends] Why binge watch when you can binge experience? TV is about to seem old-school
https://www.digitaltrends.com/home-theater/future-of-binge-watching/

4장. 유튜브, 왜 계속 보게 되나? 반복재생, 자동재생, 연관 콘텐츠

[유튜브 고객센터] YouTube에서 동영상 또는 재생목록 연속 재생하기
https://support.google.com/youtube/answer/10788593?hl=KO

[유튜브 고객센터] 동영상 자동재생
https://support.google.com/youtube/answer/6327615?hl=ko&ref_topic=9257412&sjid=9125272085995482746-AP

5장. 볼 수 없거나 시력이 나쁜 사용자는 영상을 어떻게 볼까?

[brunch] 웹접근성이란 무엇일까?
https://brunch.co.kr/@seongminyoo/109

[brunch] UX-Accessibility 접근성을 고려한 디자인
https://brunch.co.kr/@migyeongux/20

한국지능정보사회진흥원
https://www.nia.or.kr

국가인권위원회
https://www.humanrights.go.kr/

W3C 대한민국 사무국
https://w3c.or.kr

보건복지부
https://www.mohw.go.kr

NULI(널리-네이버 웹접근성)
https://nuli.navercorp.com/

WebAIM
https://webaim.org/

AbilityNet
https://abilitynet.org.uk/

6장. UX 디자인뿐 아니라, 이제는 UX Writing(사용자 글쓰기)이라고?

[토스] 토스의 8가지 라이팅 원칙들
https://toss.tech/article/8-writing-principles-of-toss

[전자신문] 어려운 금융용어 바꾸는 'UX 라이터' 영입한 토스
https://www.etnews.com/20210402000166

7장. 슬로건에는 마침표를 쓰지 않는다고?

[dazeinfo] The Company Whose Motto Is 'Don't Be Evil', Is Turning Into An Evil [Special]
https://dazeinfo.com/2012/04/05/the-company-whose-motto-is-dont-be-evil-is-turning-into-an-evil-special/

[KSA magazine] Don't be Evil···사악해지지 말자
https://www.ksam.co.kr/p_base.php?action=story_base_view&s_category=_3_&no=2699

[BrandBrief] 'Just Do It'의 시작은 마이클 조던이 아니었다!··· 초심 잃은 나이키에 대한 고찰
https://www.brandbrief.co.kr/news/articleView.html?idxno=7274

8장. 오리지널 드라마 vs 압축 드라마, 과연 소비자의 선택은?

[Jeremyletter] 유튜브는 친구인가? 적인가?
https://jeremyletter.com/youtube-dominating-living-above-netflix-forcing-regacy-media-companies-decide-whether-friends-or-foe/

[Netflix Korea] 유튜브 채널 오징어 게임 시즌2 | 공개일 발표 | 넷플릭스
https://youtu.be/c8zN4AtYH-E?feature=shared

9장. OTT 요금제, 가장 현명한 소비 방법은?

[넷플릭스] 멤버십 및 요금
https://help.netflix.com/ko/node/24926?q=%EC%9A%94%EA%B8%88%EC%A0%9C

[SK브로드밴드] 넷플릭스 B tv에서 봄
https://www.bworld.co.kr/shop/event/event_detail.do?idx=403&_C_=42559516&ib_
no=a13&utm_source=naver&utm_medium=paid_brandsearch&utm_campaign=bds_
w&utm_content=%EB%84%B7%ED%94%8C%EB%A6%AD%EC%8A%A4%20
%EA%B8%B0%ED%9A%8D%EC%A0%84

[파이낸셜뉴스] "OTT 한 개만 구독"...넷플릭스, 단독 사용자 비율 1위
https://www.fnnews.com/news/202411191013056472

[뉴시스] "오늘부터 넷플릭스 무료" 네이버 멤버십, 새 역사 쓸까
https://www.newsis.com/view/NISX20241125_0002971969

[네이버블로그] [OTT요금제 비교 2탄] 새롭게 바뀐 OTT요금제 총정리!
https://blog.naver.com/everyview-/223462158834

6부. 숨겨진 비밀들을 풀기 위한 황금열쇠

2장. 두 번째 황금열쇠 '디지털 디톡스'

[창원대신문] 디지털 디톡스가 필요해!
http://mpress.changwon.ac.kr/news/articleView.html?idxno=3051347

참고서적

- [현대지성] <영화를 빨리 감기로 보는 사람들/이나다 도요시> 2022.11.10
- [성안당] <내레이션 최강 영화 유튜버 고몽의 유튜브 이야기/김웅현> 2024.2.1
- [디플롯] <페이크와 팩트/데이비드 로버트 그라임스> 2024.7.26
- [어크로스] <도둑맞은 집중력/요한 하리> 2024.6.28
- [김영사] <팩트풀니스/안나 로승링 뢴룬드, 올라 로슬링, 한스 로슬링> 2024.9.1
- [형설이엠제이] <OTT 트렌드 2025/유건식, 한정훈, 노창희> 2024.11.29
- [알에이치코리아] <규칙 없음/리드 헤이스팅스, 에린 마이어> 2020.9.8
- [현대지성] <유튜브, 제국의 탄생/마크 버겐> 2024.4.12
- [한스미디어] <넥스트 넷플릭스/임석봉> 2020.10.29.
- [유엑스리뷰] <UX 라이팅 시작하기: 고객 경험 관리를 위한 메시지 가이드/권오형> 2021.09.06

참고작품

[넷플릭스] <소셜딜레마(The Social Dilemma)/제프 올롭스키 감독> 2020.9.9

미디어 시크릿
넷플릭스와 유튜브 뒤에 숨겨진 비밀들

초판1쇄발행   2025년 5월 20일

지은이   김경윤
펴낸이   안종만·안상준

기획/편집   김민경
기획/마케팅   차익주·양운철
표지디자인   안휘석(아소도)
제 작   고철민·김원표

펴낸곳   (주) **박영사**
            서울특별시 금천구 가산디지털2로 53, 210호(가산동, 한라시그마밸리)
            등록 1959.3.11. 제300-1959-1호(倫)
전 화   02)733-6771
f a x   02)736-4818
e-mail   pys@pybook.co.kr
homepage   www.pybook.co.kr
ISBN   979-11-303-2284-1   03320

*파본은 구입하신 곳에서 교환해 드립니다. 본서의 무단복제행위를 금합니다.

정 가   22,000원